劉宗周愼獨之學闡微

胡元玲　著

臺灣 學生書局 印行

劉宗周慎獨之學闡微

目　次

第五章　慎獨之學的道統傳承

第一章　緒　論

　　劉宗周❶為浙江紹興府山陰縣人，生於明神宗萬曆六年（1578年），明亡後絕食殉國，時為清順治二年（1645年），享年六十八。劉宗周字起東，一作啟東，初名憲章，宗周為其字，後在應童子試時，納卷者誤以字書，因而以宗周為名。學者稱為念臺先生。萬曆三十九年（1611，34歲），因遷居蕺山❷，自稱蕺山長、蕺山長者、蕺山長病夫宗周，弟子尊之為蕺山夫子，後學尊之為蕺山劉子、子劉子。又嘗自號秦望望中山人、還山主人、讀易小子、山陰廢士、克念子等。殉國後，明魯王諡曰忠端，唐王諡曰忠正。清乾隆四十年，又諡以忠介。清道光二年，從祀於孔廟。❸

　　劉宗周為遺腹子，家境苦寒。自幼承母親嚴厲教誨，年少時從外祖父章穎受學。萬曆二十五年（1597），二十歲時舉鄉試。又四

---

❶　有關劉宗周生平，主要參考：劉宗周弟子黃宗羲所撰《子劉子行狀》（收入戴璉璋、吳光主編《劉宗周全集》，臺北：中央研究院中國文哲研究所籌備處，1997年，第五冊，頁 1－58）及劉宗周兒子劉汋所編、民國初年姚名達所糾補《劉宗周年譜》（見《劉宗周全集》第五冊，頁 59－586）。

❷　據衷爾鉅《蕺山學派哲學思想》（濟南：山東教育出版社，1993年），頁429：「蕺山位於浙江紹興城北昌安門內，周圍約二里許，高不越百米。」

❸　以上參見姚名達《劉宗周年譜》，《劉宗周全集》第五冊，頁72－73。

年，舉進士。自萬曆三十二年（1604），二十七歲起歷任行人司行人、禮部儀制司添註主事、光祿寺添註寺丞、尚寶司少卿、太僕寺添註少卿、通政司右通政、順天府府尹、工部左侍郎、吏部左侍郎、都察院左都御史等。但大多時間是在家鄉讀書講學。劉宗周為官正直，剛直敢言，不畏當權，屢次上書，或彈劾奸臣，或議論朝政，敢於犯顏直諫，不惜多次遭遇革職。❹

劉宗周稟質清癯，少壯時常臥病，性格嚴毅，居家清貧，晚年則涵養愈趨純熟。劉宗周弟子約八十餘人，著名者如黃宗羲、祝淵、惲日初、陳確、張履祥等。弟子黃宗羲（1610-1695）將劉宗周列於《明儒學案》最末之《蕺山學案》，並稱「先生之學，以慎獨為宗」❺。現代學者則視劉宗周為宋明理學❻「殿軍」❼，地位重要。

在劉宗周研究成果方面，總計有專書五部❽，學位論文二十餘

---

❹ 據和刻本《劉蕺山文粹》，日本學者桑原忱所作序中，稱：「生平立朝不過三四年，而前後奏疏九十八上，非至忠誠，豈能如此哉。」見《劉宗周全集》第五冊，頁 827。關於劉宗周問政情況及政治見解等，可參考詹海雲《劉宗周的實學》一文，收入鍾彩鈞主編《劉蕺山學術思想論集》（臺北：中央研究院中國文哲研究所籌備處，1998 年），頁 433-456。

❺ 《明儒學案·蕺山學案》，卷 62，頁 1512。

❻ 「理學」一詞，現今使用上有廣狹二義。狹義者指與「陸王心學」相對的「程朱理學」，廣義者則包括陸王及程朱等派。此處所指，乃廣義的理學。除非特別說明，以下皆作廣義。

❼ 牟宗三《心體與性體》，第三冊，頁 511-512（臺北：正中書局，1968-1969 年）及錢穆《宋明理學概述》頁 385，收入《錢賓四先生全集》（臺北：聯經出版社，1994 年），第九冊。

❽ 專書五部，包括：衷爾鉅《蕺山學派哲學思想》（濟南：山東教育出版社，

部❾，期刊論文約在一百三、四十篇以內，包括會議論文集《劉蕺山學術思想論集》❿所收錄的十九篇論文。⓫在某些哲學史、思想

1993 年），從「學派」角度來探討，包括劉宗周及其弟子張履祥、黃宗羲、陳確等，除哲學思想外，還討論如無神論思想、社會政治思想、治學思想等；另有東方朔《劉蕺山哲學研究》（上海：人民出版社，1997 年）及《劉宗周評傳》（南京：南京大學出版社，1998 年）二本；李振綱《證人之境──劉宗周哲學的宗旨》（北京：人民出版社，2000 年）、黃敏浩《劉宗周及其慎獨哲學》（臺北：臺灣學生書局，2001 年）。其中，東方朔《劉蕺山哲學研究》及李振綱、黃敏浩三書，原皆博士論文，且都是以哲學分析為研究方法。如東方朔《劉蕺山哲學研究》，分成理氣論、心性論、誠意論及慎獨論，將劉宗周思想的重要概念分類為這幾部分，再加入時間元素，可說是對劉宗周思想的形成作哲學史的考察。李振綱《證人之境──劉宗周哲學的宗旨》一書，也是以心性論與工夫論為論述重點。

❾ 學位論文方面，主要出自臺灣，計有博士論文 3 篇，碩士論文 19 篇。博士論文包括：吳幸姬《劉蕺山的氣論思想──從本體宇宙論之進路談起》（國立中正大學中文系博士論文，2000 年）；陳立驤《劉蕺山哲學思想研究》（成功大學中文系博士論文，2002 年）；陳美玲《劉蕺山道德抉擇論研究》（輔仁大學哲學系博士論文，2003 年）。大陸地區則有博士論文三部：林宏星（東方朔）《劉蕺山哲學研究》（復旦大學哲學系博士論文，1995 年）；王瑞昌《劉蕺山理學思想研究》（北京大學哲學系博士論文，1997 年）；李振綱《劉宗周哲學的宗旨》（中國人民大學哲學系博士論文，1998 年）。另有以英文寫作的博士論文 Man-Ho Simon Wong (黃敏浩), *Liu Tsung-chou: His Doctrine of Vigilant Solitude* (PhD thesis, Graduate Department of East Asian Studies, University of Toronto, 1996.)，即後來出版成書的《劉宗周及其慎獨哲學》。大致看來，以討論劉宗周學術思想及工夫論為主，形上學的氣論亦有數篇。

❿ 鍾彩鈞主編《劉蕺山學術思想論集》（臺北：中央研究院中國文哲研究所籌備處，1998 年）。

⓫ 期刊論文中，以哲學分析為大宗，且以討論其「慎獨」思想為最多，有十餘篇，其次為「誠意」，討論其心性論的亦較多，從王學角度來討論的也有數

史、宋明理學史著作中，也有論及劉宗周的部分。⑫有些則是在專著或論文集。⑬總之，有關劉宗周研究情況的討論，可參見楊祖漢

篇。在英日文方面，日文論文近十篇，其中有幾篇是從王學及批判王學的角度來討論，英文論文有兩篇，分別為唐君毅及杜維明所撰，見 Tang, Chun-i. "Liu Tsung-chou's Doctrine of Moral Mind and Practice and His Critique of Wang Yang-ming," In Wm. Theodore de Bary ed., *The Unfolding of Neo-Confucianism.* (New York and London: Columbia University Press, 1975.) Tu, Wei-ming. "Subjectivity in Liu Tsung-chou's Philosophical Anthropology," in Donald J. Munro ed., *Individualism and Holisim: Studies in Confucian and Taoist Values.* (Ann Arbor: The University of Michigan, 1995.) 按，杜氏之文，有中譯，收入於杜維明、東方朔《杜維明學術專題訪談錄——宗周哲學之精神與儒家文化之未來》一書。

⑫ 如容肇祖《明代思想史》（臺北：臺灣開明書店，1962 年）、錢穆《宋明理學概述》、唐君毅《中國哲學原論·原教篇》（臺北：臺灣學生書局，1975 年）、牟宗三《從陸象山到劉蕺山》（臺北：臺灣學生書局，1979 年）、勞思光《中國哲學史》（第三卷）下冊（香港：友聯出版公司，1980 年）、侯外廬等主編《宋明理學史》（下卷）（北京：人民出版社，1987 年）、陳來《宋明理學》（瀋陽：遼寧人民出版社，1992 年）、張學智《明代哲學史》（北京：北京大學出版社，2000 年）等。事實上，最早在哲學史著作中討論劉宗周的是鍾泰《中國哲學史》（上海：商務印書館，1929 年）。值得注意的，著名的馮友蘭《中國哲學史》（上海：神州國光社，1931 年）及其晚年《中國哲學史新編》（北京：人民出版社，1988 年）第五冊，及曾在臺灣風行一時的韋政通《中國思想史》（臺北：大林出版社，1983 年）下冊，並未提到劉宗周。

⑬ 如古清美《明代理學論文集》、岡田武彥《王陽明與明末儒學》（上海：古籍出版社，2000 年）、及鄭宗義《明清儒學轉型探析——從劉蕺山到戴東原》（香港：中文大學出版社，2000 年）、陳福濱《晚明理學思想通論》（臺北：環球書局，1983 年）、于化民《明中晚期理學的對峙與合流》（臺北：文津出版社，1993 年）、楊國榮《王學通論——從王陽明到熊十力》（臺北：五南書局，1997 年）等。

《唐君毅、牟宗三先生對劉蕺山哲學的研究》⓮、鍾彩鈞《臺灣學者對劉蕺山學術思想的研究——哲學理論及其他》⓯、古清美《臺灣學者對劉蕺山學術思想的研究——工夫論及學術史》⓰及詹海雲《大陸學者對劉蕺山學術思想的研究》⓱等文。有研究者認為，劉宗周思想複雜晦澀且多矛盾⓲，索解不易⓳。事實上，雖則對劉宗

⓮　楊祖漢《唐君毅、牟宗三先生對劉蕺山哲學的研究》，收入鍾彩鈞主編《劉蕺山學術思想論集》，頁 573－579。

⓯　鍾彩鈞《臺灣學者對劉蕺山學術思想的研究——哲學理論及其他》，收入鍾彩鈞主編《劉蕺山學術思想論集》，頁 581－588。

⓰　古清美《臺灣學者對劉蕺山學術思想的研究——工夫論及學術史》，收入鍾彩鈞主編《劉蕺山學術思想論集》，頁 589－594。

⓱　詹海雲《大陸學者對劉蕺山學術思想的研究》，收入鍾彩鈞主編《劉蕺山學術思想論集》，頁 595－604。

⓲　如張立文認為，劉宗周思想「複雜而晦澀」，見李振綱《證人之境——劉宗周哲學的宗旨》（北京：人民出版社，2000 年）一書，《序》頁 2。有關劉宗周思想的不易掌握，李振綱《證人之境——劉宗周哲學的宗旨》，頁 43，亦稱劉宗周著作文字「時而清晰，時而模糊」。又如化民《明中晚期理學的對峙與合流》（臺北：文津出版社，1993 年），頁 169，說：「劉宗周的本體論思想是令人眩惑的。因為他的著作中常有一些互相矛盾的觀點並出。」蔡仁厚也說，劉宗周思想「精微而隱奧，後人鮮能明其宗趣。」見其著《宋明理學的殿軍——劉蕺山》，見《中國文化月刊》，第 192 期（1995 年），頁 19。

⓳　如杜維明於訪談中表示，要想進入劉宗周的「語境」相當困難，即便自己已對劉宗周《人譜》研讀多次，但「要把宗周的東西一下子寫出來，時機根本就不成熟」，雖然「寫了有關宗周的論文性的東西，但要進入寫書的階段，還不是時間夠不夠的問題」。見杜維明、東方朔《杜維明學術專題訪談錄——宗周哲學之精神與儒家文化之未來》（上海：復旦大學出版社，2001 年）一書，頁 26。

周思想的研究並不少，但確實是少有能說得透徹者。以下針對劉宗
周研究成果，提出幾點問題，以作為本書的切入點。

第一，慎獨與誠意。

關於劉宗周思想的宗旨，自始以來即有兩種主張，可視為劉宗
周研究的一項疑案。劉宗周兒子劉汋為其父所作《年譜》中，稱：
「先君子學聖人之誠者也。始致力於主敬，中操功於慎獨，而晚歸
本於誠意。」 ⓴這表示，劉宗周中年是以「慎獨」為工夫，但到晚
年則轉向「誠意」為定論。但劉宗周弟子黃宗羲在《子劉子行狀》
中則有不同見解，他說：「先生宗旨為慎獨。」 ㉑黃宗羲在《明儒
學案》之《蕺山學案》也說：「先生之學，以慎獨為宗。」 ㉒這是
以「慎獨」為劉宗周宗旨。清代官方《四庫全書總目提要》亦承續
此一觀點，稱「宗周講學，以慎獨為宗」 ㉓。這是「慎獨」或「誠
意」問題的最初來源。沿至當今學界，「慎獨」與「誠意」皆各有
主張者，但並未十分重視這一問題。那麼，劉宗周的宗旨到底是
「誠意」抑或「慎獨」？或是二者皆是？又，「慎獨」與「誠意」
這兩者的關係為何？這些皆是劉宗周研究中有待解答的重要問題。

回顧過去劉宗周研究，學者對「慎獨」或「誠意」的問題，大

⓴ 《劉宗周年譜》，見《劉宗周全集》第五冊，頁 528。

㉑ 《子劉子行狀》，見《劉宗周全集》第五冊，頁 45。

㉒ 黃宗羲編纂，沈芝盈點校《明儒學案·蕺山學案》（臺北：華世出版社，
1987 年），卷 62，頁 1512。

㉓ 劉宗周《論語學案》一書提要，見《四庫全書總目提要》（北京：中華書
局，1995 年），上冊，頁 303。

致不外三種處理方式，亦即三種觀點。

一，是將「慎獨」與「誠意」並列為劉宗周思想的特色。持這類主張的學者頗多，如東方朔《劉蕺山哲學研究》一書將「誠意論」與「慎獨論」並列，又如黃宣民《蕺山心學與晚明思潮》❷一文中第二小節作「慎獨與誠意：蕺山心學的特色」，以及張學智《明代哲學史》第二十七章「劉宗周的誠意慎獨之學」，等等。另外，相當有趣的是，牟宗三在《陸王一系之心性之學》系列文章中，撰有《劉蕺山誠意之學》一文，而他在後來的《從陸象山到劉蕺山》一書中，則有《劉蕺山的慎獨之學》一文。如此，牟宗三似乎認為，「慎獨」與「誠意」皆可作為劉宗周思想之宗旨。事實上，許多學者認為劉宗周的「誠意」就是「慎獨」。但既然二者意思相同，為何劉宗周到晚年特別提倡「誠意」呢？

二，是以「慎獨」為劉宗周宗旨，而將「誠意」歸於「慎獨」這一概念之下，即以「慎獨」為劉宗周思想的第一義。如黃敏浩《劉宗周及其慎獨哲學》一書，將劉宗周思想標舉為「慎獨哲學」，認為「慎獨」即為劉宗周的宗旨，可將劉宗周思想的各個部分得到貫連，使其思想表面的矛盾亦可從更高的層次得到消融。黃敏浩並認為，劉宗周晚年所提「誠意說」，「只是把原有的系統落實到誠意乃至《大學》而已」，且「誠意說也沒有取代慎獨，只是被提出來賦予與慎獨相同的內涵」，因此，以「慎獨」一詞來涵蓋

❷ 黃宣民《蕺山心學與晚明思潮》，收入《劉蕺山學術思想論集》，頁 211－261。

劉宗周思想仍是恰當的❽，而「誠意」之新解的提出，可視為是其慎獨哲學的完成。❾

　　三，是以「誠意」為劉宗周最後定論，而將「慎獨」視為劉宗周的中年主張。前引劉汋之言，即是此類。另外，也有學者以「誠意」為劉宗周宗旨，但對於其早期所提倡的「慎獨」，並未予以交待二者之間是何關係，如唐君毅。❼

　　對此問題，本書看法傾向於第二種，亦即將「誠意」歸於「慎獨」這一概念之下，這正是書名「劉宗周慎獨之學」的用意所在，亦即以「慎獨之學」為劉宗周思想的主軸。主要討論，見第二、三、四章。此外，本書並認為劉宗周後期主張「誠意」乃是有所用心，即相較於早期以慎獨說批判王陽明後學，劉宗周後來對王陽明之學本身再度產生懷疑，進而提出誠意說以批判王陽明。相關討論，見第七章。

第二，對王陽明及其後學的批判。

　　明代中晚期，王陽明之學興盛，遍佈各地的眾多陽明弟子中，以「二王」尤為引領風騷，即泰州王艮及浙中王畿（別號龍溪）。相應而起的，則是陽明後學內的許多辯難，以及顧憲成為代表的東林學者對陽明後學的批評等，而劉宗周堪稱其中最具創造力、思想最為深刻的儒者，如梁啟超在其名著《中國近三百年學術史》中說，

---

❽　黃敏浩《劉宗周及其慎獨哲學》，頁 23－24。

❾　同上，頁 99。

❼　唐君毅《劉蕺山之誠意、靜存，以立人極之道》，見《中國哲學原論原教篇》（香港：新亞研究所，1975 年）第十八章，頁 492。

劉宗周乃是王學自身的反動中最顯著的一派❷，牟宗三也認為，
「劉蕺山之學乃乘王學之流弊而起者」。❷這似乎是說，劉宗周思
想的價值及貢獻，就在於對王學流弊的批判。

然而，劉宗周究竟如何批判王學，學者各有主張。在黃宗羲為
其師所撰《行狀》中，認為劉宗周「發先儒之所未發者，其大端有
四」，即「靜存之外無動察」、「意為心之所存，非所發」、「已
發未發以表裏對待言，不以前後際言」、「太極為萬物之總名」四
項。❸這四者，常為學者所引用，如勞思光對劉宗周思想的詮解，
即以這四項為依托。❸不過，黃宗羲雖為劉宗周高徒，但他後來轉
向經史之學，對劉宗周思想未必有全然的理解，今人做研究，不能
遽以為權威之論，且這四項彼此間之關係，以及如何針對王學，黃
宗羲並未清楚說明。

岡田武彥指出，劉宗周的各種主張皆有其針對性，如：提倡至
善，是「為了救正才高者以心體為虛無，終至於輕視人倫而陷於自
私的弊病」❸；以未發為陽動，「是因為他認識到提倡未發之性
者，會陷入逐靜中光景的弊病，故極力救正之」❸；又與諸儒不
同，主張意為心之所存而非所發，是為了要「擺脫佛老之空寂，俗

❷ 梁啟超《中國近三百年學術史》（北京：東方出版社，1996 年），頁9。
❷ 牟宗三《從陸象山到劉蕺山》，見《牟宗三先生全集》（臺北：聯經出版
社，2003 年）第八冊，頁365。
❸ 黃宗羲《子劉子行狀》，見《劉宗周全集》第五冊，頁46－49。
❸ 勞思光《中國哲學史》第三卷下冊，頁609－682。
❸ 岡田武彥著，吳光等譯《王陽明與明末儒學》，頁397。
❸ 同上，頁402。

學之習見」❸；至於劉宗周的慎獨說，乃是救正王學致良知說之弊，「懸空之悟，陷於虛見猖狂的弊端。」❸在眾多劉宗周研究中，岡田武彥的分析頗具價值，但可惜其文章表述不夠清晰，對劉宗周各觀念之間的聯繫方面，亦缺乏充分討論。

大多數學者則主張，劉宗周在「意」方面的觀點，即是其對王學批判之所在。如唐君毅認為，劉宗周除了和東林學者一樣，對「無善無惡心之體」加以批評，並強調止於至善之外，更進一步，標舉「意」這一觀念，將性善歸於意，將止於至善歸於誠意。❸張學智亦認為，劉宗周對王學的批判主要體現在「意」這一概念的提出，以破斥「四句教」及王龍溪的「四無」。❸

以上可見，學者們在「王陽明」與「王陽明後學」這二者之間，並未予以區分。事實上，雖然王陽明後學皆共同推尊王陽明「致良知」，但王陽明與王陽明後學這兩者應該分別對待，且王陽明後學分派很多，各派主張也並不相同，不應將他們混為儱統的「王學」。更重要一點，劉宗周本人在思想發展上，歷經多次轉變，對王陽明後學的批判始終一貫，而對王陽明本人則歷經有「三變」，所謂「始而疑，中而信，終而辨難不遺餘力」❸，因而有晚

---

❸　同上，頁 405。

❸　同上，頁 407。

❸　Tang, Chun-i. "Liu Tsung-chou's Doctrine of Moral Mind and Practice and His Critique of Wang Yang-ming," In Wm. Theodore de Bary ed., *The Unfolding of Neo-Confucianism*. (New York and London: Columbia University Press, 1975.)

❸　張學智《明代哲學史》，頁 446。

❸　黃宗羲《子劉子行狀》，見《劉宗周全集》第五冊，頁 50。

年的「誠意」之說，即是為了批判王陽明之學。本書第七章，即探討劉宗周如何以其慎獨之學批判王陽明及其後學。

第三，思想定位等問題。

　　有關劉宗周思想的定位問題，學者主張不一。如錢穆認為，劉宗周大體還是沿襲王陽明，但頗有由王返朱的傾向。❸岡田武彥亦認為，劉宗周「帶有折衷朱王的傾向」❹。唐君毅則認為，劉宗周應屬於王學內部。❹張學智則將劉宗周定位為「明清之際第一流思想家對明代理學的總結，並預示著清代義理之學的發展方向」❹，「是陽明之後體系最完備、論述最全面、思想最深刻的哲學家」❹。其實，無論是折衷朱王，還是王學內部，皆多少有其道理，端視所採取的視角為何。我認為，劉宗周之學氣魄甚大，雖說其貢獻主要在於對王學的修正，但他的思想定位並不只是在王學內部，而應從對整個宋明理學的觀照下，來評定其定位。

　　劉汋所作《年譜》中，有段話頗值得注意，亦關乎劉宗周的思想定位問題。劉汋稱其父，「上自《四書》、《六籍》，一一釐正

---

❸　錢穆《宋明理學概述》（臺北：中華文化出版事業委員會，1953 年），頁386。

❹　岡田武彥著，吳光等譯《王陽明與明末儒學》，頁413。

❹　Tang, Chun-i. "Liu Tsung-chou's Doctrine of Moral Mind and Practice and His Critique of Wang Yang-ming," In Wm. Theodore de Bary ed., *The Unfolding of Neo-Confucianism.*

❹　張學智《明代哲學史》，頁434。

❹　同上，頁458。

之；下至濂、洛、關、閩以及有明諸儒，人人折衷之」❹❹。從此言
中可發現，有兩點是當前劉宗周研究較為不足的，一是劉宗周的經
學，二是劉宗周對宋代儒學濂、洛、關、閩各派的詮解。

在劉宗周的經學方面。目前僅見的論文有：張永儁《論劉蕺山
的心學與易學思想》❹❺、林慶彰《劉宗周與〈大學〉》❹❻、蔣秋華
《劉宗周〈論語學案〉研探》❹❼、林月惠《劉蕺山「慎獨」之學的
建構——以〈中庸〉首章的詮釋為中心》❹❽等。

---

❹❹　《劉宗周年譜》，見《劉宗周全集》第五冊，頁 529。

❹❺　張永儁《論劉蕺山的心學與易學思想》，見《中華易學》，第 17 卷，第 3
期，頁 16－22，1996 年 5 月。關於劉宗周的易學，相關著作有《人極圖》、
《人譜》、《讀易圖說》、《易衍》、《周易古文鈔》等晚年之作，在其思
想中具相當重要的地位，不容忽視。不過，或許由於文意艱深，詮解不易，
或學者本身的忽視，使得張永儁《論劉蕺山的心學與易學思想》一文乃是目
前僅見唯一關於劉宗周易學的文章。此文認為，劉宗周易學是屬於「心學
易」，也就是藉易學以衍申其心學觀點，將他的形上思想表現於易學的詮釋
中，由《易》以顯發己之言說。

❹❻　林慶彰《劉宗周與〈大學〉》，見《劉蕺山學術思想論集》，頁 317－336。
劉宗周的《大學》之學方面，相關著作包括《讀大學》、《大學古文參
疑》、《大學古記》、《大學古記約義》、《大學雜言》五種。林慶彰《劉
宗周與〈大學〉》一文是目前所見唯一討論劉宗周《大學》的文章，指出劉
宗周對《大學》的闡釋可以印證他思想的演變，如《大學古記》、《大學古
記約義》中，特重慎獨思想的闡發，正好是劉宗周中年思想的註腳，而《大
學古文參疑》特重誠意的闡發，可說是劉宗周晚年思想的註腳。

❹❼　蔣秋華《劉宗周〈論語學案〉研探》，見《劉蕺山學術思想論集》，頁 337
－366。

❹❽　林月惠《劉蕺山「慎獨」之學的建構——以〈中庸〉首章的詮釋為中心》，
見《臺灣哲學研究》，第 4 期，2004 年，頁 86－147。此文雖以劉宗周《中
庸首章說》這一文本為研究對象，但所採取的立場並非傳統經學，而偏於哲

在劉宗周對宋代儒學濂、洛、關、閩各派的詮解方面。姚名達在整理劉宗周年譜時，對劉宗周的學術淵源歸納如下：「劉宗周之學，推本於周敦頤及二程，而與朱、陸皆有齟齬。得源於王守仁，而為說又異。受教於許孚遠，而其學非許氏所能範圍。切磋於高攀龍、陶奭齡，而其思想迥非高、陶所能和同。」❹其中，「推本於周敦頤及二程」一語，頗值得注意。對照當前劉宗周研究，學者或是以劉宗周為王學內部之人，如唐君毅，或是以劉宗周為調合朱王者，如錢穆及岡田武彥，或尊劉宗周為宋明理學殿軍，等等不一，而對於劉宗周與北宋儒者的思想關聯，則極少論及。這些見解不能說是錯誤，但對劉宗周的理解還應置於更廣大的視野，即整個宋明理學的脈絡下來審視。

其實，宋儒之學對劉宗周的影響程度，要超過當前學者對劉宗周思想的理解。如北宋五子之首的周敦頤，其對劉宗周的影響，目前僅見古清美《劉蕺山對周濂溪誠體思想的闡發及其慎獨之學》❺

學。文中指出，劉宗周透過對《中庸》的詮釋來建構其慎獨之學，並討論劉宗周對前儒的批評，認為他們有離氣而言理的傾向。文中以為，劉宗周與朱熹的分歧，「不在『理』（性）的『超越性』，而在『理』的『活動性』」；劉宗周與陽明的爭論，「不著重於良知的發用、活動，乃在於良知的客觀性與絕對性（超越性）」（頁 118）。此文對朱、王及劉宗周的理解，乃是沿續牟宗三的「三系說」。

❹ 《劉宗周全集》第五冊，頁 78。

❺ 古清美《劉蕺山對周濂溪誠體思想的闡發及其慎獨之學》，見《幼獅學誌》，第 19 卷，第 2 期，1986 年，頁 79－111。又，古清美曾提及杜保瑞學位論文《劉蕺山的功夫理論與形上思想》（臺灣大學哲學研究所碩士論文，1988 年），認為是「看出周濂溪對蕺山的巨大影響」，「將濂溪思想引為終生論學的根據」。見古清美《臺灣學者對劉蕺山學術思想的研究——工夫論

一文，討論周敦頤的「誠體」、「動靜」、「幾」、「主靜立極」
等觀念，對劉宗周慎獨之教的影響。此文並認為，劉宗周乃是把握
住宋儒的由天道下貫人道之特色，由《易傳》而《中庸》，由《中
庸》而《大學》，進而將性體與心體融會於「獨體」，與周敦頤以
「誠體」合天道人道，有異曲同工之妙。可惜此文在周敦頤與劉宗
周的思想關係上，分析得仍不夠詳盡。本書對劉宗周與周敦頤之關
係有較多討論，見第五章。又，學者皆知劉宗周著名的《人極圖
說》乃是模仿周敦頤《太極圖說》，但周敦頤又有《通書》，與
《太極圖說》乃是互衍其義的關係。在這情況下，劉宗周又作《讀
易圖說》與《易衍》，「以補前說之未盡」❺，而此「前說」，即
指的是《人極圖說》。如此，則《易衍》似有模仿周敦頤《通書》
之跡？這一點未見有任何學者探討。本書將試圖證明，《易衍》乃
是模仿《通書》，見第六章。

第四，牟宗三對劉宗周的研究。

　　劉宗周研究中，最著名者當推牟宗三《從陸象山到劉蕺山》一
書。此書共 438 頁，共 6 章，第六章為「劉蕺山的慎獨之學」。牟
宗三對宋明理學用力頗深，費二十餘年時間，撰成《心體與性體》
三大冊，《從陸象山到劉蕺山》即相當於《心體與性體》第四冊。

及學術史》一文，收入鍾彩鈞主編《劉蕺山學術思想論集》，頁 589－590。
又，杜保瑞論文頗有所見，但將劉宗周工夫論分為「主靜立人極」、「慎
獨」、「誠意」三者，而又缺乏對三者之間聯繫的說明，這一點是其不足之
處。

❺　《讀易圖說》，見《劉宗周全集》第二冊，頁 143。

在宋明理學研究上，牟宗三提出所謂「三系說」，即宋明理學當分為三系：程頤、朱熹一系，陸九淵、王陽明一系，胡宏（五峰先生）、劉宗周一系。這三系，有別於一般認為的程朱、陸王二大系。這三系中，牟宗三有他作為哲學家的思考立場，認為程朱一系落於他律道德，雖則在元代以後被朝廷尊為正統，但此乃「別子為宗」；而對陸王一系較為欣賞，但仍認為有其不足之處；而最推崇的是上承周敦頤、張載、程顥等宋學「正宗」的五峰蕺山。牟宗三並認為，劉宗周的中心意旨可概況為二：其一為嚴分意念，攝知於意；其二為誠意慎獨，歸顯於密。前者指的是，相對於前儒以意為心之所發，劉宗周則以心之所發為念，以心之所存為意，如此將良知藏於意根誠體，使人戒懼慎獨。後者則意謂，劉宗周的誠意之教，將致良知再內轉，即所謂歸顯於密。

　　牟宗三對劉宗周思想獨具慧眼，在早期學者中頗為特出，且身為當代新儒學的代表，他對劉宗周思想的觀點常為後學所承繼，影響廣泛，如稱劉宗周思想為「歸顯於密」、「以心著性」等論說，最為學者所引用。**㊷** 然而，其中或有爭議之處，若不細加辨析，則亦連帶為學者所延續，以致於不少研究成果難脫陳陳相因的框架。簡言之，牟宗三「三系說」的理路依據之一，乃是立論於將朱熹的「心」這一概念視為是形而下的氣所成，因而認為朱熹言「性體」乃是「只存有而不活動」，是為「不自覺而落於他律道德」，被牟

㊷　如鄭宗義《明清儒學轉型探析——從劉蕺山到戴東原》，頁 45–57，論「歸顯於密」。又如，如李振綱《證人之境——劉宗周哲學的宗旨》，頁 57–59，提及「以心著性」。

宗三視為是「義理的歧出」。但這一點本身即頗有爭議，而使得對朱熹思想的衡定，亦成有待商榷的疑點。在這問題上，學者各有主張，如錢穆、牟宗三、勞思光、蔡仁厚、劉述先等，皆主張心是屬於氣，但如馮友蘭、唐君毅及金春峰等，則認為心兼有理氣二者。❸此外，牟宗三對劉宗周的探討集中於心性論，亦頗有所偏，不能說是見到其學說之整體。

　　雖如此，牟宗三「三系說」蘊藏兩點卓見，是學者研究劉宗周時所疏忽的。

　　一是，「三系說」將劉宗周定位為上承周敦頤、張載、程顥等宋儒這一系，頗具眼力。但劉宗周在思想上如何承接此一系，牟宗三則少有探討，而主要關注於劉宗周的心性思想。有關劉宗周對周敦頤之學的承續，本書第五、六章有所討論。

　　二是，牟宗三在規定「五峰、蕺山」這一系的理由上，除心性論方面的「以心著性」這一特質外，尚有承「北宋初三家之由《中庸》、《易傳》回歸於《論》、《孟》而來者」❹這一「義理間架」的特質。這其中，所謂由《中庸》、《易傳》而來，指的就是從天道下貫而為人道。這一特點，在周敦頤、張載等研究上已多有討論，但在劉宗周研究上卻頗為薄弱，甚至於牟宗三本人對劉宗周的研究也是偏於心性論，而對其以易學為基礎的形上思想，並未予以關注。有關劉宗周以易學為基礎的思想，見第六章。

---

❸　參見筆者《朱熹思想中「存天理去人欲」之研究》，臺灣師範大學國文研究所碩士論文，1999 年 7 月。後收入《臺灣師範大學國文研究所集刊》，第 46 期，2000 年 6 月，頁 179－266。

❹　以上皆引自牟宗三《從陸象山到劉蕺山》，頁 370。

　　以上可見，大多數研究以哲學分析為主，且以制式化的宇宙論、心性論、工夫論三分法來討論，但對這三者之間的聯繫少有討論。事實上，這三部分之間是彼此相關聯的，研究者若缺乏這種認知，就難以體會思想家立說的用心。又，大多數研究並未尊重劉宗周文本結構，而是將文本拆解割裂，見其細部而未見其整體面貌，唯一例外是《人譜》。此外，許多研究對前人成說過於倚賴，陳陳相因，輾轉相襲，而少見在研究方法或論述架構上有所創發，如牟宗三所做研究成果，即時常為後學者所引用。**⑤⑤**

　　針對上述劉宗周研究的缺失，本書在論述方式上特別針對現今研究的不足，以突破現有框架。對於劉宗周重要文本的結構，本書予以尊重並探究其結構之意義，如《易衍》之作乃是為補充《人極圖說》未盡之意，在劉宗周思想中頗具重要性，但《人極圖說》常為學者所討論，而《易衍》則未見有任何完整探討，第五、六兩章，將討論《聖學宗要》、《孔孟合璧》、《五子連珠》、《人極圖說》、《易衍》等文本，並突出其文本結構。在宇宙論、心性論、工夫論的架構方面，雖則本書仍以此三分架構進行討論，但在章節表述上，乃是以「本體／工夫」這一對原本即屬於宋明理學的概念作為貫穿主題，且儘量探求宇宙論、心性論、工夫論三者之間

---

⑤⑤　如鍾彩鈞所指，牟宗三以劉宗周為理學三系之一且為理學殿軍之說，「對劉宗周哲學的研究發生重大影響」，「使不少初入理學殿堂的學者願以蕺山為津梁，結果出現數量眾多的碩士論文」。鍾彩鈞《臺灣學者對劉蕺山學術思想的研究——哲學理論及其他》，收入鍾彩鈞主編《劉蕺山學術思想論集》，頁 581－583。此文並列舉四篇學位論文，對其各主要論點上對牟宗三的承續，進行討論。

的聯繫。畢竟，宋明理學原本就是致聖之學，並非完全抽象的哲學思維。若視其為純粹的哲學概念，忽視相對應的工夫論，這就使得其理論顯得空洞，有失宋明理學真精神。有關前人成說方面，本書固然參考前人研究，但未必承襲前人思路或論述架構。本書採銅於山，從文本出發，文獻考據與義理詮釋並重，期將劉宗周思想置於廣大視域之下，兼且細緻闡發其微旨。此外，對時間因素亦有所考慮，以探討劉宗周不同時期所展現的思想。

在各章安排上，第二、三、四章為論述主體所在，對劉宗周慎獨之學進行探究；第五章討論劉宗周慎獨思想與周敦頤等儒者之學的承續關係；第六章論證《人極圖說》、《易衍》乃分別仿自周敦頤《太極圖說》、《通書》；第七章探討劉宗周如何以其慎獨之學批判王陽明及其後學；第八章為結論。文獻版本上，以中央研究院中國文哲研究所整理的《劉宗周全集》❺❻為主要依據，但在標點斷句上可能有所調整。

總之，本書期能以清晰明確的表述方式闡述劉宗周慎獨之學，並探討其學說所蘊藏的工夫論意涵，亦即思想與實踐二者之間的關係。

---

❺❻　由中央研究院中國文哲研究所整理的《劉宗周全集》，以《劉子全書》道光四年重刻本、《劉子全書遺編》光緒十八年補刻本和《水澄劉氏家譜》民國二十二年排印本，作為底本，再加入新近發現若干劉宗周著作，並附以相關傳記資料及著述資料，重加編輯、整理、點校而成，為目前最完備的新式標點本。

第二章　慎獨之學的
形成與發展

　　明儒論學講究宗旨。黃宗羲在《明儒學案》中指出：「大凡學有宗旨，是其人之得力處，亦是學者之入門處。天下之義理無窮，苟非定以一二字，如何約之，使其在我。故講學而無宗旨，即有嘉言，是無頭緒之亂絲也。」❶就明儒而言，所謂「宗旨」指的是關於作聖之功的論說總匯，但其背後並不僅止於工夫論，而亦隱藏有本體論的思想，如此將繁複的本體與工夫相關理論濃縮以若干字，有提綱挈領之用，御繁以簡之意。

　　劉宗周的宗旨為慎獨二字。在他看來，慎獨是「聖學之要」❷，是「學問喫緊工夫」❸之所在。但何謂慎獨？最簡單地說，慎獨即本體與工夫，「獨之外，別無本體；慎獨之外，別無工夫。」❹數語概括，甚為痛快。劉宗周並以慎獨為「孔門相傳心法」❺，

---

❶　黃宗羲《明儒學案・發凡》，頁 17。

❷　《學言上》，見《劉宗周全集》第二冊，頁 424。時劉宗周 43 歲。

❸　《證人社語錄》，見《劉宗周全集》第二冊，頁 669。時劉宗周 54 歲。

❹　《中庸首章說》，見《劉宗周全集》第二冊，頁 351。此文作於 54 歲。

❺　《證人要旨》，見《劉宗周全集》第二冊，頁 5。此文作於 57 歲。

涵蓋古往今來聖賢對作聖之功的說法，相當於本體與工夫的總匯，因此他說：「聖賢千言萬語，說本體，說工夫，總不離慎獨二字。」❻以譬喻言之，劉宗周慎獨宗旨猶如海面上的冰山一角，而在此之下，尚有大塊浮冰潛於海平面，亦即在慎獨概念背後，乃隱藏本體與工夫的整體學說，此即我所要探討的劉宗周慎獨之學。

但何謂本體與工夫？簡言之，本體與工夫的論述為宋明理學重心所在，但若緊扣「本體／工夫」這對詞彙，則其討論高峰在明代中晚期❼，特別是陽明後學及東林學派。❽現今研究多將宋明理學分為三大部分，即天道論（或宇宙論）、心性論及工夫論，而「本體」與「工夫」即涵攝這三部分。這其中，「本體」既可就天道論來說，亦可就心性論而言，這一情況在宋儒尤其常見。❾如在程朱

---

❻　《聖學宗要》，見《劉宗周全集》第二冊，頁 301。時劉宗周 57 歲。

❼　如彭國翔說：「本體與工夫構成理學傳統兩大基本問題……現成良知之辨、無善無惡之辨、格物工夫之辨，則可以說是中晚明陽明學本體與工夫之辨的具體展開。」見其著《良知學的展開：王龍溪與中晚明的陽明學》（臺北：臺灣學生書局，2003 年），頁 339。

❽　經檢索，發現「本體」與「工夫」這兩者皆未見於《十三經》及先秦諸子；在《宋元學案》中頗見提及，但多分而言之，而「本體／工夫」這一對命題合言者，僅 7 條；至於在《明儒學案》中則極多，特別是陽明後學及東林學案，「本體／工夫」合言者達 143 條，其他「本體」與「工夫」分言者，則難計其數。此處乃使用臺北故宮「寒泉」古典文獻全文檢索資料庫 http://libnt.npm.gov.tw/s25/index.htm。

❾　舉例來說，宋儒言本體有宇宙本體之意者，如張載的「太虛無形，氣之本體」（《橫渠學案上》，見黃宗羲編纂，全祖望補《宋元學案》，北京：中華書局，1989 年，卷 17，頁 669），這是指宇宙本體；亦有心性本體的意涵，如朱熹的「孟子所謂性善者，以其本體言之」（《宋元學案·晦翁學案下》，卷 49，頁 1568），則是就心性論方面來說。

理學一系中，所謂的「本體」通常指涉天道論意涵，即客觀的道體，也就是宇宙本體；但由於道體亦落在萬物之中，如《中庸》所謂「天命之謂性」❿，因此亦可意謂人的本性，即心性本體。不過，他們雖偏重於從客觀立場來探討宇宙萬有的根源及實相等問題，相當於西方哲學所稱的宇宙論（cosmology）及本體論（ontology）等形上學思想，但其玄思形上問題並非出於純粹的理智愛好，而是為探尋人的存在價值，並建構成聖成賢向上一路的修養方法。正因如此，天道論是與心性論密切相聯的，人對宇宙萬有的理解即關乎對自身的認識。相對地，陸王心學一系則偏重於人的認知主體，從而將宇宙問題化約為心性問題，因此其所謂「本體」通常指心性本體。相對於宋儒，明儒言本體大多指心性本體，這一點反映了明代儒學的特點，特別是陽明及其後學，如：心之本體⓫、性之本體⓬、意之本體⓭、良知本體⓮等；宇宙本體意涵則較宋儒為少，但亦有若干，如：理之本體⓯、太極本體⓰、道之本體⓱、太虛本體⓲、

---

❿　《禮記正義·中庸第三十一》，見《十三經注疏》下冊（杭州：浙江古籍出版社，1998 年），頁 1625。

⓫　如王陽明說：「**心之本體**，即天理也。」《明儒學案·姚江學案》，卷 10，頁 191。

⓬　如王時槐說：「聖賢千言萬語，無非欲人識其**性之本體**，學問千頭萬緒，亦只求復其性之本體。」《明儒學案·止修學案》，卷 31，頁 695。

⓭　如王陽明說：「身之主宰便是心，心之所發便是意，**意之本體**便是知，意之所在便是物。」《明儒學案·姚江學案》，卷 10，頁 200－201。

⓮　如王陽明說：「**良知本體**原是無動無靜的，此便是學問頭腦。」見陳榮捷《王陽明傳習錄詳註集評》（臺北：臺灣學生書局，1998 年），頁 262。

⓯　如魏校說：「理者氣之主宰……其所以該得如此，則**理之本體**然也。」《明儒學案·崇仁學案三》，卷 3，頁 49。

造化本體⑲等。至於「工夫」,即是達至本體的方法,無論此本體指的是宇宙本體還是心性本體。換言之,無論在理學或心學,在宋儒或明儒,工夫的意思大都相近。

本章及後兩章所述,即是探討劉宗周慎獨之學,細密地將其層層揭露,以顯發其微旨。首先,對「慎獨」這一概念的源流略作介紹,再對劉宗周慎獨之學的形成與發展進行討論。

第一節　慎獨源流

「慎獨」二字,以出自《大學》及《中庸》最為人所知。⑳此

---

⑯　如楊東明說:「蓋**太極本體**,立二五根宗,雖雜揉而本質自在,縱偏勝而善根自存,此人性所以無不善也。」《明儒學案·北方王門學案》,卷29,頁651。

⑰　如季本說:「**道之本體**如是,故工夫即本體也。」《明儒學案·浙中王門學案三》,卷13,頁278。

⑱　如馮從吾說:「不知吾儒之所謂善,就指**太虛本體**而言。」《明儒學案·甘泉學案五》,卷41,頁987。

⑲　如王廷相說:「金石草木水火土之化也,雖有精粗先後之殊,皆出自元氣之種……均為**造化本體**。」《明儒學案·諸儒學案中四》,卷50,頁1196。

⑳　《大學》:「所謂誠其意者,毋自欺也。如惡惡臭,如好好色,此之謂自謙,**故君子必慎其獨也**。小人閒居為不善,無所不至,見君子而后厭然,揜其不善而著其善,人之視己,如見其肺肝然,則何益矣。此謂誠於中,形於外,**故君子必慎其獨也**。」《禮記正義·大學第四十二》,見《十三經注疏》下冊,頁1673。

　　《中庸》:「天命之謂性,率性之謂道,修道之謂教。道也者,不可須臾離也,可離非道也。是故君子戒慎乎其所不睹,恐懼乎其所不聞。莫見忽隱,莫顯乎微,**故君子慎其獨也**。」《禮記正義·中庸第三十一》,見《十三經注疏》下冊,頁1625。

外，從二十世紀出土文獻中，也可發現「慎獨」的蹤跡。

　　據戴璉璋《儒家慎獨說的解讀》❷一文，出土於 1993 年的《郭店楚簡》❷以及出土於 1973 年的《馬王堆漢墓帛書》❷，皆出現「君子慎其獨」的文字。他認為，從這些文獻中所顯示的慎獨意涵，主要是從超越軀體、超越德行形式這方面凸顯自我惕勵的工夫，在此工夫中，心呈現其獨一自主的特性，慎獨即是謹慎於內心的獨一自主。這種解釋，當是反映先秦儒家思孟學派慎獨說的觀點。

---

❷　戴璉璋《儒家慎獨說的解讀》，見《中國文哲研究集刊》，第 23 期，2003 年 9 月，頁 211－234。

❷　據戴璉璋一文所述，《郭店楚簡》的年代大約不晚於戰國中期，其中《五行》篇出現「慎獨」二字，如：「『淑人君子，其儀一也。』能為一，然後能為君子，慎其獨也。『〔瞻望弗及〕，泣涕如雨。』能差池其羽，然後能至哀。君子慎其〔獨也〕。」見荊門市博物館編，《五行釋文注釋》，見《郭店楚墓竹簡》（北京：文物出版社，1998 年），頁 149－150。其中引文的異體字及通假字，皆依注釋以本字替代，缺文部分亦據注釋補足。下引帛書情況同此。

❷　據戴璉璋一文所述，《馬王堆漢墓帛書》的年代大約不晚於漢初，其中的《老子甲本卷後古佚書·五行》，與《郭店楚簡》之《五行》有相似文字，並作有解釋，如：「『淑人君子，其儀一也。』能為一，然後能為君子，慎其獨〔也〕。……『瞻望弗及，泣涕如雨。』能差池其羽，然〔後能〕至哀。君子慎其〔獨也〕。（按，以上經文）……『能為一，然後能為君子』，能為一者，言能以多為一。以多為一也者，言能以夫五為一也。『君子慎其獨』，慎其獨也者，言舍夫五而慎心之謂□。〔獨〕然後一。……『瞻望弗及，泣涕如雨』，『能差池其羽，然後能至哀，言至也。差池者，言不在衰絰；不在衰絰也，然後能至哀。夫喪，正絰修領而哀殺矣，言至內者之不在外也。是之謂獨。獨也者，舍體也。（按，此為說文）』」見國家文物局古文獻研究室編《老子甲本卷後古佚書·五行》，見《馬王堆漢墓帛書（壹）》（北京：文物出版社，1980 年），頁 17－19。

　　若就儒學史看「慎獨」意義的發展，則莫過於從對《大學》、《中庸》的注解中來探討最為便利。《大學》、《中庸》本為《禮記》㉔篇章㉕，南宋大儒朱熹將《大學》、《中庸》、《論語》、

㉔　《禮記》原稱《記》，大體上是對《禮經》（即《儀禮》）所記諸禮制的闡述。東漢鄭玄作《禮記注》，與《周禮》、《儀禮》合稱《三禮》，自此《三禮》之名行於世。

　　《禮記》為何時何人所作，自古以來聚訟紛紜，難有定論。徐喜辰《禮記的成書年代及其史料價值》（見《史學史研究》，1984 年 4 期，1984 年 12 月，頁 11－19）一文中，綜合各家，歸納為六種說法：其一，為孔子門徒所撰；其二，為六國時人所撰；其三，為二戴據古文《禮》所刪；其四，二戴所傳；其五，為二戴據《曲臺記》所刪成；其六，為漢初諸儒編定。以上六種說法，以第三種「為二戴據古文《禮》所刪」最為普遍。此說以西漢時戴德及其姪戴聖，傳《記》之學，分別有《大戴禮記》八十五篇，《小戴禮記》四十九篇，今所傳《禮記》即《小戴禮記》四十九篇。然此中問題亦甚複雜。

　　1993 年，出土於湖北荊門市郭店村戰國楚墓中的一批竹簡，為《禮記》年代問題帶來新的證據。郭店楚簡經整理釋讀，有儒家著作十一種，即《緇衣》、《魯穆公問子思》、《窮達以時》、《五行》、《唐虞之道》、《忠信之道》、《成之聞之》、《尊德義》、《性自命出》、《六德》、《語叢》等。學界多認為，這批儒家著作最接近於《禮記》，如此則《禮記》或至少其中通論諸篇，其年代可上推自戰國（約西元前 475 至前 221 年）。參見彭林《郭店楚簡與禮記的年代》及姜廣輝《郭店楚簡與原典儒學》二文，見《中國哲學》（瀋陽：遼寧教育出版社，2000 年），第二十一輯《郭店楚簡與儒學研究》，頁 41－59 及頁 263－273。

　　此外，1994 年上海博物館從香港文物市場購得一批戰國楚簡中，有《緇衣》、《孔子閒居》等、皆為《禮記》的篇章，但傳本不同，再次證明《禮記》的源流至少自戰國起。參見駢宇騫、段書安，《本世紀以來出土簡帛概述》（臺北：萬卷樓圖書有限公司，1999 年），頁 119。

　　總之，《禮記》的源流，最早溯自戰國，晚至漢代，非成於一時，亦非成於一人。

《孟子》，合為《四書》。元代❷以後，朱熹學說成為正統，科舉
考試以《四書》取士，《四書》遂成為儒者必讀之書。

戴璉璋指出，漢唐時期對「慎獨」的解讀較為忽略「獨」字對
心的指涉，而多是從閒居獨處方面去理解，有不愧屋漏、不欺暗室
之意。如對於《中庸》「君子戒慎乎其所不睹，恐懼乎其所不聞。
莫見忽隱，莫顯乎微，故君子慎其獨也」❷的經文，鄭玄注為「慎
其閒居之所為」❷，孔穎達據以疏解為「隱微之處，恐其罪惡彰
顯，故君子之人恒慎其獨居」❷則可見其解釋「獨」為獨處之地。
宋明理學家重視心性修養，對「慎獨」的解釋較為深微，如朱熹所
指的「獨」為「己所獨知之地」❸，有偏向於是指「心地」而非具

---

❷　《中庸》乃出自今本《禮記》四十九篇中的第三十一篇，《大學》則出自第
　　四十二篇。其實，《禮記》中共有三篇提到「慎獨」，除《大學》與《中
　　庸》外，另一篇為《禮器》，為《禮記》第十篇，其文為：「禮之以多為貴
　　者，以其外心者也。德發揚，與詡萬物，大理博物，如此則得不以多為貴
　　乎？故君子樂其發也。禮之以少為貴者，以其內心者也。德產之致也精微，
　　觀天下之物，無可以稱其德，如此則得不以少為貴乎？是故君子慎其獨
　　也。」《禮記正義·禮器第十》，見《十三經注疏》下冊，頁1434。
❷　西元1271至1368年。
❷　《禮記正義·中庸第三十一》，見《十三經注疏》下冊，頁1625。
❷　鄭玄注：「慎獨者，慎其閒居之所為。小人於隱者動作言語，自以為不見睹
　　不見聞，則必肆盡其情也。若有佔聽之者，是為顯見，甚於眾人之中為
　　之。」《禮記正義·中庸第三十一》，見《十三經注疏》下冊，頁1625。
❷　孔穎達《正義》：「故君子慎其獨也者，以其隱微之處，恐其罪惡彰顯，故
　　君子之人恒慎其獨居。言言雖曰獨居，能謹慎守道也。」《禮記正義·中庸
　　第三十一》，見《十三經注疏》下冊，頁1625。
❸　朱熹《中庸章句集注》：「獨者，人所不知而己所獨知之地也。言幽暗之
　　中，細微之事，跡雖未形而幾則已動，人雖不知而以己獨知之，則是天下之

體的「居處之地」，並認為在此幽微之中乃是「跡雖未形而幾則已動」❸，於此用功，則可以遏人欲於將萌。值得注意的，宋明儒者對「慎獨」的解說意涵甚豐，可說是創造性詮釋，且背後多有其心性理論寓於其中。

另外，據黃宣民《蕺山心學與晚明思潮》一文，列舉多位宋明儒者對「慎獨」的說法，如程顥以為慎獨是仁守之法；程門弟子游酢認為，慎獨即是思誠之道；程門弟子楊時認為，獨是超越睹聞之外的、初動的心體；朱熹後學魏了翁發明朱注，並認為若在此萌芽之時上用功夫，則可使仁義禮智得以發揮。❸明儒方面，除劉宗周外，許孚遠的說法較引人注目，特別是劉宗周曾拜許孚遠為師。許孚遠強調，「慎獨一語，是學者命脈上功夫」，「獨之一字最可玩味」，「於此不慎，一差千差」。❸可以想見，劉宗周對慎獨的重視，或許與其師從許孚遠有所關係。

如上所述，「慎獨」這一概念原出自先秦秦漢典籍，漢唐時期的解讀較為素樸，而宋明時期在佛道二教影響下，儒者對宇宙人生的思索與心性工夫的實踐，較以往更為幽微細密。事實上，劉宗周

事無有著見明顯而過於此者。是以君子既常戒懼，而於此尤加謹焉，所以遏人欲於將萌，而不使其潛長於隱微之中，以至離道之遠也。」朱熹《中庸章句集注》，頁 1，收入《四書五經》上冊（北京：中國書店，1998 年）。

❸ 同上。

❸ 黃宣民《蕺山心學與晚明思潮》，見《劉蕺山學術思想論集》，頁 221－261。此處乃引自據衛湜《禮記集說》通志堂本（揚州：江蘇廣陵古籍刻印社），1993 年，卷 124，頁 351。

❸ 黃宣民《蕺山心學與晚明思潮》，見《劉蕺山學術思想論集》，頁 222－223。此處乃引自許孚遠《大學述答問》。

就是最好的例子。

第二節　慎獨之學有三變
——兼述劉宗周修養歷程

此處，要回顧劉宗周一生修養工夫方面的重要經歷，以帶出其慎獨之學的形成及發展。

若要探討劉宗周慎獨之學，其學思歷程乃是不可迴避的。換言之，時間因素的考慮是必要的。[34]劉宗周在慎獨的說法上歷經多次轉折，固然可以他晚年定論為準，但其早年的思想發展仍須顧及，若不如此，則解讀時必然會面臨許多看似矛盾的窘困狀態。這是由於慎獨乃是劉宗周宗旨所在，因而其文稿、書信、語錄等文獻，往

---

[34]　理想上，思想史上的專家研究都應如此，但實際情況卻並不一定。這是因為有的思想家早年思想已成形，如陸象山「因讀《孟子》而自得於心」，而有其「心即理」的提出，到後期並未有所改動，如此則時間因素並不重要。另外，有些思想家留下的文獻，可能並不齊全，或是僅保存晚期著作，如此則即便想考慮時間因素，也有「文獻不足徵」的難處。

劉宗周 49 歲以前文獻保存不全，主因是：天啟六年（1626），劉宗周 49 歲，當時在宦官魏忠賢的權勢下，幾位忠義之士被逮入獄，包括黃宗羲之父黃尊素，一時曾誤傳將逮劉宗周。據兒子劉汋記，由於「禍在不測，先生悉以平生著述寄友人，其後黨禁解，先生不索，而友人亦不來歸，故丙寅（按，即 1626 年）以前筆札無一存者。其間行事之始末，學力之深淺不可盡考」。《劉宗周年譜》，見《劉宗周全集》第五冊，頁 216。

雖如此，但在這之後劉宗周思想仍有所變化，並非從此定型，因此時間因素的考量是絕對必要的。否則，若不考慮時間因素，率將劉宗周文獻混而為一，勉強解釋，必定會感到矛盾處處，難以一圓其說。

往或直接或間接地關乎他對慎獨的看法。在此情況下，最佳方法即是對眾多文本進行繫年工作。這方面，已有劉宗周兒子劉汋所編《年譜》以及姚名達所作的修改補充，提供極大便利。不過，考量到劉《譜》及姚《譜》在文本繫年上並非完成一致，在兩部《年譜》的使用上尤須留意，必要時相互參照，未必俱以一家為主。㉟

一、早期修養歷程

萬曆二十九年（1601），劉宗周二十四歲時，母親過世。此時劉宗周尚在北京參與科舉會試及殿試，進士放榜後才得聞母喪。不久，在他人介紹下見許孚遠㊱，請為母親作傳，並拜許孚遠為師。㊲許孚遠有朱學風範，以「存天理，遏人欲」為教示。據後來弟子黃宗羲《明儒學案》所記其師之語，劉宗周對許孚遠的印象是「端凝敦大，言動兢兢，儼然儒矩。其密繕身心，纖細不肯放過，於天

㉟ 如劉宗周《大學古記約義》一文，劉《譜》繫於 1639 年 62 歲，姚《譜》改為 1629 年 52 歲，但若考察此文，則似乎劉、姚二家說法都有問題。關鍵之處，在於此文對「慎獨」的看法，其中提到「獨無動靜者也……動亦慎，靜亦慎也」。由於劉宗周 52 歲時的「慎獨」仍偏於靜，因此姚《譜》說法應有誤。然而，59 歲時其對《大學》的解釋重心轉向「誠意」，而此文並未見有關「誠意」的說法，如此則劉《譜》亦似有誤。

㊱ 許孚遠（1535－1604），字孟仲，號敬菴，浙江德清人。《明儒學案》列其於《甘泉學案》。

㊲ 《劉宗周年譜》，見《劉宗周全集》第五冊，頁 106。此劉宗周拜見許孚遠一事，姚名達改為是萬曆三十一年（1603），劉宗周 26 歲時。此處以劉汋《年譜》為據，理由為：劉宗周乃 1601 年母喪，而姚名達認為 1603 年方請許孚遠作母傳，相隔較久，或不可信。但也未必沒有可能。無論如何，此事尚有待考證，不過此事的年代並非關涉重大，故暫且置之。

理人欲之辨，三致意焉。嘗深夜與門人弟輩窅然靜坐，輒追數平生酒色財氣，分數消長以自證，其所學篤實如此。」❸這即是劉宗周修習聖學之路的開始。據劉汋《年譜》所載，此時劉宗周主要以「敬」為工夫，整齊嚴肅，「自貌言之細，以至事為之著，念慮之微，隨處謹凜，以致存理遏欲之教，每有私意起，必痛加省克」❸。其實，此種工夫已有慎獨意味，但此時劉宗周尚未提出慎獨之旨。

萬曆三十九年（1611），劉宗周三十四歲。這一年夏季，他與數年前所結交的好友劉永澄❹，聚會於杭州西湖，連續三日，相與論學。這其中，他們「相與究求仁之旨，析主靜之說，辨修悟之異同」❹，後學者稱為「西湖會講」。這段時間，劉宗周方才修習靜坐，因此「主靜」之功成為話題。

萬曆四十二年（1614），劉宗周三十七歲，原本在北京為官，因為不滿朝中當權之人，加上受人詆毀，於是告假返鄉，閉門讀書。久之，「悟天下無心外之理，無心外之學」❹，乃著《心論》一文。時為甲寅年，有研究者稱此為「甲寅悟心」❹。這篇文章，主要是對「心」的贊頌，「只此一心，散為萬化，萬化復歸一

---

❸　《明儒學案·師說》，頁 13。

❸　《劉宗周年譜》，見《劉宗周全集》第五冊，頁 106。

❹　劉宗周與劉永澄相識，乃於萬曆三十二年（1604），時劉宗周 27 歲。據劉汋《劉宗周年譜》，「同籍劉靜之永澄，官國學正，潔己好脩，先生一見語合，遂定交，日以學行相切劘。」《劉宗周全集》第五冊，頁 113。

❹　《劉宗周年譜》，見《劉宗周全集》第五冊，頁 125。

❹　同上，頁 145。

❹　如李振綱《證人之境──劉宗周哲學的宗旨》，頁 21－22。

心」❹，與陸王一系的心學頗有相合之處。事實上，劉宗周慎獨之
學即帶有心學面貌，詳見後述。

萬曆四十三年（1615），劉宗周三十八歲。先前劉宗周在京師
告假返鄉，民間聲望漸起，在青年學子中有真儒之稱。這一年，有
二十幾人前來拜師，劉宗周於是講學於鄰居朱氏的「解吟軒」，開
始他往後多年的講學生涯。劉宗周的教導以經為主，旁及子、史、
性理諸書。閒暇時師生共登蕺山，於山巔上共歌古詩，「聲振山
谷，油然而歸」❹，頗有孔門舞雩歸詠的詩意。除研讀典籍外，劉
宗周常對學生講求禮儀、禮教的重要，他認為「一語一默，一飲一
食，一進一反，莫不各有當然之則，苟能致謹於斯，淺言之則小學
之科條，深言之即放收心之要法也」❹。可見，劉宗周對威儀的講
究，有承襲許孚遠之教的意味，自然也類似於宋儒「主敬」工夫。
對他來說，禮儀的講求並不只是外在的條規約束，實際上更是「收
放心」的方法，此時劉宗周慎獨之學的輪廓更為清晰。

二、慎獨之學的提出

天啟元年（1621），劉宗周四十四歲，在度過六年講學光陰後
❹，再度赴京出仕。當時政治情況早已險惡，劉宗周上任不到十

---

❹ 《劉宗周年譜》，見《劉宗周全集》第五冊，頁146。

❹ 同上，頁152－153。

❹ 同上，頁152。

❹ 1615年，劉宗周教授於朱氏之「解吟軒」；1616年，教授於陳氏之「石家
池」；1617年，教授於「韓山草堂」。《劉宗周年譜》，見《劉宗周全集》
第五冊，頁152－156。

日，隨即參劾宦官魏忠賢與保母客氏，險些遭受廷杖之刑。❹終於在天啟五年（1625），劉宗周四十八歲時，奉旨革職為民。這一年，東林等講學書院相繼詔毀，朝中公告東林黨人姓名，多位大臣為魏忠賢所害，包括劉宗周摯友魏大中。值此悲憤之時，劉宗周「一意韜晦」❹，更專注於內心修養，並講學於「解吟軒」。在他看來，「世道之禍釀於人心」，一切好事壞事都是由心所開端，因而每當他講學時，總是「令學者收斂身心，使根柢凝定，為入道之基」❺，也就是靜坐。劉宗周並說：「此心絕無湊泊處，從前是過去，向後是未來，逐外是人分，搜裏是鬼窟。四路把截，就其中間不容髮處，恰是此心真湊泊處。」❺據《年譜》，此時也是劉宗周慎獨之學的提出❺，時為乙丑年，有研究者稱此為「乙丑悟心」❺。可以見得，此時的慎獨偏重於靜時工夫。

前所引「四路把截」一段，就字面看不易理解，但若瞭解劉宗周在靜坐方面的用心，或可推測這是就靜坐調心而言。所謂「湊

---

❹　據《劉宗周年譜》（《劉宗周全集》第五冊，頁 176－177），魏忠賢當時名為進忠，尚未改名忠賢，受皇帝信任而專權干政。客氏原為熹宗乳母，在熹宗大婚後，卻仍潛居宮禁，為外界議論。劉宗周上疏彈劾，為魏忠賢所記恨，傳旨廷杖六十，後賴他人力救，從輕發落為罰俸半年。

❹　《劉宗周年譜》，見《劉宗周全集》第五冊，頁 207。

❺　同上，頁 206。

❺　同上，頁 206。

❺　雖如此，但早在劉宗周 36 歲時，與友人書信中即已提及「慎獨」：「聖學要旨攝入在克己，即《大》、《中》之旨攝入在慎獨……周子『學聖有要』一段，亦最簡截，與克己慎獨之說相印證，此千古相傳心法也。」《與陸以建年友一》，見《劉宗周全集》第三冊上，頁 351。

❺　李振綱《證人之境——劉宗周哲學的宗旨》，頁 22。

泊」，有凝合、聚結之意，為禪宗用語❻，在這裏有安放此心的意思。這段話是說，在靜坐調心的時候，此心不應追憶過去，不應想像未來；「逐外是人分」，指的是此心不應往外去攀著外物，流為人欲；「搜裏是鬼窟」，當是指此心不應往內停駐於昏鈍迷茫的狀態。這些都是修習禪定的常見問題，不論是儒是佛，在靜坐體驗上是類似的。一般上，禪坐多面臨昏沉、掉舉兩大障礙，即心力不足與心力過亢。心力不足導致昏沉，心力過亢則念頭此起彼落，「逐外是人分」類似於掉舉，「搜裏是鬼窟」則是為昏沉。劉宗周最後指出，「就其中間不容髮處，恰是此心真湊泊處」，意思是就在這不思過去與未來，不駐留於外與內，在如此這般細微到「不容髮」的警醒明覺狀態中，才是安放此心處。可以想見，劉宗周在靜坐方面必然有所體會。事實上，靜坐就是劉宗周的重要修養工夫，雖然在《年譜》中記載甚為疏略，但從劉宗周著述或與門人弟子的對談答問中，可以發現劉宗周對靜坐工夫的觀點。

天啟六年（1626），劉宗周四十九歲。這一年，劉宗周至交黃尊素，也就是弟子黃宗羲的父親，遭到羅織罪名，入獄被害。先前曾誤傳是要逮補劉宗周，虛驚過後，劉宗周感慨自己在生死利害這一關上，其實尚未通過，「始知事心之功未可以依傍承當也」❻。這表示，劉宗周在經歷生死交關之後體認到，若僅只於心地上的修

---

❻ 如《景德傳燈錄》，卷 11，仰山慧寂禪師說：「我今分明向汝說聖邊事，且莫將心湊泊，但向自己性海，如實而修。」又如卷 31，湛堂智深禪師說：「地水風火因緣和合，暫時湊泊，不可錯認為己有。」參見《辭源》（北京：商務印書館，1998 年），頁 995。

❻ 《劉宗周年譜》，見《劉宗周全集》第五冊，頁 214。

養，並不足以承擔關鍵時刻的道德選擇。但這是否暗示，劉宗周此時方體悟讀書對作聖之功的重要性呢？由於資料欠缺，無法有明確答案。不過，若就這段時日以來，劉宗周效法朱熹的半日靜坐、半日讀書，並編撰有《孔孟合璧》、《聖學喫緊三關》、《皇明道統錄》❺❻等著作，以這些若干景象看來，則似乎劉宗周確實開始體會讀書對修養的重要性。

　　劉宗周一生，以德性道業相交的好友，寥寥不過五、六人，包括劉永澄、周應中、高攀龍、丁元薦、魏大中及黃尊素。❺❼劉永澄於萬曆四十一年（1613）因病去世，時劉宗周三十六歲。天啟五年（1625），丁元薦因病去世，魏大中被補入獄而亡，時劉宗周四十八歲。天啟六年（1626），劉宗周四十九歲這一年，黃尊素被補入獄死，高攀龍自沉於水。好友相繼故去❺❽，劉宗周內心情狀可想而知。儒者各有風貌，劉宗周以「嚴毅清苦」❺❾為人所知，他「淡嗜好，寡言笑」❻⓪。這一性格風範其來有自，先天的莊重氣質❻❶，清寒家門遺腹子這一坎坷身世，年少時所承家教❻❷，加上後來經歷的

---

❺❻　按，《皇明道統錄》乃成於隔年，即天啟七年（1627）。

❺❼　《劉宗周年譜》，見《劉宗周全集》第五冊，頁131。

❺❽　按，友人周應中於崇禎二年（1629）去世，時劉宗周 52 歲。《劉宗周年譜》，見《劉宗周全集》第五冊，頁262。

❺❾　黃宗羲《子劉子行狀》，見《劉宗周全集》第五冊，頁46。

❻⓪　《劉宗周年譜》，見《劉宗周全集》第五冊，頁111。

❻❶　據劉宗周孫子劉士林所撰《蕺山先生行實》，劉宗周「生而莊，言動有倫，不習群兒戲。」《劉宗周全集》第五冊，頁656。

❻❷　劉宗周 10 歲時，從學於外祖父章穎所設私塾，晚膳時常聽外祖父談古人忠孝節義，心竊慕之，故自幼恥為干祿之學。夜晚則依傍母親讀書，機杼之間，

官場險惡及政治動蕩，好友或病故或遇害等等，皆或多或少影響其性格的形成。所謂知人論世，不僅思想與其思想者之間有所關聯，思想者與其生平及時代背景等，亦是有所關聯的。換言之，思想研究除探討思想家的思想體系外，其身世遭遇及所處社會、政治、學術思想等大環境，亦應包含於我們的視野中作綜合研究，方能見樹且見林，更且對此思想家的思想價值，予以適當定位，劉宗周思想研究亦是如此。

劉宗周與友人黃尊素生死絕別後，攜子課讀於「韓山草堂」，專用慎獨之功。此時他對慎獨的說法仍偏於動靜之靜，且尊奉周敦頤「主靜立極」之說。可以推知，劉宗周對「主靜」二字也理解為動靜之靜，與他後來的說法有所不同。宋儒在修養工夫上，有所謂「動時存養」與「靜時省察」之說，分屬動與靜兩種狀態時所用工夫方法，也是宋明理學中常見的一對概念。過去講到慎獨，多被視為是「動時省察」的工夫，此時劉宗周以慎獨為「靜時存養」之功，因而曾引發門人問到：若慎獨專屬於靜時存養，那麼動時該如何呢？劉宗周則答以，如同樹木有根方有枝葉，澆水栽培都須在根上，慎獨工夫也是一樣，「如靜存不得力，纔喜怒時便會走作，此時如何用得工夫？」**❻❸**此時劉宗周慎獨之功愈趨細微，乃至到「一念未起之先」**❻❹**。直到隔年春夏之季，劉宗周仍專心於存養之功，

咿唔聲與組織聲恒相錯，母親管教亦嚴厲。《劉宗周年譜》，見《劉宗周全集》第五冊，頁 90－91。

❻❸ 《劉宗周年譜》，見《劉宗周全集》第五冊，頁 215。

❻❹ 依據劉汋說法，劉宗周「中年專用慎獨工夫，謹凜如（按，此『如』字，姚名達訂為『於』。）一念未起之先，自無夾雜。既無夾雜，自無虛假。慎則

「無事率終日靜坐，有事則隨感而應」⑥。

　　崇禎元年（1628），黨禍已解，劉宗周再度入朝為官，時滿兵已步步進逼，京城一度戒嚴。劉宗周因感諸友之死而「不勝存亡顯晦之感」⑥，且諫言不為皇帝所採，多次請辭，終於在崇禎三年（1631）年底之前，辭官返抵家鄉。崇禎四年（1631），劉宗周五十四歲，與陶奭齡共同講學，參與者可達二百多人，稱為「證人社」⑥。此時劉宗周「專揭慎獨之旨教學者」⑥，並以靜坐為下手處，仍是偏向動靜之靜。如這一年所寫的《中庸首章說》一文，其中提到「靜存之外，更無動察」，所謂慎獨即是要在「獨體」上用功，在「一念未起之中」，在「喜怒哀樂未發之中」，時刻用以「戒慎恐懼之功」，乃是偏於未發時用工夫。⑥這也是劉宗周現存文獻中，最早出現「獨體」二字。獨體是劉宗周對心性本體的稱呼，在其思想中地位獨特，詳見下一章。

三、慎獨之學的轉變

　　崇禎五年（1632），劉宗周五十五歲，重建「古小學」⑦，並

　　　敬，敬則誠，工夫一步推一步，得手一層進一層。」《劉宗周年譜》，見《劉宗周全集》第五冊，頁 215－216。

⑥　《劉宗周年譜》，見《劉宗周全集》第五冊，頁 226。

⑥　同上，頁 236。

⑥　有關劉宗周與證人會的資料，可參見孫中曾《證人會、白馬別會及劉宗周思想之發展》，收入鍾彩鈞主編《劉蕺山學術思想論集》，頁 457－522。

⑥　《劉宗周年譜》，見《劉宗周全集》第五冊，頁 295。

⑥　此處引自《中庸首章說》，見《劉宗周全集》第二冊，頁 351。

⑦　古小學祭祀宋儒尹焞。劉宗周有感於王門後學流於放逸，因此想藉表章尹焞

離開「證人社」，獨自講學。此時劉宗周慎獨仍偏於動靜之靜，以靜坐存養為入道之方，如這一時期所作《第一義說》等十一篇文章中，其中有《靜坐說》，顯示出其對靜坐工夫的重視。特別值得注意的，《年譜》此處有段劉汋按語：「是時先生用慎獨工夫……專從靜中討消息。久之，始悟獨說不得個靜字……遂有丙子以後語錄，及《聖學宗要》、《人譜》、《原旨》、《讀易圖說》、《證學雜解》諸書。」❼這段文字相當重要，有助於理解劉宗周思想的發展，但可惜的是，所謂「久之，始悟獨說不得個靜字」這「久之」並未指出是何時。這對話的意思是，在此一時期即劉宗周五十五歲時，仍專以靜存為主要工夫；換言之，此時劉宗周的慎獨仍偏於動靜之靜，如上所言。而後，「久之，始悟獨說不得個靜字」，則是指過了若干時後，劉宗周發現慎獨工夫並不能專在靜中用功；換言之，到這時候他對慎獨有了新的解釋。「丙子」指的是崇禎九年丙子（1636），時劉宗周五十九歲，在此之後數年間，撰成多部重要著作，如《人譜》、《原旨》、《讀易圖說》、《證學雜解》等，這些都是研究劉宗周思想的極重要文本，可視為是劉宗周晚年定論。

上所舉劉汋按語，顯示的是劉宗周慎獨之學的轉折。過去以來，其慎獨之學偏於靜中用功，偏於未發。所謂「未發」，原出自《中庸》「喜怒哀樂之未發，謂之中；發而皆中節，謂之和」，涉及性、情等心性論問題，在宋明理學中常為儒者所討論。然而在

以救正。《劉宗周年譜》，見《劉宗周全集》第五冊，頁310－311。
❼　《劉宗周年譜》，見《劉宗周全集》第五冊，頁312－313。

「久之，始悟獨說不得個靜字」之後，至少是在五十五歲到五十九歲之間，劉宗周的慎獨不再偏於未發，而是涵括未發與已發。比如，此處劉汋按語所引劉宗周之語，「一獨耳，指其體謂之中，指其用謂之和。」**⑫**這表示，「獨」之體為「未發」，「獨」之用為「已發」，在某些方面與朱熹「中和新說」有相似之處。

　　朱熹在心性問題上，亦經新舊兩說的轉變，相對應的則是其工夫論。朱熹「中和舊說」，以性為未發，心為已發，相應於工夫論則偏於靜時存養；而「中和新說」則是主張心統性情，心之體為未發之性，心之用為已發之情，相應於工夫論則靜存、動察兼具，通貫動靜。可以發現，在工夫論上，劉宗周慎獨之學的前後轉變與朱熹中和新舊之說頗為相似。不過，劉宗周並不認同朱熹以未發為性，以已發為情。此外，崇禎七年（1634）劉宗周五十七歲時編撰《聖學宗要》一書，摘引朱熹「中和說」相關文獻，並以「循理為靜」**⑬**而非動靜之靜來解釋周敦頤的「主靜立人極」，亦顯示劉宗周慎獨之學的轉折。這一年，劉宗周還撰成《人譜》一書，其中也可見到他工夫論上的新進發展，如其中的《訟過法》一文，談及靜時存養、動時省察的問題，已不再以靜為主，而是動靜打成一片，「此心嘗止者，自然嘗運；雖應事接物，而此心嘗運者，自然嘗

---

⑫　按，此亦見於《學言上》，見《劉宗周全集》第二冊，頁 466。時為劉宗周59 歲。

⑬　《聖學宗要》，見《劉宗周全集》第二冊，頁 268。按，《聖學宗要》乃成於劉宗周 57 歲時，而兩年後即 59 歲時，劉宗周曾在他人問到周敦頤「主靜立人極」的靜字時，答以：「**循理為靜**，非動靜對待之靜。」兩者可以互參。

止」，「故存養省察二者，不可截然分為兩事，而并不可以動靜分
也。」❼按，此處「嘗」字應為「常」之通假字，依文哲所點校本
原文，不作更改，以下皆同。

崇禎八年（1635）劉宗周五十八歲，又再度入京為官，多次上
疏直陳時事。這一年，編撰有《孔孟合璧》、《五子連珠》等。崇
禎九年（1636），又再遭革職為民，時劉宗周五十九歲，「始以
《大學》誠意、《中庸》已未發之說示學者」❼，以「意為心之所
存」❼，非先儒所謂的意為心之所發，而修養工夫即應「結在主意
中，方為真工夫，如離卻意根一步，亦更無格致可言」❼，這是劉
宗周「誠意」之說的首次提出。劉汋《年譜》稱，劉宗周「自此專
舉立誠之旨，即慎獨姑置第二義矣」❼。這是說，自此以後劉宗周
轉而以「誠意」為宗旨，於是「慎獨」成為第二義。第一章曾提
及，歷來對劉宗周宗旨有兩種說法，其一為兒子劉汋所主張，認為
劉宗周「中操功於慎獨，而晚歸本於誠意」❼；另一種觀點為弟子
黃宗羲所持，「先生宗旨為慎獨」❽。事實上，「誠意」就是「慎
獨」，二者的地位是相同的，並非如劉汋所言「慎獨姑置第二
義」。我以為，劉宗周宗旨當為「慎獨」，而其標舉「誠意」主要

---

❼　《人譜》，見《劉宗周全集》第二冊，頁 19。

❼　《劉宗周年譜》，見《劉宗周全集》第五冊，頁 352。

❼　同上，頁 353。

❼　同上，頁 352－353。

❼　同上，頁 354。

❼　同上，頁 528。

❽　《子劉子行狀》，見《劉宗周全集》第五冊，頁 45。

是對王陽明之學的批評，這標誌著劉宗周對王陽明之學持批判態度的最終定見。此後，劉宗周不僅延續他過去對王陽明後學的批評，對王陽明本身也多所責難，加上對宋儒若干思想的針砭，無怪乎其子劉汋以「大抵於先儒成說掀翻無遺」❽來形容。

四、反對求之於靜

崇禎十年（1637），劉宗周六十歲，在這一年答弟子書信中，劉宗周對於動靜問題提出新的主張，認為求之於靜的說法終究是錯謬的，因為「心無分於動、靜，則學亦無分於動、靜。」❽崇禎十二年（1639），時劉宗周六十二歲，有張瑋來問學，在問及用功方法時，張瑋答以靜時用功，劉宗周解說道：「心無分於動靜，故學亦無分於動靜。若專求之於靜，便有喜靜惡動之病。」❽從前述可知，劉宗周長期以靜時存養為主，五十九歲以後轉變為要打破動靜之分際，六十歲以後更對偏於靜的用功法予以批評，可說是對早年主張的自我否定，值得注意。

不過，特別要補充一點，此時劉宗周雖反對偏於靜，但並不是對靜坐用功的質疑或否定，而是要突顯心乃是「不可以動靜言」❽，因此，心的修養也不可以動靜來分別。他認為，如同《易傳》所謂「寂然不動，感而遂通」應當作一句看，「非截然兩事」❽，

---

❽ 《劉宗周年譜》，見《劉宗周全集》第五冊，頁313。
❽ 同上，頁382。
❽ 同上，頁408。
❽ 《答葉潤山四》，見《劉宗周全集》第三冊上，頁441。時劉宗周65歲。
❽ 同上。

心體也是如此，乃是常寂而又常感，「嘗惺而嘗覺」⑯，寂與感乃同時並存的，因此不能以身軀形體之動態或靜態來言心之動靜。

然而，為何劉宗周有此主張？我認為，他的用意當是要將工夫打成一片，無時不刻皆須用工夫，如此動靜之分界自然泯滅。這麼主張，也是因為見到修道之人常見的毛病，或是過於沉溺於靜坐中的寂靜，或是雖在生活中克己復禮而在靜中卻難以靜心。在他看來，這兩種偏症其實是一病，也就是「動靜二字，不能打合」⑰。他曾以王陽明在軍中為例，一方面與門人講學論道，一面還能應酬軍務，統率將士，可說是打通動靜。⑱劉宗周工夫論到這一階段，可說更為圓融而徹底。

劉宗周六十歲以後，對理學諸多概念漸有新解，即如劉汋所謂「大抵於先儒成說掀翻無遺」⑲。崇禎十六年（1643），劉宗周六十六歲時，撰成《讀易圖說》、《古易鈔義》、《證學雜解》、《存疑雜著》等重要著作，皆有其獨特觀點。整體觀之，劉宗周的邏輯是將二元對立的概念予以統合。這一思想特徵，表現在他對宋明理學許多二元概念的看法上，對兩兩成雙的概念進行統合辨證，

---

⑯ 同上。

⑰ 《會錄》，見《劉宗周全集》第二冊，頁 610。年代不清楚，但至少在劉宗周 57 歲之後，可能在 60 至 66 歲之間。

⑱ 劉宗周說：「學者或云：『於靜中見得道理如此，而動時有復忙亂。』或云：『於動時頗近於道，而靜中又復紛擾。』症雖二見，其實一病也。動靜二字，不能打合，如何言學？陽明在軍中，一面與門人講學，一面應酬軍務，絲毫不亂。此時動靜，是一？是二？」《會錄》，見《劉宗周全集》第二冊，頁610。

⑲ 《劉宗周年譜》，見《劉宗周全集》第五冊，頁 313。

不論是在宇宙本體論、心性論或工夫論上，皆明顯可見這一思維特點，而其用意是為打破對二元對立概念的執著。譬如，在宇宙本體論方面，劉宗周說：「盈天地間，一氣也。氣即理也。」❾⓪這句話中，他首先肯定的是氣而不是理，接著並說「氣即理也」。在心性論方面，如：心／性，劉宗周說「性者心之性」；性／情，他說「情者性之情」；人心／道心，他說「心只有人心，道心者人心之所以為心」；氣質之性／義理之性，他說「性只有氣質，義理者氣質之所以為性」。❾①凡此種種，皆是將兩兩對立的概念進行統合。❾②在工夫論方面，劉宗周說：「從來學問只有一個工夫，凡分內分外，分動分靜，說有說無，劈成兩下，總屬支離。」這指出，如動靜之分、已發未發之分、心性之分等，其實都是後人所致，皆非孔子之「道」。❾③在他看來，儒學中二元區分的概念，無論是朱學或是王學，只要有所偏向、有所強調，則在實踐上易形成偏頗，造成

---

❾⓪　《學言中》，見《劉宗周全集》第二冊，頁 480。

❾①　以上皆見《劉宗周年譜》，見《劉宗周全集》第五冊，頁 481。

❾②　又如劉宗周說：「性無性，道無道，理無理，何也？蓋有心而後有性，有氣而後有道，有事而後有理。故性者心之性，道者氣之道，理者事之理也。」又如他說：「心只有人心，而道心者，人之所以為心也。性之有氣質之性，而義理之性者，氣質之所以為性也。」分別見於《學言中》，《劉宗周全集》第二冊，頁 608 及 615。

❾③　劉宗周說：「夫道，一而已矣。知、行分言，自子思子始；誠、明分言，亦自子思子始；已、未發分言，亦自子思子始。仁、義分言，自孟子始；心、性分言，亦自孟子始。動靜、有無分言，自周子始。氣質、義理分言，自程子始。存心、致知分言，自朱子始。聞見、德性分言，自陽明子始；頓、漸分言，亦自陽明子始。凡此皆吾夫子所不道也。嗚呼，吾舍仲尼奚適乎？」《劉宗周年譜》，見《劉宗周全集》第五冊，頁 481。

流弊,讓學者離道日遠。

以上可見,劉宗周對二元區分的概念皆進行統合辯證。但我們要知道,其用意並非僅出於純粹的理智思辯而已,更是為了以實踐為導向的作聖之功。有些研究未能掌握這一點,於是出現斷章取義的現象。❹這顯示,研究者在處理劉宗周思想時,若僅著眼於字詞概念而疏忽其所蘊藏的實踐意涵,不但有失宋明理學講求踐履的精神,兼且在思想詮釋上也會處處碰壁,乃至批評劉宗周思想多有矛盾。其實,若要理解劉宗周思想,從他所批判的對象以及所運用的批判視角,以此來回視劉宗周,方可謂審視劉宗周思想的恰當角度;也就是說,對於劉宗周所提出的許多觀點,往往必須將其所批判的對象亦置於我們視野之下,方可見劉宗周思想的價值;否則,若只見劉宗周觀點而不知其所批判的對象及目的為何,則常會感到

---

❹ 譬如,有學者見到劉宗周「盈天地間,一氣而已矣」(《讀易圖說》,《劉宗周全集》第二冊,頁 149,又見於《原性》,《劉宗周全集》第二冊,頁 328),就率作結論,認為劉宗周乃是氣本論,如早期頗具影響力的侯外廬《宋明理學史》,認為這是「繼承發展了張載的『氣』為宇宙本體的觀點」(侯外廬等主編《宋明理學史》,下卷,頁 611)。然而,劉宗周又嘗言「盈天地間,皆心也」(《讀易圖說》自序,見《劉宗周全集》第二冊,頁 143)、「盈天地間,皆性也」(《張蓬玄玄塵序》,見《劉宗周全集》第三冊,頁 750。又,有稱「盈天地間一性也」,見於《原性》,《劉宗周全集》第二冊,頁 328)、「盈天地間,皆物也」(《原心》,見《劉宗周全集》第二冊,頁 327)、「盈天地間,皆易也」(《讀易圖說》,見《劉宗周全集》第二冊,頁 143)、「盈天地之間,只是陰陽兩端盡之」(《周易古文鈔》,見《劉宗周全集》第一冊,頁 275)等,則難不成是「心本論」或「性本論」?可見,僅取其一二便作發揮,難免斷章取義之失,而應觀其整體。

其思想之難以理解。在宋明理學中，理氣、太極、陰陽等概念涉及對宇宙本體的思考，且由於人亦是宇宙中的一物，因而宇宙本體又與心性本體相聯繫，亦即二者乃是同構的。以前面所討論的已發、未發問題為例，劉宗周認為若偏重於未發時用功，則易落於偏枯；而若偏於已發時用功，則易混淆性與情。事實上，這二者正是劉宗周眼中王陽明後學的弊病，也是劉宗周慎獨之學前後轉折的意義所在，即為救王門後學之弊而立說也。

五、前後慎獨之學的對比

在此，要對慎獨之學的四個相關概念進行討論，以襯托出劉宗周慎獨之學的轉變。這四個概念是：「已發」、「未發」、「動」、「靜」。

在舊的慎獨之學方面。崇禎四年（1631），劉宗周五十四歲，作有《中庸首章說》一文。此文提及慎獨乃是在「未發」之時用工夫，並認為「靜存之外，更無動察」。換言之，若以「已發」、「未發」、「動」、「靜」四個概念而論，此時期的慎獨僅與「未發」與「靜」相聯繫，並未論及「已發」時或「動」時該如何。

至於新的慎獨之學方面。崇禎五年至崇禎九年（1632－1636），劉宗周五十五歲至五十九歲之間，「久之，始悟『獨』說不得個靜字」。此時論慎獨，乃是貫通「未發」與「已發」；在動靜方面，也打破過去以未發為靜，已發為動，而主張靜中有動，動中有靜，乃至動而無動，靜而無靜❾❺。換言之，若以「已發」、「未發」、

---

❾❺ 如劉宗周說：「中，陽之動也；和，陰之靜也。合陰陽動靜而妙合無間者，

「動」、「靜」四個概念而論，此時期的慎獨要打破「已發」、「未發」、「動」、「靜」的區隔。

如此，劉宗周慎獨之學大致有新舊兩說。但由於他後來對靜時用功特別加以批評，因此我還是以三個階段來區分，分別是：

第一階段：

1. 天啟五年（1625）48 歲，提出慎獨之學。此時期的慎獨工夫偏於靜存。

2. 崇禎四年（1631）54 歲，出現「獨體」二字說法。此時期的慎獨工夫偏於未發時用靜存工夫。

第二階段：

1. 崇禎五年至崇禎九年（1632－1636）55 歲至 59 歲之間，「久之，始悟『獨』說不得個靜字」。此時論慎獨，不再偏於未發，而是貫通未發與已發；在動靜問題上，也打破過去以未發為靜，已發為動。

2. 崇禎九年（1636）59 歲，提出「誠意」之說以完善慎獨之學。

第三階段：

1. 崇禎十年（1637）60 歲，反對偏於靜。

2. 崇禎十二年（1639）62 歲，「若專求之於靜，便有喜靜惡動之

獨之體也。……寂然之時，喜怒哀樂未始淪於無；感而遂通之時，喜怒哀樂未始滯於有。以其未始淪於無，故當其未發，謂之陽之動，*動而無動*故也；以其未始滯於有，故及其已發，謂之陰之靜，*靜而無靜*故也。」《劉宗周年譜》，見《劉宗周全集》第五冊，頁 353－354。

病」。

3.崇禎十五年（1642）65歲，心之修養「不可以動靜言」。

此即我所謂慎獨之學有三變。

六、絕食殉國

　　崇禎十五年（1642），劉宗周六十五歲，又再度入京為官，此時明王朝早已危在旦夕。終於在崇禎十七年（1644），李自成攻陷京城，崇禎帝自縊。劉宗周在民間倡義勤王，並編撰《中興金鑑錄》一書，有期盼中興之意。隔年，清兵南下攻入南京、杭州，擔任監國的潞王降於清。劉宗周聞訊，決意殉國❾❻，曾試圖投水自

---

❾❻　劉宗周決意殉國的經過，據黃宗羲《子劉子行狀》，頁 40－44，「六月丙寅（十五日），先生聞監國降，方食，推案慟哭曰：『此余正命之時也。』遂不食。諸生請曰：『今日繫天下望者，先生也。先生何遽言死？』先生曰：『……今欲為於國亡勢去之餘，亦已知其難矣。在余之自處，惟有一死。先帝之變宜死，今上蒙塵宜死，監國納降又宜死。不死尚俟何日？世豈有偷生御史大夫乎？』諸生曰：『不然。夫死非先生所難處，死為難死而有益於天下，死之可也。死而無益於天下，奈何以有用之身輕棄之？』先生曰：『吾固知圖事賢於捐生。顧余老矣，力不能勝。子之所言，異日不可知之功也。余之所守，人臣之正也。身為大臣，敢舍今日之正而冀異日不可知之功乎？吾死矣夫！』丁卯，諸生請先生出城。先生曰：『國存與存，國亡與亡，古之制也。吾將安之。』諸生曰：『古人云，擇一塊乾淨土死。城降矣，即欲死，豈先生死所。』先生曰：『然。』……（數日後），門人門人王毓蓍自沈於柳橋。先生聞之，曰：『王生死，吾尚何濡滯哉！』……先生曰：『北都之變，可以死，可以無死，以身在削籍也，而事尚有望於中興。南都之變，主上自棄其社稷而逃，僕在懸車，尚曰可以死，可以無死，以俟繼起者有君也。監國降矣，猶曰俟吾越為一成一旅乎！而吾越又降矣。區區老臣，

盡，後改為絕食，數日後亦絕水。弟子王毓芝曾問，心境如何？劉宗周說：「他人生不可以對父母妻子，吾死可以對天地祖宗；他人求生不得生，吾求死得死；他人終日憂疑驚恐，而吾心泰然。如是而已。」❼絕食期間，曾說到，「良知之說，鮮有不流於禪者。」❽又叮囑兒子「做人之方，盡於《人譜》」，「作家訓守之可也」❾。劉宗周去世時，已是絕食二十日，水不入口有十三日。

　　以上，對慎獨一詞的源流略作介紹，並敘述劉宗周慎獨之學的發展歷程。

尚何之乎？若曰身不在位，不當與城為存亡，獨不當與土存亡乎？……王玄趾（毓著字）赴水而死，所謂士死義也。玄趾真可以不死，我又非玄趾比也。以玄趾之死決我之死，萬萬無逃矣。』……庚辰，秦祖軾侍。先生口吟《絕命辭》曰：『留此旬日死，少存匡濟意。決此一朝死，了我平生事。慷慨與從容，何難亦何易。』……先生謂祖軾曰：『為學之要，一誠盡之矣，而主敬其功也。敬則誠，誠則天。若良知之說，鮮有不流於禪者。』又曰：『吾日來靜坐小庵，胸中渾無一事，浩然與天地同流。蓋本來原無一事，凡有事皆人欲也。若能行其所無事，則人而天矣。』……曰：『胸中有萬斛淚，半灑之二親，半灑之君上。』祖軾曰：『先生此苦奈何？』先生指其心曰：『孤忠耿耿。』」

以上大量引用，以讓讀者了解劉宗周以身殉國的緣由。

❼　《劉宗周年譜》，見《劉宗周全集》第五冊，頁 524。
❽　同上。
❾　同上，頁 525。

第三章　獨體——本體總述

　　劉宗周慎獨之學包含本體與工夫兩個層面，「獨」或「獨體」為本體之總匯，指的是人之最根本主體性。劉宗周對獨體的解說頗為繁複，本章僅揀其最重要者來討論。由於他在這方面並未進行系統性論說，而是散見於各著述文本中，若要觀其整體面貌，唯有逐條匯整，前後參比，再進行分析。以下探討獨體在不同脈絡下所呈現出來的意義，分四節析論。

第一節　能所雙向視域之樞紐

　　劉宗周慎獨之學中，獨體既是主體也是客體。這指的是，獨體既可從「能」（如：能知，perceiver）的主體角度來定義，亦可從「所」（如：所知，perceived）的客體角度來定義。在此，為求較清晰地傳達獨體的特殊意涵，我以「能所雙向視域之樞紐」來界定獨體，意謂其所展現的乃是透過兩種對立視角而呈現出來的雙向視域之俱現（co-emergent），且獨體乃是這雙向視域的會合處，因此以「樞紐」稱呼。

　　這一觀點不易理解，因為人們在日常生活的感官認知活動中，或進行理性抽象思維時，每次僅能從一個立場來看待事物，或從一

個視角來思考問題，這也不得不如此。雖說，人有能力更換不同角度來思考，或切換於各不同立場之間，但若要在同一時間點從各不同立場來表述，則幾乎是不可能的事，這即是語言的有限性。正因如此，在各種哲學、宗教、文學等文獻中，可以見到一些使用辯證法的表述語言。❶這些看似矛盾且難以理解的語句，其實都是試圖以具局限性的語言文字，勉強去描述那難以言詮的實相（Reality）或道。

　　方東美曾以繪畫為例，說明中國哲學的特色，可應用於此。方東美說，西方文化以二分法來看待事物❷，在繪畫上也是如此，「一定要選擇一個觀點，透過那個觀點採取透視法，才能形成一個畫幅」；但在中國繪畫方面，「並不侷限在一特定的觀點，只有一個透視境界」，而是可以參酌各種不同觀點，由此「產生一個總透視法」，中國哲學也是如此，「一向不用二分法以形成對立矛盾，卻總是要透視一切境界。」❸借用方東美的說法，劉宗周獨體蘊藏著兩個透視點所產生的視域，而不是只有一個視域，且這兩重視域乃是同時存在且同時顯現的。

---

❶ 如《金剛經》常見的「所謂……即非……是名……」這一語式。

❷ 方東美說：「希臘、中世紀用二分法把完整的世界分成上層世界（精神領域）與下層世界（物質領域）之外，近代歐洲自笛卡兒以後，用了另一種二分法，把內在的心靈世界與外在的客觀自然界又形成了對立。……產生知識論上的許多困難。大體上說，（西方）尤其自形上學方面看，總是透過二分法把完整的世界割裂成為兩部分，產生其中嚴重的聯繫問題。」方東美《原始儒家道家哲學》（臺北：黎明出版社，1983 年），頁 21。

❸ 以上見方東美《原始儒家道家哲學》，頁 22。

一、能、所兩個透視點

這兩個透視點，即能與所。從古至今，人類面對生存環境中的各種自然現象及社會現象，探索其中規律，試圖建立理論以作解釋，且涵蓋性越大的理論越是可貴。若簡要歸納，各種理論可分為兩大類，即以能、所兩大立基點來區分。如大部分的自然科學、社會科學及佛教的中觀學等，可說是從「所」的客體角度而立論的。特別是西方科學革命以來，牛頓物理學所代表的機械世界觀深入人心，對絕對客觀性的追求成為科學的目標，以至於我們傾向將以「所」為立場而建立的各種理論，視為真實且合乎科學的，而甚少考慮以「能」為立場而建立的各種理論。此外，在日常語言中，我們也多從「所」的客觀角度，將「心」視為是每個人所具有的認知功能，能對外界進行認識，這可說是最為素樸的實在論（Realism），亦即笛卡爾、牛頓主客二元對立式的世界觀。換言之，我們已習慣追求所謂「客觀真理」，試圖跳脫我們的主體存在來探討現象。

然而，在哲學或宗教的思考中，還有從「能」的主體角度出發，將焦點放在認知主體上，則外界一切無不涵括於這一認知主體所認知的範圍之中。如西方哲學中的觀念論（Idealism）與發展於二十世紀的現象學（Phenomenology）❹，以及佛教的唯識學等，可說是

---

❹ 如現象學家胡賽爾（Edmund Husserl，1859－1938）認為，從「能識──所識」相對應的立場而論，則所謂的「客觀事物」，盡皆是認知主體意識之流中所認知的對象。因此，對象所呈顯的特質，實際上乃是認知主體的認知方式而已。

以「能」的主體角度而立說。其實，若就我們的直接經驗而言，以「能」為立場的理論似乎更符合經驗，且前所言對絕對客觀性的追求，在二十世紀已有所變化，首先是物理學的發展，進而影響到其他領域，在人文學科及社會科學中也普遍出現對「客觀性」的質疑及對「主觀性」的重視。在這種情況下，以「能」為立場而建立的理論，應當可以較乎從前更容易為人們所理解。

牟宗三對能、所問題亦曾進行思考，認為學問可從這兩方面來說：儒家言仁義是「能」方面的，即主體性（subjectivity）的學問；西方哲學如柏拉圖，則是「所」方面的，即客體性（objectivity）的學問。但西方近代哲學如康德、黑格爾等，可謂從「所」轉向「能」，或是通過「能」去了解「所」。牟宗三又說，儒家「性理」亦主觀亦客觀。從性命所上通的天道言，是客觀的，即《中庸》、《易傳》所代表的儒學；而從內在道德性言，是主觀的，即孟子所代表的儒學。❺附帶一提，牟宗三對儒家「性理」的觀點，可說即是劉宗周思想的特點。

事實上，這兩個透視點也正是「理學」（狹義者）與「心學」的差異所在。

就「所」的透視點來說，也就是自客體而言。持這類透視點立場的，如周敦頤、張載、朱熹等宋代儒者，多被稱為理學一系（狹義者），其思考方法乃是跳脫自身經驗，想要從客觀的立場來思索

---

❺　以上參見牟宗三《宋明儒學綜述》（見其著《宋明儒學的問題與發展》，上海：華東師範大學出版社，2004 年），頁 10。不過，牟宗三以佛教唯識宗是重「所」的，這一點頗有疑問。

宇宙大化的本質，進而衍生為對人自身的心性問題的探討。這類思考模式，相當於是就客體而論客體。如楊國榮所稱，程朱理學是「離開人自身的存在（existence）去考察存在（being），如對理氣、道器等天道問題的關注。」❻在經典方面，理學一系儒者最看重《易傳》、《中庸》等聯結天道論與人道論的典籍。用劉宗周的話說，「從造化到人心」❼或「由造化而人事」❽，即可概括這類立場的思考方式。持這種透視點立場的儒者，其理論終點多稱為「性」，如《中庸》所謂「天命之謂性」❾，即天道下貫到人，成為人的本性。

　　就「能」的透視點來說，也就是自主體而言。持這類透視點立場的，如陸九淵、王陽明等宋明儒者，多被稱為心學一系，其思考方式並不跳脫自身經驗，而是直接從自心出發，想要在自身經驗中探求本體。這類思考模式，可說是就主體而論客體。在他們看來，宇宙大化的本質與自身的心性本質並無不同，因為它們皆為「我」這一認知主體所感知的對象。因此，向宇宙大化探求本體，即是探求本心，宇宙的實相也就是心性的實相；反過來說，探求本心，即是探求宇宙本體，心性的實相也就是宇宙的實相。這類儒者，「對

---

❻　楊國榮《心學之思──王陽明哲學的闡釋》（北京：三聯書店，1997 年），頁 6-7。

❼　如劉宗周說：「《易經》從造化說到人心，其妙處須自家體認出來。」《會錄》，見《劉宗周全集》第二冊，頁 609。

❽　如劉宗周說：「周先生（太極圖說）自先天說來，由造化而人事，其義精。」《聖學宗要》，見《劉宗周全集》第二冊，頁 272，時劉宗周 57 歲。

❾　《禮記正義·中庸第三十一》，見《十三經注疏》，頁 1625。

太極之類的形上本體很少表現出興趣，也無意在人的意識活動領域之外對理氣等問題進行探討。」⑩在經典方面，心學一系儒者看重《大學》、《論語》、《孟子》等直接討論修養心性的典籍。由人心到造化一語，可概括他們的思考內涵。持這種透視點立場的儒家者，其理論起點與終點皆為「心」，心是一切認知經驗的根本。

以能、所而言，劉宗周慎獨之學既從理學（狹義者）一系「所」的角度論心，又從心學一系「能」的角度來言心，且在這兩種角度上皆有其理論視域的呈現。若對劉宗周這一思維特徵有所掌握，則其著作中某些看似矛盾之處，大致可得疏解。以下分別闡述。

二、慎獨之學的理學特點（附：太極／陰陽、理／氣）

如前所言，所謂「所」的透視點，乃是從客體的立場來思索宇宙大化的本質，此即理學（狹義者）一系的特點。劉宗周慎獨之學的理學特點，集中於與易學相關的論說，如劉宗周《周易古文鈔》一書，運用《周易》概念，闡發其太極在陰陽之中的觀點，此即有關本體與現象的思考。

太極一詞，見於《周易·繫辭傳》：「易有太極，是生兩儀，兩儀生四象，四象生八卦。」⑪這段話，除《周易》原本具有的筮法意涵之外，自漢代易學起，還蘊涵著宇宙論的意義，而這兩者是相對應的。在八卦乃至六十四卦的生成中，最初是由一畫象徵太

---

⑩　楊國榮《心學之思──王陽明哲學的闡釋》，頁6-7。
⑪　《周易正義·繫辭》，見《十三經注疏》上冊，頁82。

極，代表陰陽兩儀尚未分開的狀態，而後在兩儀之上各加一奇一偶，成為老陽、老陰、少陽、少陰四象，再於此之上，又增一奇一偶，而成乾、坤、震、巽、坎、離、艮、兌這八卦；相應於宇宙論，則太極相當於宇宙本源，兩儀即是陰陽，四象為春夏秋冬四時，八卦為天、地、雷、風、水、火、山、澤這八種自然現象，表現出一生二、二生四、四生八等宇宙形成的衍生模式，這應當是受到先秦秦漢時代陰陽家思想的影響。

　　陰陽一詞，如《周易・繫辭傳》「一陰一陽之謂道」❶❷一語，表示事物具有對立的兩面，此兩面既相反又相成。就《周易》卦爻而言，陰與陽所成的最基本單位就是陰陽二爻，至於卦方面的基本單位，則是由陽爻所成的乾卦，以及由陰爻所成的坤卦。其後，陰陽兩爻交互變化，又從乾坤二卦中，衍生為八卦乃至六十四卦。這意謂，萬事萬物乃為陰陽變化而成。

　　宋明理學中，常見有關「太極」的討論，如程朱學派以太極為宇宙本質或原理。如此，太極不僅具有宇宙發生論方面的意義，也具有形上學本體論方面的意涵。太極與陰陽相併而言，即指本體與現象。表面上，萬事萬物看似千差萬別，此為現象。然而，在哲學的思考中，各種表象背後，或蘊藏著某種共通的性質，或不會變化的終極存有，此即本體。本體與現象是形上學的重要課題，而形上學相當於哲學的冠冕，在人類所創發的各種理論中最具根源性，且能影響其他分支理論，如同大樹之根。這些抽象問題，在宋明理學中往往便以易學概念來表達。

---

❶❷　同上，頁 78。

劉宗周《周易古文鈔》開篇有「太極兩儀四象八卦總圖」，與一般常見的太極、兩儀、四象、八卦之圖有所不同。如朱熹《周易本義》的「伏羲八卦次序圖」，有太極，太極之上有陰陽，陰陽之上又各自分出太陰、少陽、少陰、太陽，如次而上。劉宗周的「太極兩儀四象八卦總圖」則不同，先有一畫作為「太極」，於此之上立一中斷之畫以為「陰」，這「陰」與原本的「太極」之畫，二者合之即為「陰陽」，而不另立一畫，如次而上。此圖之意，即劉宗周所稱「陰陽既分，則太極遂隱於無形」❸，也就是「太極不必另為圖象」❹之意，太極作為本體，雖是萬事萬物的根本，但它並非具有實體，而就是在現象之中，並非離開現象而存在。這一點，就是劉宗周對本體與現象之關係的核心觀點，其間的邏輯與所引申的義涵，可見於劉宗周對其他許多概念的解釋，詳見後述。

劉宗周說：「強名之曰太極，而實非另有一物立於兩儀、四象之前也。」❺又說：「子曰：『易有太極。』太極之說，夫子只就二、四、六、八與六十四中看出，非實有一物踞其上也。」❻這些話意思相同。在《周易》用來象徵宇宙萬事萬象的六十四卦中，所謂的太極，其實就是在各爻各卦之中，而並非是踞於其上的某種實體。可以說，儘管太極具有本體意涵，在本體與現象的關係上，太極具有優先於現象的第一義；但是，若從現象存有的立場看，則其

---

❸　《周易古文鈔》，見《劉宗周全集》第一冊，頁9。

❹　同上，頁11。

❺　同上，頁271。

❻　《學言中》，見《劉宗周全集》第二冊，頁 477。按，此處引文，多依文哲所點校本所作校記中的「新本」。

優先順位是倒反的，並非是先有太極而後有象徵萬事萬物的六十四卦，而是先有萬事萬物，而後我們從中可以逆推其具有共通的本體，所以說是「強名之曰太極」。

《周易》有關本體與現象的概念，還有《周易·繫辭傳》「形而上者謂之道，形而下者謂之器」❶一句，涉及「形而上／形而下」與「道／器」等概念。在《周易》原本的卜筮意義上，「道」是「器」（即卦爻象）變易的法則。道無形無象，此即「形而上」之意；器有形有象，即「形而下」之意。放在哲學意義上來講，器即萬事萬物，而道即萬事萬物變化的法則。如同「太極／陰陽」這一對概念，類似的「形而上／形而下」、「道／器」兩對概念，其間的邏輯是一致的，如劉宗周說：「就形下之中而指其形而上者，不得不推高一層以立至尊之位，故謂之太極，而實本無太極之可言。」❶此處可見，劉宗周不僅延續其「太極／陰陽」的邏輯，在形下之中指其形上，甚且將「形上」的概念與「太極」聯繫起來，太極其實就是形而上的道，至於他最後所言「實本無太極之可言」，即是在否定太極或形上之道的實體性。這也就是前段所言，在現象存有的立場上，劉宗周以現象為第一義，而非本體；換言之，在太極／陰陽、形上／形下、道／器這三對概念中，劉宗周強調的是陰陽、形下、器，而非太極、形上、道。

劉宗周這　觀點，有其用意所在。劉宗周說：「後之言道者，

---

❶　《周易正義·繫辭》，見《十三經注疏》上冊，頁83。

❶　《聖學宗要》，見《劉宗周全集》第二冊，頁268。

妄意所謂形而上者，而求之虛無。」**⑲**又說：「後儒專喜言形而上者，作推高一層之見，而於其所謂形而下者，忽即忽離，兩無依據，轉為釋氏所藉口。」**⑳**宋明理學受佛道二教影響，重視對形而上之道的追求，儘管道器不離的觀念，儒者人人會說，但施行於工夫論上，難免重道輕器的傾向，離開現有的存在處境，去把捉所謂的道，這是一大弊病。有鑑於此，劉宗周一反宋儒視形而上之道為第一義，而主張形而下之氣為第一義。

除以上所論，有關本體與現象的討論，還見於「理／氣」這一對概念，這是屬於宋明理學所特有的。「理」這一概念，早出現於先秦時代，指的是事物的法則或規律，但直到宋代理學興起，方才提升為抽象的哲學範疇，具有形上學本體論的意涵。如前所言，萬物看似千差萬別，但在各種表象背後，乃蘊藏著某種共通且不變的性質，此即本體，而「理」即是宋明儒者所使用來稱呼本體的語彙。至於「氣」的概念，亦早見於先秦時代，用以指稱構成萬物的基本材質，並用以描述萬物變化的情況，其涵蓋性極廣，宇宙間一切事物皆能以氣作概括。不過，在哲學上，此時氣的概念頂多具有形上學宇宙論的意義，要到宋代理學興起，方才具有形上學本體論的意涵。至於「理／氣」概念的綜合提出，最重要者莫過於南宋朱熹，以理氣概念建立其廣大精微的理論體系，從宇宙論、本體論、心性論到工夫論，皆藉由理氣概念來闡述。其後，朱子之學成為理學正統，理氣概念成為理學的專用語彙，後世儒者鮮少能超越此一

---

⑲　《語錄》，見《明儒學案·蕺山學案》卷 62，頁 1527。
⑳　《答劉乾所學憲》，見《劉宗周全集》第三冊上，頁 431。

範圍，而多是在此框架內進行細部討論。

在現存的劉宗周著作中，對理／氣的討論數量甚少。他主要還是偏向於心性論的論說，這是時代之風的影響。雖如此，劉宗周對理氣的觀點還是值得一提，因為這不僅反映著他對本體與現象的觀點，亦且還與其心性論有所相關。

劉宗周對理氣的觀點，離氣無理一語可以蔽之。劉宗周說：「理只是氣之理，有是氣方有是理，非理能生氣也。」❷這表明，理乃在氣之中，必須先要有氣，方能有是理，離開氣則無理，如此則理並非在氣之先，也不是由理而導致氣。可以見得，理／氣關係正如同前面討論的太極／陰陽之關係，在本體上太極雖具有優先於現象的第一義，但在現象存有的立場上，則是以陰陽為第一義；放在理／氣關係上講，理具本體義，但從現象存有的角度看，沒有氣就沒有理，因此應以氣為優先。

劉宗周又說：「天地之間，一氣而已，非有理而後有氣，乃氣立而理因之寓也。」❷這與前所言「實本無太極之可言」也有類似之處，否定太極或形上之道的實體性，此處則否定理的實體性，存在的只有氣，理則是就氣本身來說的。

劉宗周的理氣觀，明顯與朱熹傾向於理在氣先的觀點有所不同。在朱熹等宋儒的理論中，雖也主張理在氣中，但他們畢竟認同理具有邏輯上的優先性，因而頗有重理輕氣的傾向，表現於工夫實踐上，即容易離開現有的存在處境，去把捉所謂的道，這是劉宗周

---

❷　《遺編學言》，見《劉宗周全集》第二冊，頁566。
❷　《聖學宗要》，見《劉宗周全集》第二冊，頁268。

所反對的。

其實，劉宗周之所以有此理氣觀，也正是為了工夫實踐的緣故，要為其所主張的工夫論作好理論鋪墊。這一點，劉宗周在以下這段話中，說得明白：「理即是氣之理，斷然不在氣先，不在氣外。知此，則知道心即人心之本心，義理之性即氣質之本性，千古支離之說，可以盡掃。而學者從事于入道之路，高之不墮于虛無，卑之不淪于象數，道術始歸于一乎？」㉓此處明白表示，理不在氣之先，理也不在氣之外。換言之，在抽象的形上學思考中，理並不跑在氣之前，亦即不具有邏輯上的優先性，此即「理不在氣之先」；同時也並不作為實體般的獨立存在能為人所把捉，而必須依附於氣而存在，此即「理不在氣之外」。這意謂，要把握理，就必須從氣之中去求，於氣本身去下工夫。不僅如此，劉宗周還以「知此，則知道心即人心之本心，義理之性即氣質之本性」一語，帶出了「理／氣」概念與「道心／人心」、「義理之性／氣質之性」這兩對概念的關聯性。所謂「知此」指的是對理／氣關係的理解，能理解劉宗周眼中正確的理／氣關係，就能正確理解道心／人心關係，以及義理之性／氣質之性關係。劉宗周以「知此」二字，點出關鍵所在，亦即：理氣論的結構即是心性論的結構，宇宙本體論、心性論或工夫論皆是彼此相關的，其各概念的邏輯也是相通的。那麼，此種理解有何意義？答案是，為了「入道之路」，也就在修養工夫上，要使「高之不墮于虛無，卑之不淪于象數」，前者指的是離氣求理，忽略了在當下情境中用工夫，後者指的是只是日用而不

㉓　《語錄》，見《明儒學案・蕺山學案》卷62，頁1521。

知，不知形下之物乃有形上之理。有關人心／道心、義理之性／氣質之性的討論，見下一節。

此外，與理/氣相關的概念，還有心／性、道／氣、理／事等，且其間的邏輯也是相同的。如劉宗周說：「性無性，道無道，理無理，何也？蓋有心而後有性，有氣而後有道，有事而後有理。故性者心之性，道者氣之道，理者事之理也。」❷❹這也是一樣，性、道、理三者，在本體論上雖具有優先性，但劉宗周則直言「性無性，道無道，理無理」，取消其實體性，而主張存在的只是心、氣、事三者，有此三者方有前三者，一如前所論理／氣之邏輯。有關心/性概念，亦於下一節再有討論。

以上討論劉宗周慎獨之學的理學（狹義者）特點。值得注意的，劉宗周有關現象與本體的諸多概念，其間的邏輯皆是一貫的。這一認識，有助於第二及第三節的討論。

三、慎獨之學的心學特點

如前所言，所謂「能」的透視點，乃是自主體而言，此即心學一系的特點。此一系從自身經驗中探求本體，此本體除心性本體外，亦包含宇宙本體，因宇宙萬物亦是「我」這一認知主體所感知的對象。劉宗周慎獨之學的心學特點，亦是以與易學相關的論說為主。

所謂「易道廣大，無所不包」❷❺，宋明理學多藉易以立其說，

---

❷❹ 《會語》，見《明儒學案・蕺山學案》卷62，頁1541。

❷❺ 《四庫提要・經部總敘・易類》，見《四庫全書總目》，頁1。

周敦頤、張載、程頤等皆如此。㉖這其中,自南宋陸九淵重要弟子
楊簡(1141－1226)作《楊氏易傳》,以心學觀點解易以來,心學派
易學即成一頗堪注意的學術思想脈絡。㉗以心學觀點解易,乃是以
內心的修養工夫與精神境界,來解釋《周易》卦爻象、卦爻辭,將
其對《周易》的詮釋建立在心之主體的詮釋系統上。簡言之,即易
即心,可謂此派易學的主軸所在。至明代,心學易的主要代表人物
為湛若水、王畿、焦竑等,另還有季本、羅洪先、劉邦采、萬廷言
等次要人物。此外,受到儒佛會通情況之影響,佛教僧侶亦撰有以
禪解易的著作,著名者如蕅益智旭《周易禪解》一書。㉘此處討論
劉宗周之學與易學有關的心學特點,即是屬於這一思想脈絡。

　　劉宗周曾提及楊簡「心易」之說,顯示出他對心學派易學的前
有所承。他說:「盈天地間,皆道也,而歸管於人心為最真,故
慈湖有心易之說。太極、陰陽、四象、八卦而六十四卦,皆人心
之撰也。」㉙《周易》從太極、陰陽到六十四卦,皆歸本於心,亦
即將天地萬物及其變化,皆收攝至心。有關萬化收攝至心的觀點,
在劉宗周《心論》一文中,亦有所衍述:「只此一心……為天……
為地……為四氣……為四方……為萬類……為五常……為三統……
為五禮六樂八征九伐。……只此一心,散為萬化,萬化復歸一

㉖　有關這方面問題,可參見朱伯崑《易學哲學史》第一卷、第二卷(北京:華
　　夏出版社,1995 年)。

㉗　如《四庫全書總目》頁 13,稱「以心性說易,始王宗傳及簡。」楊簡為陸九
　　淵(1139－1193)重要弟子,而王宗傳則少有人知。

㉘　參見朱伯崑《易學哲學史》第三卷,頁 195－198。

㉙　《學言中》,見《劉宗周全集》第二冊,頁 479。

心。」❸可見，心是起點也是終點，此心可變化為萬事萬物，而後萬事萬物又皆收歸於心。

劉宗周即易即心的觀點，主要見於《周易古文鈔》、《讀易圖說》、《易衍》等。如《周易古文鈔》說：「易道雖本之天地，而實具於聖人之一心，以聖人之心具有天地之全體也。……六十四卦盡在聖人之心。」❸所謂易之道，即是對天地萬物的變化進行統整性的描述，提煉出其變化的法則，而此處則言易道乃涵攝於心，天地萬物之變化皆統括於心，此有天地我立、萬化我出之意。

劉宗周《讀易圖說》前半部分，除最前面有關河圖、洛書的四個圖之外，其餘十二個圖的文字述解，皆以「此人心……之象」為開頭。❸如圖一的文字，以「此人心妙有之象」為首；圖二以「此人心全體太極之象」為首；圖三以「此人心中以陽統陰之象」為首；圖四以「此人心中參天兩地之象」為首；圖五以「此人心先天之象」為首；圖六為「此人心後天之象」為首；圖七為「此人心中天圓合地方之象」為首；圖八為「此人心四氣之象」為首；圖九為「此人心具有十二辰之象」為首；圖十為「此人心六合一體之象」為首；圖十一為「此人心萬古無窮之象」為首；圖十二為「此人心六十四卦、三百八十四爻之象」為首。凡此種種，必定是特意安排，絕非巧合。此中可見，這十二個圖乃是從抽象的本源發展到具體的事物，如先太極而後陰陽，先四氣而後十二辰，最後是「萬古

---

❸　《劉宗周全集》第三冊下，頁 1083－1084。

❸　《周易古文鈔》，見《劉宗周全集》第一冊，頁 247－248。

❸　《讀易圖說》，見《劉宗周全集》第二冊，頁 148－156。

無窮之象」以及代表萬事萬物的「此人心六十四卦、三百八十四爻」。

劉宗周《易衍》多處可見即易即心的觀點。如《易衍》第四章說：「曷為天下易？曰：心。心，生而已矣。心生而為陽，生生為陰，生生不已，為四端，為萬善。始於幾微，究於廣大。……其斯以為天下極。」㉝此為萬物變化皆從心而生，即「人心有造化焉」㉞之意。㉟關於《易衍》，第六章另有討論，此處略。

以上討論劉宗周慎獨之學的心學特點。綜言之，從「能」的主體角度來展開其理論視域，是為其心學一系的特點所在。

四、獨體：能所雙向視域之樞紐

承上所論，劉宗周乃兼具理學（狹義者）與心學兩系特點，既有「所」的透視觀點，亦有「能」的透視觀點。㊱因此，劉宗周慎

㉝　《易衍》第四章，見《劉宗周全集》第二冊，頁158。

㉞　《易衍》第十二章，見《劉宗周全集》第二冊，頁163。

㉟　《易衍》中有關即《易》即心之處，另如：

　　1.妙萬物之變者，其惟聖人之心乎。（《易衍》第3章）

　　2.君子之學《易》也，首證之吾心，而得陰陽之大分焉。（《易衍》第6章）

　　3.《易》曰：「蓍之德，圓而神。卦之德，方以智。六爻之義，《易》以貢。」蓋善言心也。（《易衍》第13章）

㊱　其實，嚴格說來，理學、心學這一分法，僅是大略言之，不能過於認真看待，否則就會像東方朔一樣，認為劉宗周既然是心學一系，那麼應如何看待其天道論，就成為令人困惑的問題了。在東方朔看來，劉宗周乃心學一系，但又對理氣論頗為強調，使得讀者在理解劉宗周時，「會有意想不到的驚奇甚至困惑」，並認為從陸王一系的心學立場看，有「離經叛道、混雜矛盾之

獨之學具有理學（狹義者）與心學雙向視域，而這雙向視域的會合處即劉宗周「獨體」，也就是我所稱「能所雙向視域之樞紐」，意謂此獨體可同時展現兩種對立視角所呈現出來的視域，故稱為「樞紐」。

　　牟宗三「三系說」，將劉宗周之學別立為宋明理學第三系，表明其學有別於理學（狹義者）與心學兩系。牟宗三將宋明理學分為三系，不同於一般公認的程朱、陸王兩系。這三系為：程頤、朱熹一系，陸九淵、王陽明一系，胡宏（五峰先生）、劉宗周一系。這其中，牟宗三用以定義劉宗周這一系的理由，則是心性論上的「以心著性」這一特質，以及承「北宋初三家之由《中庸》、《易傳》回歸于《論》、《孟》而來者」❸❼這一義理特質。「以心著性」，即意謂「能」的心學特質；從《中庸》、《易傳》而來，指的就是從天道下貫而為人道，亦即「所」的理學（狹義者）特質。換言之，牟宗三也是認為，劉宗周一系乃兼具理學（狹義者）與心學兩系特點。

　　此外，牟宗三對劉宗周之學的定位，還見於其對《易衍》的解釋。牟宗三指出，《易衍》第七章與第八章兩段文字，「點出性宗與心宗，是蕺山慎獨學之綱領，其他千言萬語皆是順此綱領而展轉

嫌」；因為，「理氣論就其內容所體現的客觀性格看，屬宇宙論和形上學系統，而蕺山為學乃心性論系統……兩種不同的理論系統如何相融？」見東方朔《劉蕺山哲學研究》，頁 62。東方朔此言，反映其自陷於後人為宋明儒學所判定的理學與心學兩大路數之分別。其實，理學與心學二路，乃是假名安立而已，不能過於倚賴，而應視具體情況進行理解。

❸❼　以上見牟宗三《從陸象山到劉蕺山》，頁 370。

引申者。」❸牟宗三此言，突顯出《易衍》這兩段文字的重要性，點出性宗與心宗，可視為是劉宗周慎獨之學的綱領。所謂「性宗」與「心宗」，其實就是「所」與「能」兩個透視點及其視域。

《易衍》第七章：「君子仰觀於天，而得先天之易焉。『維天之命，於穆不已，蓋曰天之所以為天也』，『是故君子戒慎乎其所不睹，恐懼乎其所不聞』，此慎獨之說也。至哉獨乎！隱乎！微乎！穆穆乎不已者乎！蓋曰心之所以為心也，則心一天也。……君子所以必慎其獨也，此性宗也。」❸此處，摘引《中庸》之語，表示從造化論及人心，將人心中的獨體與天道運行相對應，乃是從「所」的立場而言。

《易衍》第八章：「君子俯察於地，而得後天之易焉。夫性，本天者也；心，本人者也。天非人不盡，性非心不體也。心也者，覺而已矣。……時返其照心而不逐於感……蓋慎獨之實功也。」❹此處，以「君子俯察於地，而得後天之易焉」為開頭，可見是與前章相為呼應。其次轉至心，「性非心不體」，從天道下貫之性必須透過能覺察的「心」來體現。這是從「能」的立場言，最後亦歸於「慎獨」。

牟宗三認為，《易衍》第七章講的是性，《易衍》第八章講的是心，而「性與心之別只是同一實體之客觀地言之與主觀地言之之

---

❸ 牟宗三《劉蕺山的慎獨之學》，見《從陸象山到劉蕺山》，第六章，頁 400 －401。

❸ 《易衍》第七章，見《劉宗周全集》第二冊，頁 160。

❹ 《易衍》第八章，見《劉宗周全集》第二冊，頁 160－161。

別耳」❹。此言之意，這一「實體」即心性本體，從客觀的角度來講稱作性，從主觀的角度說則稱作心，心與性並非絕然二分的兩物，而只是對同一實體之不同角度的名稱而已。這一實體，就是劉宗周所謂的「獨體」。

　　總之，劉宗周慎獨之學具有理學（狹義者）與心學雙向視域，此雙向視域之會合處為「獨體」。若從理學（狹義者）「所」的透視點看，此獨體稱作性；若是從心學「能」的透視點而言，則獨體稱作心。如此，心與性可說是獨體的主觀面與客觀面，二者不可分而言之，有關這一點的詳細討論，見下一節。

第二節　兼具心體與性體

　　劉宗周慎獨之學中，獨體乃兼具心體與性體。其實，上節探討獨體為「能所雙向視域之樞紐」，已涉及心體與性體的意涵，但由於心體與性體的概念涉及對《大學》、《中庸》的詮解，且涵蓋其他若干概念，因此值得進一步探討。所謂心體與性體，其實就是心與性。在劉宗周慎獨之學中，心/性概念常合併言之，而心體/性體

---

❹　牟宗三《劉蕺山的慎獨之學》，見《從陸象山到劉蕺山》，第六章，頁 400
　　－401。對此，牟宗三解釋說：「客觀地言之之性即是『心之所以為心』，言
　　心雖活動而不流也，流則馳而逐於感，即非心也，是則性即是心之客觀性，
　　即活動即存有也。主觀地言之之心即是性之所以得其具體而真實的意義者，
　　言性雖超絕而客觀而卻不蕩也，蕩則空洞而不知其為何物也，即非性矣，是
　　則心即是性之主觀性，即存有即活動也。是故『心性不可以分合言』，而總
　　歸是一也。」

則多是分開而論。以下，首先討論「心／性」概念之間的關係，其次討論「心體」及相關的「人心／道心」概念，再次討論「性體」及相關的「義理之性／氣質之性」概念。

一、心／性

大致上，「心」指的是具有感知、認識及思考能力的意識主體，是人可操作之處，屬於現實存有的層面；「性」指的是心的本質、本性，雖亦屬現實存有，但通常不能直接體驗，而需藉由修養工夫使其顯現，如此說來，性亦具有理想存有的層次，亦即在達致聖賢境界時，方得以充分彰顯。在狹義的理學一系中，心與性之間的區別較為嚴格，心可為善亦可為惡，而性則是具有形上意涵的道德本體，乃純粹至善的；在心學一系，則較不重視心性之分，傾向於言心而罕言性，且多以「本心」或「心之本體」來表達「性」的意涵。宋明理學中的心性論、工夫論，多是對諸如心性關係，以及如何從心下工夫以彰顯心之本性等相關問題的討論。

劉宗周「心／性」概念之間的關係，乃承續他太極／陰陽、理／氣等形上概念的邏輯，這在上一節已略有論及，此處再作說明。如劉宗周說：「離心無性，離氣無理。」❷這是將心／性、理／氣兩對概念一前一後提出，暗示了這其中的可對應之處。理雖具本體意義而顯得重要，但在現實存有的層面上，沒有氣就沒有理，因此氣具有優先性；同樣的，性雖是修養工夫所欲體證的目標，但「天

---

❷　《答沈中柱》，見《明儒學案・蕺山學案》卷 62，頁 1560。

下無心外之性」❹，性乃心之本性，並非離開心而存在，因此在現實存有的層面上，心具有優先性。可以說，存在的僅是心，性並非一實物可與心相對而論，因此劉宗周說：「凡所云性，只是心之性，決不得心與性對。」❹他又以水為喻，說：「性與心可分兩事乎？余謂：水，心也，而清者其性也。」❹心與性的關係，就如同水與水之性，水的本質是清淨的，此清淨的特質並非離開水而存在，心與性亦不可分為兩物而言。這也是他所謂「無形之名，從有形而起」❹之意，性就是無形之名，它無形無狀，僅是假名安立，因此「必有心而後有性之名」❹，性乃依托於心。

　　劉宗周《原性》一文中，亦將心／性、理／氣兩對概念相提併論。劉宗周說：「後之人，必曰心自心，性自性，一之不可，二之不得，又展轉和會之不得，無乃遁已乎！……後之人，必曰理自理，氣自氣，一之不可，二之不得，又展轉和會之不得，無乃遁已乎！」❹此處採用對偶方式，針對心／性、理／氣兩對概念「一之不可，二之不得」的情況，有所批評。所謂「一之不可」，意指不可將兩者視為等同，如劉宗周在此文中所言：「心之與性，斷然不能為一物矣。」❹那麼，既然兩者並非等同，則是否可以將兩者分

---

❹　《原學中》，見《劉宗周全集》第二冊，頁334。

❹　《語錄》，見《明儒學案·蕺山學案》卷62，頁1536。

❹　同上，頁1538。

❹　《會語》，見《明儒學案·蕺山學案》卷62，頁1541。

❹　同上。

❹　《原性》，見《劉宗周全集》第二冊，頁329。

❹　同上，頁328。

開？答案是，並不可以，此即「二之不得」，如心／性，性即彰顯於心之中，並非離開心而存在。劉宗周此文總結道：「外心言性，非徒病在性，並病在心。心與性兩病，而吾道始為天下裂。」❺⓪心與性分立的觀點，將導致修養工夫上的問題。

二、心體（附：人心／道心）

所謂心體，指的是以「能」的透視點來定義的人之主體，是就《大學》言心而說的。換言之，劉宗周認為《大學》一文是就「能」的立場而言。

心或心體具有廣狹二義。狹義者，指的是具知覺作用而與性相對的「心」，在這一意義下，「心可以為善，可以為不善」❺①，因為「心以氣言，氣之動有善有不善」❺②。廣義者，則心亦涵蓋性體之意，㘄使用上可稱為「心之體」，如《人極圖說》中的「無善而至善，心之體也」❺③一句，此處「心之體」指的就是性。

「人心／道心」在宋明理學中頗為重要，可視為是與心或心體相關的概念。這是出自《古文尚書》「人心惟危，道心惟微，惟精惟一，允執厥中」，即所謂的「十六字心傳」，涉及心性論及工夫論思想，將人之心分作善惡兩個層次。「人心」指的是心之黑暗墮落的一面，而「道心」則是心之道德良善的一面。「人心惟危，道

---

❺⓪　同上，頁330。

❺①　《答王右仲州剌》，見《劉宗周全集》第三冊上，頁390，此為劉宗周60歲所作。

❺②　《學言中》，見《劉宗周全集》第二冊，頁484。此為劉宗周60歲之語。

❺③　《人極圖說》，見《劉宗周全集》第二冊，頁2。

心惟微」一語，意謂人的黑暗墮落一面深具危險性，極易沉淪於其
中，以及向上向善力量的微弱與難以彰顯。爾後，清代學者考證
《古文尚書》乃是偽書，並非先秦儒學經典，從而對宋明理學的道
統性有所質疑與批判。儘管如此，這並不影響人心／道心概念在宋
明理學中的價值。

　　劉宗周曾以天人相應模式來解釋人心／道心。他說：「眾星晝
夜旋轉，天樞不動，其不動處是天心，這便是『道心惟微』；其運
旋處，便是『人心惟危』；其常運而常靜處，便是『惟精惟一，允
執厥中』，天人之學也。」❺❹這是以天體運行的情況，作為人之心
性的描述，認為天體乃環繞著軸心而運行，稱作天心，天體恆動而
此軸心不動；相對應在人而言，則是道心處於人心之中，修養工夫
即是在此常運之「人心」之中，去把握此常靜之「道心」。

　　在宋儒二元論的觀點中，人心／道心往往能與天理／人欲相等
同，人心即人欲，道心即天理，在工夫論上則是存天理去人欲，使
道心得以在心中維持著。對此，劉宗周雖並不否定道心的良善性，
以及在工夫論上對道心的培養，但卻強調「道心即在人心中看出」
❺❺，表現出一元論的觀點，如劉宗周說：「心一也，形而下者謂之
人，形而上者謂之道。人心易溺，故惟危；道心難著，故惟微。道
器原不相離，危者合于微而危，微者合于危而微，兩物　體。」❺❻
此處指出，人心指的是心之形下一面，道心指的是心之形上一面，

❺❹　《論語學案》，見《明儒學案・蕺山學案》卷62，頁1591。

❺❺　《語錄》，見《明儒學案・蕺山學案》卷62，頁1516。

❺❻　《論語學案》，見《明儒學案・蕺山學案》卷62，頁1598。

如此並非兩者對立，而只是心之不同面向；此外，並將道器之不相離，作為人心／道心乃「兩物一體」之理論背景，可見其形上學與心性論的一脈相承。又如劉宗周說：「心只有人心，而道心者，人之所以為心也。」❺❼人心／道心的關係，就如同心／性、理／氣等概念之間的邏輯，將二元打合為一元，道心雖具本體意義，但在現實存有的層面上只有人心，沒有人心就沒有道心，因此人心具有優先性，存在的僅是人心，道心並非一實物可與人心相對而論。

三、性體（附：義理之性／氣質之性）

所謂性體，乃是就「所」的透視點而言，如《中庸》「天命之謂性」❺❽一句，即是以客體視角從天道聯結至人道，通常是隱而未顯，而需要修養以證得。

特別要指出，劉宗周所謂獨體，其實指的就是性體。如劉宗周說：「天命之謂性，此獨體也。」❺❾又如：「夫人心有獨體焉，即天命之性。」❻❿又如：「夫天即吾心，而天之託命處即吾心之獨體也。率此之謂率性，修此之謂修道，故君子慎獨。」❻①此處所舉，皆與《中庸》「天命之謂性」有所相關，反覆申述，其意涵明顯不過。不過，既然獨體乃指性體而言，為何本節以「兼具心體與性體」為標題，作為獨體之定義呢？這一問題，第四小節「性體即在

---

❺❼ 《會語》，見《明儒學案‧蕺山學案》卷 62，頁 1543。

❺❽ 《禮記正義‧中庸第三十一》，見《十三經注疏》，頁 1625。

❺❾ 《學言上》，見《劉宗周全集》第二冊，頁 465，此為劉宗周 59 歲之語。

❻❿ 《證人要旨》，見《劉宗周全集》第二冊，頁 5，時為 57 歲。

❻① 《宋儒五子合刻序》，見《劉宗周全集》第三冊下，頁 723，時 59 歲。

心體中」會有所討論。

　　在劉宗周文本中，有時是以「心之體」來稱呼「性」，也就是獨體。如劉宗周《人極圖說》中所言「心之體」指的就是「獨體」。對此，可從以下兩點看出。其一，在《人譜續編》中《證人要旨》六事功課，列為第一圖「無極太極圖」的功課為「凜閒居以體獨」，並解釋說：「證其所以為人，證其所以為心而已。自昔孔門相傳心法，一則曰慎獨，再則曰慎獨。夫人心有獨體焉……惟有一獨處之時可為下手法。」❷如此，則是將獨體與《太極圖說》中的太極相比擬，也就是指獨體即是《人極圖說》中的「心之體」。其二，在第二圖「動而無動圖」解釋說：「獨體本無動靜，而動念其端倪也。」❸按，「動而無動」乃承自《太極圖說》中「太極動而生陽」的說法，所以「動而無動」指的就是《人極圖說》中的「心之體」，而既然解釋「本無動靜」的是「獨體」，那麼「心之體」自然就是指「獨體」了。

　　性體作為獨體，有幾項特質，如：至善❹、「至德、至道、至聖、至誠」❺等。這些概念的理論背景，即是承襲自宋儒的理氣論，認為萬事萬物無不具有理、氣兩種層面，如劉宗周說「性以理

❷　《證人要旨》，見《劉宗周全集》第二冊，頁5-6。

❸　同上，頁6。

❹　如劉宗周說：「至善即性體。」《學言下》，見《劉宗周全集》第二冊，頁519，此為劉宗周65歲之語。

❺　「《中庸》言至德、至道、至聖、至誠及天載之至，皆指出獨中消息。」《學言中》，見《劉宗周全集》第二冊，頁495，此為劉宗周60歲之語。

言，理無不善」⑥，理具有本體義，理落在人性之中即稱為性，在倫理道德上具有至善等各種美德的意涵。

「義理之性／氣質之性」在宋明理學中亦頗為重要，可視為是與性或性體相關的概念。類似的概念，最初見於北宋張載所提的天地之性與氣質之性，作為其人性論的觀點，既堅持性善論立場，又可解釋惡的原由，因而深受朱熹讚譽。張載說：「形而後有氣質之性，善反之，則天地之性存焉。」⑥後來，朱熹將理氣論與張載人性論相結合，天地之性是由理所成，乃純然至善，而氣質之性由理與氣相合而成，形成各人獨特的氣質，以解釋人與人之間聰愚賢劣善惡等差異。不過，天地之性與氣質之性並非絕然不同之物，而是性的兩個層次。天地之性相當於第一義的性，較氣質之性更為內在，人人皆具有，但氣質之性則是天地之性受到氣的薰染所形成的人性，是現實面的性，亦是人性中惡的來源。

劉宗周的「義理之性」，相當於宋明理學中「天地之性」的概念。⑥在劉宗周眼中，孔子所言性相近，指的就是氣質之性，而孟子性善即指義理之性。⑥此外，劉宗周承續朱熹的觀點，「氣質之性」的意涵其實近乎「氣質」一詞，並非是以氣質作為人之本性，而是以氣質來描述或解釋人性中的多樣性，故稱為氣質之性，如劉宗周說：「性是就氣質之中，指點義理，非氣質即為性也。……氣

---

⑥　《學言中》，見《劉宗周全集》第二冊，頁 484。此為劉宗周 60 歲之語。

⑥　《正蒙·誠明篇第六》。

⑥　如劉宗周說：「義理之性即天命之性。」《會語》，見《明儒學案·蕺山學案》卷 62，頁 1556。

⑥　《論語學案》，見《明儒學案·蕺山學案》卷 62，頁 1598。

質就習上看，不就性上看，以氣質言性，是以習言性也。」**⑳**這是說，義理之性才是真正心之本性，氣質之性指的是習性，並非最究竟之本性。此外，此處所言「就氣質之中指點義理」一句，已涉及對義理之性／氣質之性關係的討論。

一如前述，劉宗周對義理之性／氣質之性之間的關係，亦延續他理／氣、心／性、人心／道心等概念之間的邏輯，如劉宗周說：「心只有人心，而道心者，人之所以為心也；性只有氣質之性，而義理之性者，氣質之所以為性也。」**㉑**此處，將義理之性／氣質之性與人心／道心相併列，可見其間的邏輯乃是一貫的；此外，從「心只有人心」一句，可看出人心／道心與「心」這一概念的相關，又從「性只有氣質之性」一句，看出義理之性／氣質之性乃與「性」這一概念的相關聯。不論是宇宙論、本體論乃至心性論，劉宗周皆稟承二元打合為一元的邏輯，甚至「盈天地間，止有氣質之性，更無義理之性」**㉒**，在現實存有的層面上只有氣質之性，因為沒有氣質之性就沒有義理之性，義理之性並非一實物可與氣質之性相對而論。換句話說，修養工夫必須用於氣質之性，而不可離開氣質之性去別尋義理之性，因為義理之性就在氣質之性中。

如是，劉宗周將二元合為一元，乃是有其工夫論的用意。如劉宗周說：「學者任氣質而遺義理，則『可以為善，可以為不善』之說信矣！又或遺氣質而求義理，則『無善無不善』之說信矣！又或

---

⑳　同上。

㉑　《會語》，見《明儒學案‧蕺山學案》卷62，頁1543。

㉒　《語錄》，見《明儒學案‧蕺山學案》卷62，頁1525。

衡氣質義理而並重，則『有性善有性不善』之說信矣！三者之說信，而性善之旨復晦，此孟氏之所憂也。」❼❸此處提出三種情況：第一種情況，放任氣質之性而忘失義理之性，如此將導引至視人之本性為可善可惡，因氣質之性有善有惡；第二種情況是只知追求義理之性，而不顧氣質之性的存在，如此則可能離開個人現有的個性氣質，而去追求空虛的義理之性；第三種情況，則是將氣質之性與義理之性視為兩不相干，有時雖偏重義理之性而成為性善論觀點，但有時可能偏向氣質之性而有善有惡。在劉宗周看來，這三種情況皆屬偏失，對宋明儒者所共認的性善論之說有所違背。相關問題，見下一段討論。

四、性體即在心體中

如是，劉宗周認為《大學》言心體，《中庸》言性體。最重要的，「性體即在心體中看出」❼❹，意即獨體即具於心體與性體之中，而不能離開心體去別立性體。

劉宗周說：「獨是虛位。從性體看來，則曰莫見莫顯，是思慮未起，鬼神莫知時也。從心體看來，則曰十目十手，是思慮既起，吾心獨知時也。然性體即在心體中看出。」❼❺「莫見莫顯」出自《中庸》「莫見乎隱，莫顯乎微」，下句則為「故君子必慎其獨」，「十目十指」出自《大學》「十目所視，十手所指」，上一

---

❼❸　《天命章說》，見《明儒學案·蕺山學案》卷 62，頁 1581。

❼❹　《學言上》，見《劉宗周全集》第二冊，頁 448，此為劉宗周 59 歲之語。

❼❺　同上。

句也是「故君子必慎其獨」。可以想見，劉宗周獨體之語，其淵源應來自《大學》、《中庸》這一句話。劉宗周又說：「《大學》言心到極至處，便是盡性之功，故其要歸之慎獨。《中庸》言性到極至處，只是盡心之功，故其要亦歸之慎獨。獨，一也。形而上者謂之性，形而下者謂之心。」⑯《大學》是從主體言獨體之形而下的一面，《中庸》則是從客體言獨體之形而上的一面。

其實，我所稱獨體兼具性體與心體，其意涵即牟宗三所謂「以心著性」。據牟氏弟子蔡仁厚解析，「以心著性」可分幾方面來看：其一，融心於性，心有定體而不漫蕩，則良知可不流於玄虛而蕩；其二，攝性於心，性體成其為具體而真實之性體，而不只是宇宙論地言之或客觀地言之；其三，如此則心宗與性宗合而為一。⑰牟宗三對劉宗周甚為推崇，這與他對宋明理學「三系說」的判教有關：以程朱為性宗，以陸王為心宗，以胡宏、劉宗周為兼言心宗與性宗。三系中，以劉宗周一系最為圓滿。但細言之，程朱並非言性不言心，而是其二元論的傾向易導致對性體的偏重。

不過，如前所言，劉宗周獨體其實乃偏向於性體之義。但為何不是以性體來定義獨體，而是以「兼具心體與性體」來定義獨體？這是因為，劉宗周強調性體就在心體中，因而獨體乃兼具性體與心體。劉宗周向來反對離心言性，而強調「性非心不體」⑱。劉宗周

---

⑯ 《學言上》，見《劉宗周全集》第二冊，頁458，此為劉宗周59歲之語。

⑰ 蔡仁厚《宋明理學的殿軍──劉蕺山》，見《中國文化月刊》第192期，1995年，頁19─20。

⑱ 《易衍》，見《劉宗周全集》第二冊，頁160。

曾說，「古今性學不明，只是將此理另作一物看。」⑲他要反對的就是將性體「另作一物看」，而強調性體就在心體中。如理學大家朱熹，以理、氣解釋宇宙萬物，雖反覆申言理不離氣，但推到根源處，畢竟還是承認邏輯上的理在氣先⑳，由此難以避免重理輕氣的傾向，也就是離開現實情境而去追尋觀念上抽象的理，這一點前面已有討論。更進一步來說，朱熹形上學本體論的觀點，若落實到人性論上，則形成心性二元論，容易傾向於將性體視作是離心而存在的；若落實到工夫論上，易導致喜靜而厭動，使道德修養隔離於生活常態之外，其流弊與禪學之失有類似之處。雖則，朱熹亦強調二元論的合二為一，但在劉宗周眼中，還是難以阻擋離氣言理、離心求性的弊端，以致於墮於佛氏之見。

東方朔認為，雖說劉宗周是主張心性並重，但他在「面對陽明過重於良知心體的虛靈明覺義及其後學『離獨一步說良知』的偏弊」時，乃「偏重於自性體上立言」，「此一思路當是我們把握蕺山為學系統之樞機。」㉑這一說法仍不夠全面。應當這麼說，劉宗周在面對儒門諸多流弊時，採取的是他所稱「因病立方，隨病尋方」的作法，在面對宋儒或王陽明後學龍溪一系的「離心求性」之弊時，他強調性體即在心體中；而在面對王陽明後學泰州一系的「離性求心」之失時，他才較為偏重於性體。但這些皆是藥方而已，且藥方可有多端，如：「說敬，便是肆之藥；說靜，便是動之

---

⑲　《學言中》，見《劉宗周全集》第二冊，頁494。此為劉宗周60歲之語。

⑳　如朱熹說：「理與氣本無先後之可言，但推上去時，卻如理在先、氣在後相似。」《宋元學案·晦翁學案上》，卷48，頁1512。

㉑　東方朔《劉蕺山哲學研究》，頁298。

藥;說中,便是偏之藥;說誠,便是偽之藥;說窮理,便是誕妄之藥。」⑧劉宗周認為,若不能體會這一點而執著於表面文字,則「尋章摘句,問奇鈎深,乃與吾心了不相似,而不善讀書者不免坐此」;但若能有此體會並用於自心修養,則會發現「古人橫說豎說,是同是異,是合是分,是虛是實,是偏是全,皆有用處。」⑧這才是重點所在。套用東方朔之語,這一思路才是把握劉宗周為學系統之樞機。

有一點要指出,所謂「離心求性」或「離性求心」的語彙,並非劉宗周所特別標舉,而是此處為說明問題方才運用的。不過,劉宗周曾說:「外心言性,非徒病在性,并病在心,心與性兩病,而吾道始為天下裂。」⑧按,「外心言性」即與「離心求性」意思相近。不過,王學其實並不在意「心」與「性」之分別,而認為「心之本體即是性」⑧。在這一意義下,甚至可以說劉宗周對王門後學的批評並不完全能夠成立,因為當王門後學講到「良知」或「心」時,所謂性體的意涵就包括於其內,照理應當不會導致「離心求性」或「離性求心」之失。但另一方面,劉宗周的批評也並非完全沒有道理,因為他所針對的乃是王門後學之說在實際運用上所產生的流弊。在劉宗周看來,「外心言性」或「離性言心」皆有流弊,而這二者正是王陽明後學的問題所在。

---

⑧ 以上《答趙君法》,見《劉宗周全集》第三冊上,頁383。時劉宗周60歲。

⑧ 同上。

⑧ 《原性》,見《劉宗周全集》第二冊,頁330,時65歲。

⑧ 參見陳來《有無之境——王陽明哲學的精神》(北京:人民出版社,1991年),頁82。

第三節　貫通已發與未發

　　劉宗周慎獨之學中，獨體乃貫通已發與未發。已發與未發是從《中庸》「喜怒哀樂之未發，謂之中；發而皆中節，謂之和」[86]一句而來，為宋明理學的重要概念。此外，與已發、未發相關的喜怒哀樂及性、情等概念，亦附帶討論於後。

一、反對偏於未發

　　已發／未發的概念，通常等同於「中和」概念，喜怒哀樂未發之時為「中」，喜怒哀樂已發之後為「和」，涉及的是心性論與修養工夫論的問題。劉宗周所謂獨體，乃貫通已發與未發，如劉宗周說：「一獨耳。指其體謂之中，指其用謂之和。」[87]此句可知，「未發」之「中」與「已發」之「和」皆具於獨體，意即獨體乃貫通未發、已發。劉宗周又說：「獨不離中和。」[88]即獨體貫通中、和之意。[89]

　　劉宗周這一主張的用意何在？我認為，這也是出於工夫論的考量。如上一節所述，外心言性或是離性言心皆可導致實踐上的流弊，此處亦然，只要在工夫上偏於已發或偏於未發，都是劉宗周所

---

[86]　《禮記正義·中庸第三十一》，見《十三經注疏》，頁 1625。

[87]　《學言上》，見《劉宗周全集》第二冊，頁 466，此為劉宗周 59 歲之語。

[88]　《語錄》，見《明儒學案·蕺山學案》卷 62，頁 1521。

[89]　劉宗周曾提出「中體」概念，即是出自《中庸》「喜怒哀樂未發謂之中」，而直言「獨即中體」。《學言上》，見《劉宗周全集》第二冊，頁 449，此為劉宗周 59 歲之語。

要反對的，如他說：「宋儒專看未發氣象，未免落在邊際，無當於慎獨之義者。」❾⓪即批評宋儒太過重視對未發時的工夫。又批評宋儒「看得『獨』字太淺，『中』字太深」❾①，指宋儒太過於追求喜怒哀樂未發之時的境界，反墮於虛空之病，卻又將慎獨理解得過於淺近，如朱熹將「獨」解作「人所不知而己所獨知之地」❾②，因而未能以慎獨作工夫。這也反映劉宗周思想邏輯所在，即將二元打合為一元。說到底，獨體通乎未發、已發之意義，就是要人無時不刻都要用工夫，不能偏於一邊，因為只要有所偏就不夠全面，就會引發流弊。至於王門後學方面，與上一節討論心體、性體類似，王門後學對未發、已發的工夫並不做區分，照理應不需劉宗周提出糾正。但如同前面提到的，理論一旦落於實踐，很可能產生理論在設定時所並不預期的影響，王門後學即是如此，在實踐上或偏於未發，或偏於已發。

　　不過，對偏於已發或偏於未發這兩種情況，劉宗周雖然皆有所反對，但其實他更重視對偏於未發的批評。在第二章中，對劉宗周慎獨之學的轉折進行討論，其中涉及有已發、未發的問題。劉宗周在五十五歲之前，其慎獨工夫偏向於未發，以靜坐存養為主；其後，在五十五歲到五十九歲之間，他體悟到不能專在靜中用功，而不再偏於未發，於是將慎獨工夫修正為涵蓋未發與已發。可見，劉宗周慎獨之學原本是從講求靜存工夫而來的，後來發現其中弊端而

---

❾⓪　《聖學宗要》，見《劉宗周全集》第二冊，頁302，此為劉宗周57歲所作。

❾①　同上，頁303。

❾②　朱熹《中庸章句集注》，頁1，收入於《四書五經》上冊。

有所調整。以此之故,當劉宗周申言獨體乃貫通已發與未發,其用意應較著重於反對偏於未發的工夫。

在已發未發問題上,劉宗周對宋儒之說有所評論,說:「自濂溪有主靜立極之說,傳之豫章、延平,遂以『看喜怒哀樂未發以前氣象』為單提口訣。……後儒不察,謂『未發以前,專是靜寂一機』,直欲求之思慮未起之先,而曰『既思即是已發』,果然心行路絕,語言道斷矣。故朱子終不取延平之說……至湖南中和問答,轉折發明,內有以心為主,則性情各有統理,而敬之一字,又所以流貫乎動靜之間,庶幾不謬於慎獨之說。……然終未得《中庸》本旨。」❸自北宋濂溪先生周敦頤提出「主靜立人極」,豫章先生羅從彥(1072-1135)及延平先生李侗(1093-1163)承接其說,以靜坐時觀照喜怒哀樂未發之前的心理狀態為工夫之法,後來傳至朱熹。不過,在朱熹的理解下,這套方法過於偏向未發,而忽略念頭生起後的處理,於是有中和舊說到新說的轉折,主張未發之時為心之體,已發之後為心之用,而修養工夫應貫通體用,即貫通未發與已發。劉宗周對朱熹中和新說尚表認可,認為是「庶幾不謬於慎獨之說」,此乃因為劉宗周慎獨之學的前後轉變,頗與朱熹中和新舊之說相似,這在第二章已有說明。然而,劉宗周最後卻以一句「然終未得《中庸》本旨」,作為對朱熹之學的評斷,值得注意。我認為,儘管在已發未發問題上,劉宗周與朱熹持類似觀點,皆主張修養工夫應貫通已發未發,但在所衍生的性/情問題上,劉宗周並不認同朱熹以未發為性、以已發為情。這就轉入下一段討論。

---

❸ 《語錄》,見《明儒學案·蕺山學案》卷 62,頁 1521-1522。

二、反對未發為性、已發為情（附：性／情）

在心性論上，朱熹中和新說可視為其成熟期觀點，分心、性、情三者，性為未發的心之體，情為已發的心之用，且心統性情，心對性情而言具有統領、主導的作用。這一觀點，將性與情作二元論的區分，性是隱而未顯的心之本質，情是顯現於外的心之發用。

對此，劉宗周表示反對。他說：「以未發為性、已發為情，尤屬後人附會。」❾❹又說：「朱子以未發言性，仍是逃空墮幻之見。性者生而有之之理，無處無之。如心能思，心之性也；耳能聽，耳之性也；目能視，目之性也。未發謂之中，未發之性也；已發謂之和，已發之性也。」❾❺在他看來，已發與未發是兩種不同的心理狀態，而朱熹以未發為性、已發為情，如此一來，就意謂著性與情乃分別屬於兩種不同的心理狀態，兩不相干。劉宗周主張，體與用並非可以分割，如眼睛能視物，視覺並非離開眼睛而存在，而就是具於眼睛之中，是為眼睛的性質；同樣的，性並非離開情而存在，而就是具於情之中。此處可見，劉宗周主要是反對體用二分，充分表現出其合二為一的邏輯。此外，他所稱朱熹「以未發言性，仍是逃空墮幻之見」之語，亦隱含了其批評的用意所在，認為朱熹觀點是將性僅視作存在於未發之時。雖說，朱熹在工夫上兼顧已發與未發，但畢竟性乃具有本體義，比起已發之時的情來得更為根本而更具價值，因而朱熹之說在工夫上易導致離情求性的傾向，忽視已發之時的喜怒哀樂等情緒，而另尋用功之處，這就類似於禪學的「逃

---

❾❹　《語錄》，見《明儒學案・蕺山學案》卷62，頁1533。
❾❺　同上，頁1524。

空墮幻」之弊。這是劉宗周反對朱熹觀點的理由。

那麼，劉宗周對性、情的觀點究竟為何？一言以蔽之，即性即情。如劉宗周說：「即情即性也，並未嘗以已發為情，與性字對也。」**96**又說：「所云情，可云性之情，決不得性與情對。」**97**這是說，性與情兩者不可作對立而言，亦即不得用二元論觀點來看待。譬如，惻隱之心是已發之情，這本身就是性善的顯現，此即所謂「指情言性，非因情見性也」**98**，性即具於情之中，而並非是由「情」的顯現來推論「性」的存在。可見，劉宗周思想中「性／情」概念之間的關係，就如同「心／性」、「太極／陰陽」、「理／氣」等諸多概念之間的邏輯，儘管性具有本體意義而顯得重要，但在現實存在的層面上，沒有情就沒有性，因此情具有優先性。換個角度看，既然性情二者不可分立，那麼可以說：喜怒哀樂未發之時，既是性也是情；喜怒哀樂已發之後，既是情也是性。此外，喜怒哀樂在劉宗周思想中具有特殊意涵，進一步分析如下。

三、喜怒哀樂

劉宗周慎獨之學中，將《中庸》所言「喜怒哀樂」以「四德」來稱呼，而與「喜怒哀樂愛惡欲」的「七情」相區隔。這一觀點相當特殊。此處試為闡述。

對一般儒者而言，《中庸》講「喜怒哀樂未發」之時，通常指

---

96 《商疑答史孝復》，見《明儒學案·蕺山學案》卷 62，頁 1555。
97 《語錄》，見《明儒學案·蕺山學案》卷 62，頁 1536。
98 同上。

的是喜怒哀樂等情緒尚未形成的心理狀態。不過，劉宗周持有不同
看法，他主張《中庸》「喜怒哀樂未發」之時，並非是喜怒哀樂不
存在，而是存而未發，如他說：「獨中具有喜怒哀樂四者，人無無
此四者之時。自其所存言，謂之中；自其所發言，謂之和。」⑨這
樣一來，喜怒哀樂即具有本體義，而不是修養工夫上所要去除的對
象。

　　確實，在劉宗周眼中，喜怒哀樂原本即具於獨體之中，所謂
「獨中具有喜怒哀樂四者，即仁義禮智之別名」⑩，喜怒哀樂與仁
義禮智乃是獨體之兩面。若細言之，則喜與仁相對應，怒與義相對
應，哀與智相對應，樂與禮相對應。⑩有關喜怒哀樂與仁義禮智的
關係，劉宗周說：「以氣而言，曰喜怒哀樂；以理而言，曰仁義禮
智是也。」⑩這是從「所」的立場而論，如第一節提到的，萬事萬
物皆由理氣所形成，獨體亦不例外；如此，若就氣的一面來看獨
體，其內容乃具有喜怒哀樂，而若就理的一面來看，則此喜怒哀樂
其實就是仁義禮智。劉宗周又說：「自性而言，則曰仁義禮智；自
心而言，則曰喜怒哀樂。」⑩這是就獨體本身而論，如第二節所
言，性體具有各種良善的特質，而仁義禮智即為這些特質的一部
分，這些特質若表現於心體，即是喜怒哀樂；那麼，正如前面討論
的「性體即在心體中」，放在此處則可以說：仁義禮智即在喜怒哀

---

⑨　《劉宗周全集》第五冊，頁385。此為劉宗周60之語。

⑩　《聖學宗要》，見《劉宗周全集》第二冊，頁302，此為劉宗周57歲所作。

⑩　《學言中》，見《劉宗周全集》第二冊，頁488，此為劉宗周60歲之語。

⑩　《易衍》，見《劉宗周全集》第二冊，頁160，此為劉宗周66歲之語。

⑩　《學言上》，見《劉宗周全集》第二冊，頁460，此為劉宗周59歲之語。

樂之中。

那麼，劉宗周此說的用意為何？一如前面所討論的義理之性／氣質之性、心體/性體等，不僅其間的邏輯乃是一貫的，其目的亦不外乎工夫論的考量。劉宗周說：「從喜怒哀樂之中和，指點天命之性，而率性之道即在其中……今乃謂喜怒哀樂為粗幾，而必求之義理之性，豈知性者乎？」[104]換言之，修養工夫的下手處就在喜怒哀樂。雖則，喜怒哀樂看似僅是「心之用」，並非儒者所欲修證的「心之體」（亦即性體），但體用二者並非絕然二分，若用工夫於心之用，則心之體亦可間接獲得修養。甚且，雖曰「天命之謂性，率性之謂道」[105]，但性作為心之體，豈是輕易可體證的。如果一昧追求心之體，而忽視在心之用方面的工夫，則即便有探求心之體的崇高目標，但離用而求體，在工夫上有所偏失，很可能落得一場自以為是的夢幻之戲而已。

承上所論，既然喜怒哀樂原本即具於獨體之中，不論是已發或是未發，心皆具有喜怒哀樂，則此處有一疑問，是否喜怒哀樂本身即是獨體？我認為，「獨體」與「喜怒哀樂」兩個概念並非等同。對此，劉宗周曾以天人相應的模式進行說明，他說：「在天為春夏秋冬，在人為喜怒哀樂。」[106]又說：「天有四時，春夏為陽，秋冬為陰，中氣行焉；地有四方，南北為經，東西為緯，中央建焉；人有四氣，喜怒哀樂，中和出焉。」[107]這是以自然現象的春夏秋冬四

[104] 《證學雜解》，見《劉宗周全集》第二冊，頁318－319。

[105] 《禮記正義·中庸第三十一》，見《十三經注疏》下冊，頁1625。

[106] 《聖學宗要》，見《劉宗周全集》第二冊，頁302，此為劉宗周57歲所作。

[107] 《讀易圖說》，見《劉宗周全集》第二冊，頁154，此為劉宗周66歲所作。

季，以及地理上的東西南北四個方向，來對比人的心中所具有的喜怒哀樂，其間的共通之處，除了皆具有四項之外，還有周流常運之意，如他說：「觀春夏秋冬，而知天之一元生意，周流而無間；觀喜怒哀樂，而知人之一元生意，周流而無間。」⑩然而，春夏秋冬四季是陰陽二氣的運作，並非是宇宙根本，太極方為宇宙根本所在；同樣地，在人而言，則喜怒哀樂只是獨體的內涵或表現，但並非人的最內在主體性，獨體才是人之最根本主體性。如此，他又說：「獨雖不離中和而實不依於中和，即太極不離陰陽而實不依於陰陽也。」⑩如同太極並不等同於陰陽，但也不離於陰陽而存在，太極與陰陽乃不一不異的關係，獨體與已發、未發的關係亦是如此，獨體雖通乎已發、未發，亦即通乎中、和，但它是「不離中和而實不依於中和」。換言之，儘管獨體並非離於喜怒哀樂而存在，但獨體並不就是喜怒哀樂。

　　此處又有一疑問，既然理論上說仁義禮智就在喜怒哀樂之中，那麼某人的喜怒哀樂，在不待修養的情況下，是否已是道德上的理想狀態？是否意謂喜怒哀樂的「實然」即是「應然」？事實上，這頗類似於王陽明後學中泰州一系所持觀點，乃是劉宗周所批判的，詳見第七章。我認為，劉宗周提出四德與七情的分別，即是為了避免落入這一觀點。

　　一般而言，喜怒哀樂就是「情」，但劉宗周將《中庸》的喜怒

---

⑩　《會語》，見《明儒學案·蕺山學案》卷 62，頁 1543。
⑩　《聖學宗要》，見《劉宗周全集》第二冊，頁 302，此為劉宗周 57 歲所作。

哀樂視為「四德」而有別於「七情」。⑩但為何喜怒哀樂是「四德」？如前所論，喜怒哀樂與仁義禮智乃是獨體之兩面，具有本體意義，因而以「德」來稱呼並不為過。此外，《孟子》以人皆有「四端」⑪作為性善說的論證，四端之心其實就是喜怒哀樂的表現，如劉宗周說：「《孟子》以惻隱、羞惡、辭讓、是非之心，徵性之善。……惻隱之心，喜之發也；羞惡之心，怒之發也；辭讓之心，樂之發也；是非之心，哀之發也。」⑫這是將《孟子》所言與喜怒哀樂合併而論。依據《孟子》，惻隱、羞惡、辭讓、是非之心，分別是仁義禮智的端首，在修養工夫上就是要擴而充之。⑬劉宗周則進一步，將惻隱、羞惡、辭讓、是非之心，視為是喜怒哀樂的發顯，如此則喜怒哀樂亦為仁義禮智的內在初始，具有道德本體的意涵，因此稱為四德。

至於「七情」，指的是「喜怒哀懼愛惡欲」，乃從喜怒哀樂變化而來，「喜之變，為欲，為愛；怒之變，為惡，為哀。而懼則立於四者之中。」⑭劉宗周認為，四德與七情的差異在於，喜怒哀樂四德是獨體所本具的，而喜怒哀懼愛惡欲七情是對外物的欲望反應，前者無法去除，後者則必須去除，如劉宗周說：「喜怒哀樂，

---

⑩　《中庸》言喜怒哀樂，專指四德而言，非以七情言也。《語錄》，見《明儒學案·蕺山學案》卷 62，頁 1523。

⑪　《孟子注疏·公孫丑上》，見《十三經注疏》下冊，頁 2691。

⑫　《學言中》，見《劉宗周全集》第二冊，頁 486，此為劉宗周 60 歲之語。

⑬　《孟子》說：「惻隱之心，仁之端也；羞惡之心，義之端也；辭讓之心，禮之端也；是非之心，智之端也。」《孟子注疏·公孫丑上》，見《十三經注疏》下冊，頁 2691。

⑭　《易衍》，見《劉宗周全集》第二冊，頁 161，此為劉宗周 66 歲之語。

雖錯綜其文，實以氣序而言。至殽為七情，曰喜怒哀懼愛惡欲，是性情之變，離乎天而出乎人者，故紛然錯出而不齊。所謂感於物而動，性之欲也，七者合而言之，皆欲也。君子存理遏欲之功，正用之於此。若喜怒哀樂四者，其發與未發，更無人力可施也。」❶所謂存天理去人欲，即是要在七情上用工夫，是修養工夫上所要處理的對象。

第四節　意為心之所存

劉宗周慎獨之學中，獨體即「意」，亦即「心之所存」。這是就《大學》「先誠其意」❶一句而論的。以「意」來詮解獨體及其所對應的修養工夫法，在劉宗周慎獨之學中別具重要性。劉宗周五十九歲，「始以《大學》誠意、《中庸》已未發之說示學者」❶，「意」的提出可視為是對其慎獨之學的進階補充。慎獨之學發展到這一階段，工夫更為細微而具體，更具涵蓋性，能兼顧善的培養與惡的對治這兩方面。

一、意為心之所存

劉宗周對「意」的解釋與先儒不同。宋明理學的代表人物如朱熹和王陽明，皆將「意」解作「心之所發」，劉宗周對此頗有異

---

❶　《學言上》，見《劉宗周全集》第二冊，頁468，此為劉宗周59歲之語。

❶　《禮記正義·大學第四十二》，見《十三經注疏》下冊，頁1673。

❶　《劉宗周年譜》，見《劉宗周全集》第五冊，頁352。

議，而主張「意者，心之所存，非所發」❶❶⑧。劉宗周對「意」的新觀點，自然是在其思想架構下，至於是否誤解朱熹或王陽明，可置勿論。

以上各節討論中，劉宗周從不同面向對獨體進行闡述，如心體／性體、已發／未發等，相比之下，以「意」來解釋獨體有何特殊之處？可以這麼說，劉宗周提出的「意」，彰顯出獨體之最內在（the innermost）主體性，所謂「意根最微」❶❶⑨，或即所謂「道心惟微」❶⑳，或即「此心中一點虛靈不昧之主宰」❶㉑，而這正是下手處，即慎獨工夫之所致力處。相較之下，從心體／性體、已發／未發等角度來闡述，並未有獨體至隱至微之意，而主要是打破或打通兩兩對立的概念，亦即要人既不離心求性，亦不離性言心，且不論是在喜怒哀樂未發或已發的狀況下，皆要用工夫。

劉宗周常以譬喻來解釋「意」。如他說，「意」與心的關係，就好比指南針的盤子與指針，因此「心所向曰意，正如盤鍼之必向南也」❶㉒；又好比心體是一團光明，而「就光明藏中討出箇子午，見此一點光明原不是蕩而無歸者，愚謂以意字當之。」❶㉓然而，雖

---

❶❶⑧　《學言上》，見《劉宗周全集》第二冊，頁 459，此為劉宗周 59 歲所作。

❶❶⑨　《學言下》，見《劉宗周全集》第二冊，頁 535，此為劉宗周 66 歲所作。

❶⑳　如劉宗周說：「人心之有意也，即虞廷所謂道心惟微也。」《答董生心意十問》，見《劉宗周全集》第二冊，頁 396，此為劉宗周 65 歲所作。

❶㉑　《答董生心意十問》，見《劉宗周全集》第二冊，頁 398。

❶㉒　《商疑十則答史子復》，見《劉宗周全集》第二冊，頁 404，此為劉宗周 65 歲所作。

❶㉓　同上，頁 403。

然「意」與心不等同，但「意」只是此心「虛體中一點精神」⓬，並沒有實體，心還只是一個心。因此，劉宗周說這是「有而未始滯於有，無而未始淪於無」⓭，亦即「意」不是具體之物，因為它就在心中，但它又並非不存在，因為它能起作用。那麼，「意」的作用為何？劉宗周說，「意無所為善惡，但好善惡惡而已」⓮，即能對善惡進行價值判斷。這也就是王陽明的「良知」。牟宗三所謂歸顯於密」，指的就是劉宗周將「外擴的致良知教中之『良知之用』收攝於內斂的誠意教中之『淵然貞定』之意也」⓯。

另外，劉宗周還以天人相應的思維模式，對「意」進行論述。劉宗周《人極圖說》乃仿自周敦頤《太極圖說》，二者皆隱藏天人相應的思維模式。就天而言，周敦頤《太極圖說》提出太極為宇宙根本；劉宗周《人極圖說》則就人而言，提出至善的「心之體」為心之根本。「心之體」就是「性」，也就是「獨體」，也就是「意」。劉宗周甚至提出「心極」⓰的概念，以表現獨體作為心之主宰義。他還認為，天的主宰處叫「天樞」，如同樞紐一般，它是不動的，而造化流行就好像是此樞紐四周三百六十五度又四分之一度，環繞此樞紐而運轉不息⓱；相對應地，人的心也有樞紐⓲，即

⓬　《答董生心意十問》，見《劉宗周全集》第二冊，頁397。

⓭　同上，頁396－397。

⓮　《學言上》，見《劉宗周全集》第二冊，頁459，此為劉宗周59歲所作。

⓯　牟宗三《劉蕺山誠意之學》，見《宋明儒學的問題與發展》，頁173。

⓰　如劉宗周說：「獨者，心極也。」《學言上》，見《劉宗周全集》第二冊，頁461，此為劉宗周59歲所作。

⓱　如劉宗周說：「造化流行不息之氣機，而必有所以樞紐乎是，運旋乎是，則所謂天樞也，即所謂獨體也。」《示金鮑二生》，見《劉宗周全集》第三冊

所謂獨體，也就是「意」，是為道心之所在，而環繞著的即是人心。⑬

二、「意為心之所存」的工夫論意義

劉宗周為何主張「意為心之所存」？我認為，這仍是出於工夫論的考量。

研究者多認為，劉宗周「意為心之所存」的主張是出於對王陽明學說的批評。在歷經多次轉變後，劉宗周最終對陽明本身持批判立場，並認為陽明乃錯解《大學》「誠意」。另有學者主張，「意」的提出亦不外乎是對陽明後學的批判，如岡田武彥認為，「意」即是心在對道德價值的切實感受中判斷善惡的能力，可使心不淪於虛寂之無，不流於任肆之有。⑬牟宗三則提出劉宗周此說具有兩個重點：一，嚴分意念，不可以生滅有對之念為意；二，由意彰著心之所知為心，而特重主宰性。⑬牟宗三並解釋，「意」是超越的、先天的、由道德判斷所出的、絕對的善、不逐物的；而「念」則是經驗層上的、有生滅起伏、善惡對待的、逐物而起的。

上，頁396，此為劉宗周60歲所作。

⑬　如劉宗周說：「天樞轉於於穆，地軸互於中央，人心藏於獨覺。」《學言中》，見《劉宗周全集》第二冊，頁482，此為劉宗周60歲所作。

⑬　如劉宗周說：「天一氣周流，無時不運旋，獨有北辰處一點不動……故曰天樞。……這便是道心惟微。其運旋處，便是人心惟危。其常運而常靜處，便是惟精惟一，允執厥中。天人之學，一也。」《論語學案》，見《劉宗周全集》第一冊，頁319－320，此為劉宗周40歲所作。

⑬　岡田武彥著，吳光等譯《王陽明與明末儒學》，頁394。

⑬　牟宗三《劉蕺山誠意之學》，見《宋明儒學的問題與發展》，頁173。

他認為劉宗周嚴分意念，將生滅的「念」與道德判斷的「意」作了區隔，相對應於工夫上，則是要化念歸心，並且使意作為心之主宰。⑱

上述對於劉宗周為何提出「意為心之所存」，皆有言之成理之處。不過，最直接講，其用意不外乎工夫論的考慮。其實，整個宋明理學都關乎實踐，並非是空洞抽象的理論，若離開實踐這一考量，純粹以哲學思辯的理性分析去理解，則難以對宋明理學有適切的領會。這一點，即使是以哲學分析進行儒學研究的當代新儒學重鎮牟宗三，亦認為心性之學即是道德宗教上之修持之學。⑱只不過，過去以來包括牟宗三，對宋明理學的研究進路幾乎皆為哲學分析，能從修持之學角度來探討者，猶如鳳毛麟角。⑱

我認為，劉宗周「意為心之所存」之說，與過去儒者認為「意為心之所發」的心理狀態作了區隔。如同前面論及的《中庸》「喜怒哀樂之未發，謂之中；發而皆中節，謂之和」，這是針對喜怒哀樂而言。相對應地，此處所區隔的「心之所存」與「心之所發」這一對概念，實與「喜怒哀樂之未發」及「喜怒哀樂之已發」這一對概念，頗有可類比之處。在這裏，「心之所存」與「心之所發」涉及的是較「喜怒哀樂」更為隱微的心理狀態。過去儒者將「意」看作是「心之所發」，如此一來，「意」與「念」幾乎就是相同的概念，如常人所稱「意念」二字。然而，在劉宗周看來，「意念」這

---

⑱ 同上，頁 174、179。

⑱ 同上，頁 200。

⑱ 較早以精神修持這一角度來探討宋明理學者，徐梵澄《陸王學述》可為一例。可惜此書在學界並未引起足夠重視，且其在探討深度上亦較為不足。

一稱謂仍過於含糊，他要區別「所存」與「所發」，其用意就是要對這兩種狀態皆做工夫。換言之，劉宗周對「意」與「念」二者，乃分別有其針對的工夫理論。

討論至此，我好奇「意」這一心理狀態究竟為何？由於劉宗周文本中並未明言，大多數研究者對這一問題多是語焉不詳，或是以抽象的形上學概念來分析。然而，儘管不能否認「意」乃具有形上意涵，因其作為獨體是有其與天道相通之處，但若僅止於此而缺乏對應的心理狀態，則此種解說必然是不足的。我認為，「意為心之所存」當是指「一念未起之先」的心理狀態。如劉宗周說，「一念不起時，意恰在正當處也」⑬，又說「一念未起之先，生死關頭，最為喫緊」⑬，可說正是下手用功處。正如牟宗三所謂「嚴分意念」，劉宗周對「意」的主張將「念」、「意」做了區分，前者屬於心之所發，而後者為心之所存。所謂「心之所存」，指的是心之主體性所在，有根源義、主宰義，也就是「獨體」，或可稱為「本心」⑬。

如此，劉宗周對念頭生起前的「意」以及生起後的「念」這兩者心理狀態，皆分別有其修養工夫。以下略作說明。

首先，就念頭生起之前而言，此時即為「意」之心理狀態，或為「本心」。此時的用功法，主要是涵養本心，《人譜》中的《證人要旨》列出六個階段，從微到顯，而第一階段即為「凜閒居以體

---

⑬　《答董生心意十問》，見《劉宗周全集》第二冊，頁399。時劉宗周65歲。

⑬　《證學雜解》，見《劉宗周全集》第二冊，頁306。時劉宗周66歲。

⑬　如《改過說》：「天命流行，物與無妄，人得之以為心，是謂本心。」收入《人譜》，見《劉宗周全集》第二冊，頁20。

獨」，並解釋說，「此時一念未起，無善可著，更何不善可為？止有一真无妄，在不睹不聞之地，無所容吾自欺也，吾亦與之毋自欺而已。則雖一善不立之中，而已具有渾然至善之極。」⑭此處應與《人譜》中的《人極圖說》相參看。《人極圖說》首句：「無善而至善，心之體也。」這即是《證人要旨》的「此時一念未起，無善可著，更何不善可為」，故稱為「無善而至善」。此時的心，由於還未與外物接觸，尚未形成好善惡惡之念的生起，因此還不能算是具體的道德活動，但此時的心理狀態並非空無，乃是超越於好善惡惡之上，而又能發而為好善惡惡「兩在而一機」⑭的作用，因此劉宗周稱此「心之體」為「有善無惡」⑭，或「渾然至善」⑭。⑭

　　劉宗周並認為，要涵養本心，主要方法就是靜坐。如同許多宋明儒者，劉宗周亦提倡靜坐，並躬身實踐，他甚至提出儒門悟境這樣的概念。⑭相對於宋儒以「主敬」代替「主靜」，以避免落入禪

<hr>

⑭　《證人要旨》，見《劉宗周全集》第二冊，頁6。
⑭　劉宗周說：「陽明先生曰：有善有惡者意之動。僕則曰：好善惡惡者意之動。……好惡云者，好必於善，惡必於惡，正言此心之體有善而無惡也。做好惡兩在而一機，所以謂之獨。……獨即意也。」《答史子復》，見《劉宗周全集》第三冊上，頁446，時劉宗周66歲。
⑭　同上。
⑭　《證人要旨》，見《劉宗周全集》第二冊，頁6。
⑭　又如，劉宗周在《獨箴》一文中，所說：「獨本無知，因物有知。物體於如，好惡立焉。好惡一機，藏於至靜。感物而動，七情著焉。」這其中，「獨本無知，因物有知」指的就是在與外物接觸前的狀況，而「好惡一機」，也就事指此獨體能對好善惡惡。見《獨箴》，見《劉宗周全集》第三冊下，頁1097。
⑭　如劉宗周說：禪門說，既悟時如水上胡蘆，無人動著，常蕩蕩地，觸著便

佛之名，劉宗周則並不諱言靜坐及其體驗。他認為，過去儒者較少
談及涵養本心，「委之佛氏而不敢言」，而多數儒者的工夫僅止於
念頭生起後的工夫，使得「學者終身造詣，只了得念起念滅工夫，
便謂是儒門極則」，如此「遂使儒門淡泊，為二家所笑」⑭，亦即
指儒者多為佛、道二家所攝。可見，劉宗周對靜坐工夫頗為重視，
詳見第四章。

其次，就念頭而言。經由修養體察，劉宗周認為在「念」將起
之剎那，這一微妙的心理狀態，他以「幾」這一概念來表示，這是
出自《周易·繫辭傳》：「幾者，動之微，吉之先見者也。」指的
是事物的跡兆。「幾」在宋明理學（廣義者）中亦頗為重要，如周
敦頤《通書》中共有三章提及，如《聖第四》：「動而未形，有無
之間者，幾也。」同樣地，在人的心理認知過程中也有跡兆。劉宗
周說，「每物莫不始於微，而成於著」⑭，「人心亦有兆焉」⑭，
而人心顯現跡兆之時，即是念頭乍起之時。《人譜》中的《證人要
旨》所列六個階段中，第二階段為「卜動念以知幾」，其中有「知

動，捺著便轉。然則吾儒門既悟時，如水上行舟，有柁在手，常蕩蕩地，無
險不破，無岸不登。」《遺編學言》，見《劉宗周全集》第二冊，頁 560。
按，此處所指「禪門說」及以胡蘆為喻，據岡田武彥一書，乃是雪堂行和尚
所言。岡田武彥並說，劉宗周是強調「即自性」的，歸根到底不同於立足於
絕對的無的禪心；儒之心乃是有定向的作為主宰的存在。見岡田武彥著，吳
光等譯《王陽明與明末儒學》，頁 393。

⑭ 以上《人譜雜記一》，見《劉宗周全集》第二冊，頁 36。

⑭ 劉宗周說：「**每物莫不始於微，而成於著**。今人皆從顯著處下手，所以終鮮
積累。」《題張惠侯扇四則》，見《劉宗周全集》第三冊下，頁 1207。

⑭ 《學言下》，見《劉宗周全集》第二冊，頁 541。時 66 歲。

幾」二字，即是針對念頭生起那一剎那間的用功法，並解釋說：
「就動念時一加提醒，不使復流於過而為不善。纔有不善，未嘗不
知之而止之，止之而復其初矣。」⓯這是說，在念頭生起的那一剎
那間，若能立即注意，則能加其截斷，且不單是針對惡念，即使是
善念，也應該放下。⓰

　　可見，劉宗周「意為心之所存」觀點的提出，對獨體做了更精
微的說明，反映在工夫方法上亦更顯精微，如同兒子劉汋所稱的
「工夫一步推一步，得手一層進一層」⓱。事實上，意與念二者，
其所分別對應的工夫，也正是劉宗周工夫論的兩大方法。這部分，
留待下一章討論。

　　總之，「獨體」乃劉宗周論本體之總匯。若就義理上言，當以
第一節討論的「能所雙向視域之樞紐」最具特色。如從工夫論的立
場來看，則以第四節「意為心之所存」最為重要。

⓯　《證人要旨》，見《劉宗周全集》第二冊，頁 7。

⓰　如劉宗周說：「起一善念，吾從而知之，知之之後，如何頓放？此念若頓放
　　不妥，吾慮其剜肉成瘡。起一惡念，吾從而知之，知之之後，如何消化？此
　　念若消化不去，吾恐其養虎遺患。」《學言下》，見《劉宗周全集》第二
　　冊，頁 541。時 66 歲。

⓱　《劉宗周年譜》，見《劉宗周全集》第五冊，頁 215－216。

第四章　慎獨──工夫總述

　　本章探討「慎獨」作為工夫之總匯的具體細節。劉宗周工夫論可歸屬於兩大類，分別是針對念頭生起前的「意」及其後的「念」這兩個階段的心理狀態，這一點在上一章中已略為提及。針對前者，修養工夫重在涵養；針對後者，修養工夫側重於改過。以宋明儒者常用的語彙來說，前者可謂「存養」，後者則是「省察」。本章即以存養與省察為綱領，展開論述。

第一節　靜時存養與動時省察

　　「存養」有存心養性之意❶，或稱作「涵養」。「省察」即觀照、檢視之意。宋代儒者常喜將存養與省察相提並論，著名者如程頤所言「涵養須用敬，進學則在致知」❷，或如朱熹曾說「存養、

---

❶　「存心」二字早見於《孟子・離婁下》：「君子所以異於人者，以其**存心**也。君子以仁**存心**，以禮**存心**。」《孟子注疏・離婁下》，見《十三經注疏》下冊，頁 2730。「存心養性」合言者，如文天祥「聖賢千言萬語，教人**存心養性**，所以存養此真實也。」《宋元學案・巽齋學案》，卷 88，頁 2960。

❷　《宋元學案・伊川學案上》，卷 15，頁 601。

省察，固當并進」❸。這一對名詞，前者多指靜時或正式的工夫而言，後者則指動時或生活中非正式的工夫。

劉宗周曾說，為道工夫「約之不過存養、省察二者而已。」❹又說：「君子之學，慎獨而已矣。無事，此慎獨即是存養之要。有事，此慎獨即是省察之功。」❺這是以有事或無事來區隔省察與存養，但其意應較日常所謂做事之「事」要來得細微。另外，他也以宋明儒者常用的動靜來作區隔，所謂的「靜而存養」、「動而省察」❻。但他表示，這兩者並不能截然二分，不僅「存養、省察二者，不可截然分為兩事」，更且「不可以動、靜分」❼。明顯可見，劉宗周這一觀點乃延續其將二元打合為一元的邏輯，此處略作討論。

首先討論「存養／省察」不可絕然二分。劉宗周認為，「省察二字，正存養中喫緊工夫」❽，「省察是存養之精明處」❾，這意指省察乃是存養工夫的延伸。他並從實際的修養經驗中，體會到二者之不可分。他指出，在生活中對念頭及言行上的省察克治，修養得好可獲得輕安，此即涵養；同樣地，在心性上涵養得好，對自心

---

❸　《宋元學案·晦翁學案上》，卷48，頁1552。

❹　《學言中》，見《劉宗周全集》第二冊，頁478。時劉宗周60歲。

❺　《書鮑長孺社約》，見《劉宗周全集》第三冊下，頁830。

❻　如劉宗周說：「靜而存養要潔淨，不沾一塵；動而省察要精明，見得義當為便必為，義不當為便必不為。」《會錄》，見《劉宗周全集》第二冊，頁637。

❼　見《人譜》中的《訟過法》，見《劉宗周全集》第二冊，頁19。

❽　《學言中》，見《劉宗周全集》第二冊，頁507，時劉宗周63歲。

❾　《會錄》，見《劉宗周全集》第二冊，頁611。

的種種狀況能予了知，即是省察。這兩者是一回事。❿這是體驗語，其中有經驗相對應。所謂輕安，原為佛教禪修用語，指的是修習禪定達某種程度後，心受調伏而產生輕盈、柔和、自在的身心覺受。劉宗周有此體認，可見他確實認真下過修養工夫。再舉一例，劉宗周曾以車之雙輪為喻，說：「涵養與克治，是人心雙輪。入門之始，克治力居多；進步之後，涵養力居多。及至車輕路熟時，不知是一是二。」⓫所謂克治，乃是省察的具體工夫，即對煩惱進行克服對治。剛開始進行修養工夫時，在省察克治方面須花費較大心力；隨著工夫積累，逐漸進步，此時涵養成為主力；當工夫更為成熟時，則兩者相互輔助，彼此增長，涵養與克治之間的分界就模糊了。這也是體驗語。

其次，「靜時存養／動時省察」之動、靜不可絕然二分。這要涉及劉宗周對動靜問題的看法。在第二章中，已對動靜問題略有涉及，此處則系統地討論。

先提出一值得注意之處。劉宗周弟子黃宗羲所撰《子劉子行狀》中，稱其師「發先儒之所未發者，其大端有四」，其一為「靜存之外無動察」⓬。由於黃宗羲是名著《明儒學案》的編纂者，學問廣博，名氣甚大，其說法無不為研究者所看重。然而，若深入探討劉宗周文本，特別是對其慎獨之學的前後發展進行辨析，則會發

---

❿　劉宗周說：「就性情上理會，則曰涵養；就念慮上提撕，則曰省察；就氣質上銷鎔，則曰克治。省克得輕安，即是涵養；涵養得分明，即是省克。其實一也。」《學言》，見《劉宗周全集》第二冊，頁 541，時劉宗周 66 歲。

⓫　《學言上》，見《劉宗周全集》第二冊，頁 445。時劉宗周 59 歲。

⓬　《子劉子行狀》，見《劉宗周全集》第五冊，頁 46。

現黃宗羲之說頗引人歧途，不可輕率作為依據。細觀《子劉子行狀》一文，我發現此文對「靜存之外無動察」的解說，乃分別引用劉宗周前後期慎獨之學的看法，前者為四十九歲，後者為六十五歲。根據第二章的討論，劉宗周四十九歲時的慎獨之學尚偏於靜，到六十五歲時則已反對專求之於靜，認為修養工夫不可以動靜來分別。甚且，所謂「靜存之外，更無動察」一語，乃是出自劉宗周《中庸首章說》一文，當時他五十四歲，還處於慎獨之學的第一階段。如此，黃宗羲將劉宗周不同階段觀點合併一處，且並未加以注解，有欠妥當，易使讀者困惑而感到其間矛盾。事實上，牟宗三即重語批評黃宗羲並不真能瞭解其師之學，其所編《明儒學案》之《蕺山學案》「雖鈔錄一大堆，而無頭緒，顯得凌亂，而軟疲無力。」❸錢穆也有類似看法，認為黃宗羲未能真正彰顯劉宗周思想之精神，因而主張「其晚年所為《學案》，亦僅可為治明代儒學者一必要之參考書而止，一其於明代儒學之始終流變，乃及各家學術之大趨向，及其於儒學大統中輕重得失離合是非之所在，則頗少窺入，而仍以宣揚王學為其書之最大宗旨，則恐決不可謂其有合於師門蕺山之精神也。」❹這是研究劉宗周思想應當注意的一點。

---

❸ 牟宗三《從陸象山到劉蕺山》，頁 371：「蕺山所留文獻甚多，重重複複，其旨歸不過是以心著性，歸顯於密。此種間架脈絡，很少人能見出，即黃梨洲亦不真能懂其師也。其《明儒學案》中《蕺山學案》顯得無綱領而雜亂。彼固亦知其師之學之特點為誠意慎獨，然『以心著性，歸顯於密』之全譜，慎獨之學之獨特的精神與獨特的義理間架，則不能知。因此，雖鈔錄一大堆，而無頭緒，顯得凌亂，而軟疲無力。」

❹ 錢穆《讀劉蕺山集》，見《中國學術思想史論叢（七）》（合肥：安徽教育出版社，2004 年），頁 271。

　　回到「靜時存養／動時省察」之動、靜不可絕然二分的討論。劉宗周在使用「動」與「靜」二字時，其意涵並不固定，有時是指身之動靜，有時則指心體之動靜。這是閱讀劉宗周文本時要注意的。由於這關乎存養與省察的修養工夫論，以下略作分析。

　　在慎獨之學的第一階段，劉宗周對動靜的看法較為單純，主要是指身軀形體上的動與靜。換個說法，即是如前面所言正式、非正式兩種工夫，或如佛家所言座上、座下。座上指的是靜坐禪修，即靜時存養；座下則指生活中的觀照，即動時省察。一般所謂的「靜時存養、動時省察」也就是這個意思。劉宗周早期頗重視靜坐工夫，黃宗羲《子劉子行狀》中指的「靜存之外，更無動察」，乃是以靜坐用功為修養工夫的根本，如樹木有根方有枝葉，靜存即是在根上灌溉。這大約是劉宗周五十歲時的看法。

　　在慎獨之學的第二階段，劉宗周對動靜的解釋要較從前複雜。雖則有時仍以座上禪修與座下觀照來理解「靜時存養、動時省察」一語，但此時期他已不再視靜存為根本，而認為要打通靜存與動察，如他說：「動中求靜，是真靜之體；靜中求動，是真動之用。」⓯這其中的「動」與「靜」有兩層意涵：「動中求靜」之「動」，指的是身之動，而「動中求靜」之「靜」，則是指心體之靜；「靜中求動」之「靜」乃指身之靜，而「靜中求動」之「動」是指心體之動。這個意思是，在座下的生活中，仍要保持心體的穩定，如此才是真正的靜；而在座上禪修時，要維持心體的生機而不落於呆滯恍惚，如此才是真正的動。劉宗周這一主張有其形上學依

⓯　《學言上》，見《劉宗周全集》第二冊，頁440。時劉宗周57歲。

據，即認識到正如「動靜生陰陽，兩者缺一不得，若於其中偏處一焉，則將何以為生生化化之本乎？」⑯同樣地，修養工夫亦是如此，要「動中有靜，靜中有動」⑰，才可說是上合天德。但劉宗周又說「人心惟以靜為主」⑱，這是什麼意思呢？其實，當他說「以靜為主」時，此「靜」並非動靜相對待之「靜」，而是超越於動靜之上，且能統攝動靜修養工夫於一體者，此即他對周敦頤「主靜立人極」之「主靜」的理解。⑲這是劉宗周五十七歲的觀點。

在慎獨之學的第三階段，劉宗周對動靜的定義大致延續上一階段，但此時他更強調要打破對動靜的偏執。他認為，心不可簡單以動靜來分別，因而修養工夫亦不可簡單以動靜來區分。⑳「靜」並非專指座上言，座下時若心不亂，這也是靜。劉宗周還指出，若「專以存養屬之靜一邊，安得不流而為禪？」㉑這是認知到偏於靜之弊。如此，「存養」並不專指座上用功，亦即不是僅限於身軀形體之「靜」。簡言之，偏於靜或偏於動皆不對，偏於靜易流於禪，偏於動則易流於「偽」㉒。

---

⑯　《學言上》，見《劉宗周全集》第二冊，頁444。時劉宗周57歲。

⑰　同上，頁442。時劉宗周57歲。

⑱　同上。

⑲　如劉宗周說：「周子主靜之靜，與動靜之靜迥然不同。」《學言上》，見《劉宗周全集》第二冊，頁445。時劉宗周57歲。

⑳　如劉宗周說：「道無分於動靜，心無分於動靜，則學亦無分於動靜可知。《示金鉉二生》，見《劉宗周全集》第三冊上，頁396。時劉宗周60歲。

㉑　《答葉潤山四》，見《劉宗周全集》第三冊上，頁441。時劉宗周65歲。

㉒　劉宗周說：「以省察屬之動一邊，安得不流而為偽？」《答葉潤山四》，見《劉宗周全集》第三冊上，頁441。時劉宗周65歲。

　　不過，儘管修養工夫不可以動靜來區分，但若以本末輕重而論，則存養還是根本，應以存養為先，如劉宗周說：「學固無間動靜，初學亦須謝事靜坐為得。」❷❸他又講到：「須識得大頭腦所在。苟能用力於根源之地，遇私意起時自然會覺，覺時自然會改，不要將精神專困在改過上，流而為正助之病。」❷❹根源處能鞏固得住，遇到該遷善改過之時，則能提得起心力。這也就是劉宗周在《答葉潤山》書信中，以《易經》卦象為喻，認為最重要的是「以乾道為綱領」❷❺，也就是涵養此獨體❷❻，而後才是改過遷善。換言之，存養終究是根本。

第二節　存養之法──靜坐

　　在進行修養工夫前，首要之務便是立志。❷❼劉宗周說，「為學莫先立志」❷❽，立志相當於發心❷❾，對「自己先發個信心」❸❶，認

---

❷❸　《會錄》，見《劉宗周全集》第二冊，頁 620。

❷❹　《遺編問答》，見《劉宗周全集》第二冊，頁 414。

❷❺　《答葉潤山》，見《劉宗周全集》第三冊上，頁 416。時劉宗周 62 歲。

❷❻　如劉宗周說：「獨即前所謂乾體也。」《答葉潤山》，見《劉宗周全集》第三冊上，頁 417。時劉宗周 62 歲。

❷❼　劉宗周作有《立志說》一文，見《劉宗周全集》第二冊，頁 375－376。

❷❽　《遺編問答》，見《劉宗周全集》第二冊，頁 418。

❷❾　劉宗周說：「學問別無可說，全要人肯**發心**。」《遺編問答》，見《劉宗周全集》第二冊，頁 416。

❸❶　劉宗周說：「自得之學，先要自己**先發個信心**，信得自己原是十分具足，不待他求，方肯深造以道。」《遺編問答》，見《劉宗周全集》第二冊，頁 419。

為自己是人，聖人也是人，因此人人皆能成聖成賢，我亦能成聖成賢，正所謂「舜何人也？禹何人也？有為者，亦若是」❸。立志看似老生常談，為一切工作事業的起點，但其本身也是工夫所在。劉宗周認為，一旦有志為聖賢之學，便要將得失毀譽等計較競爭的習性，盡情掃除，歸於澹泊，而這本身非有工夫不能致。❸雖如此，對於根器較高者，劉宗周亦提出立志毋須太過的建議，如他對弟子祝淵❸說：「學者用功不可荒廢，亦不可拘迫。人之於道，猶魚之於水。魚終日在水，忽然念曰：吾今入水。將身一跳，勢必跳在水外。人何嘗不在道中？更要立志往何處求道？知得及，連立志二字也多。」❸這也是體驗語，在工夫較為上路時，連立志也要放下，猶如魚忘於水中，人亦要相忘於道中。

劉宗周主要的存養之法為靜坐。如《人譜》之《證人要旨》包含六個階段，相當於自微而著的修養工夫，其首要者為「凜閒居以體獨」❸，也就是對本心的存養，具體工夫即靜坐與讀書❸，且靜

---

❸　《孟子注疏·滕文公上》，見《十三經注疏》下冊，頁2701。

❸　劉宗周說：「學者有志為學，便將弄聰明計毀譽一切誇多鬥捷積習，盡情掃除，銷歸閒淡。自非真有定力，有實為聖賢之志，自耐此澹泊不得。然儒門澹泊，是其本色也。」《會錄》，見《劉宗周全集》第二冊，頁625。

❸　祝淵（1611－1645）是劉宗周晚期的弟子，文本中有多處劉宗周答祝淵問，如從因材施教的角度來看，則祝淵似乎根器頗高，這一點值得注意，特別是若涉及蕺山學派的研究。祝淵有《祝子遺書》六卷，四庫全書存目叢書（濟南：齊魯書社；臺南：莊嚴文化事業有限公司，1997年），集部，第195冊。又，劉宗周弟子陳確在《祝子遺書序》中說，「吾友祝子開美，在蕺山之門，最稱好學，有庶乎回也之嘆，惜其死踰顏子亦止三歲耳。」

❸　《會錄》，見《劉宗周全集》第二冊，頁620。

❸　《證人要旨》，見《劉宗周全集》第二冊，頁5。

坐為主。事實上，「凜閒居以體獨」本作「主靜坐」❸❼，但後來因考慮到可能落於偏失，因而改為現稱，但從中即可見劉宗周對靜坐的重視。另外，在劉宗周為家鄉宗族子弟所撰《家塾規》數條中，分為「考德之要」與「修業之要」兩大部分，相當於進德及修業，而「考德之要」又以靜坐為首要工夫。如《家塾規》首條：「雞鳴後，神初醒，何思何慮，正是本心呈露時，即與保任去。……侵晨起，且靜坐，自證平旦之氣果與人相近，好惡幾希處。」❸❽此乃以靜坐為早起的第一項功課，利用晨間心神較為清明之時，葆任本心，使清明之本心得到涵養。這就是慎獨工夫。❸❾

那麼，具體的靜坐方法為何？這可見於劉宗周《人譜》之《訟過法》一文。此文本作《靜坐法》，接在《紀過格》之後，其意乃為具體的改過方法，就內容言，大致上是結合靜坐與反省。《訟過法》開頭說：「一炷香，一盂水，置之淨几，布一蒲團座子於下，方會平旦以後，一躬就坐，交跌齊手，屏息正容。」❹❶這是靜坐前的準備工夫，頗類似於佛教禪修，以薰香、淨水等作為對三寶的供

---

❸❻　劉宗周撰有二篇《讀書說》，見《劉宗周全集》第二冊，頁 348－350 及頁 358－359。文中可見，劉宗周將讀書視為修養工夫的一部分，多延襲理學家的傳統觀點，特別是朱熹的說法。此外，劉宗周對王門後學束書不觀的情況有所批評，但另方面，劉宗周也反對將讀書視為記誦辭章之學。

❸❼　《人譜》六事工課，一曰「凜閒居」，原文為「主靜坐」，先生以為落偏，乃改今文。據《劉譜錄遺》，見《劉宗周全集》第五冊，頁 555。

❸❽　《家塾規》，見《劉宗周全集》第三冊下，頁 1192。

❸❾　如劉宗周說：「慎獨之功，只向本心呈露時隨處體認去。」《證學雜解》，見《劉宗周全集》第二冊，頁 307。時劉宗周 66 歲。

❹❶　《訟過法》，見《劉宗周全集》第二冊，頁 18。下引並同。

養。劉宗周當然不是對三寶行供養，但其用意為何，並無說明。接下來，就是對自身的反省，宛如《大學》所稱「十目所視，十手所指」❹，想象自己在眾人面前揭露己過，且觀想要真切到「方寸兀兀，痛汗微星，赤光發頰」，亦即使慚愧之感深刻入心。爾後，再將此慚愧之心放開，使「清明之氣徐徐來」，「此心便與太虛同體」，「乃知從前都是妄緣，妄則非真」。這與佛教懺儀亦頗有類似之處，在發露懺悔並決心悔改之後，便是要體悟罪業本空，造惡者亦空，懺悔過程亦空，所謂三輪體空，不因造惡或懺悔，而對所行的善惡之法起執著之心。其次則為葆任本心，「湛湛澄澄，迎之無來，隨之無去，卻是本來真面目也，此時正好與之葆任，忽有一塵起，輒吹落，又葆任一回，忽有一塵起，輒吹落。如此數番，勿忘勿助，勿問效驗如何。」❹最後這一階段，也就是實質上的靜坐，將心保持在清明澄澈的狀態中。所謂「忽有一塵起，輒吹落」，當是指靜坐中所生起的妄想雜念。至於「勿忘勿助」，則是指靜坐時的心力不可失去，但也不可用心過多，要善巧地平衡於勿忘勿助間。「勿問效驗如何」，指對靜坐本身不可有期望之心，如希望得到清明之感甚至神妙體驗，因為有希望就必然會有失望，且靜坐本非易事，高高低低乃是常態。這些都是過來人的體驗語。以下，討論劉宗周如何處理靜坐時的妄想雜念。

❹　《禮記正義·大學第四十二》，見《十三經注疏》下冊，頁 1673。
❹　《訟過法》，見《劉宗周全集》第二冊，頁 18－19。

一、妄想的對治——無欲

此處所指妄想，類似於幻想，念頭相續不斷，如同有劇情一般的白日夢，或可說是心中所放映的電影。**❸**

劉宗周在《靜坐說》**❹**及《艮止說》**❺**二文中，對靜坐工夫的用意有所討論。人生終日擾擾，多為物累，若要歸根復命，恢復至善本心，其方法便是靜坐。靜坐時的功課是調心，這是相當困難的事。身體維持不動，感官知覺不與外境接觸，此時所面臨要處理的即是妄念紛飛的內心狀態。劉宗周常被問及調心之法，他的要領就是「無欲」**❻**。劉宗周以為，靜坐時無法使心安頓下來，這是因為「此心放逸已久，纔向內，則苦而不甘」**❼**，尤其對名利之事尚有執著，其根未除，故周敦頤教人「必先之以無欲」**❽**。這些都是體驗語，所謂過來人的經驗之談。如他說「苦而不甘」，頗能點出靜坐工夫未得力時枯躁難耐的內心情狀。又如，以「無欲」作為靜坐要領也頗具洞見。一般而言，對於靜坐時的妄想妄念，多視為未調伏之心的普遍狀況，劉宗周則更進一層追其根源，認為這是對名利

---

❸　參見薩雍米龐仁波切（Sakyong Mipham）著、周和君譯《心的導引》（*Turning the Mind into an Ally*）（臺北：橡樹林文化出版，2004 年），頁82。

❹　《靜坐說》，見《劉宗周全集》第二冊，頁 357－358。時劉宗周 55 歲。

❺　《艮止說》，見《劉宗周全集》第二冊，頁 376－378。時劉宗周 66 歲。

❻　「淵問曰：如何復得心之本體？先生曰：其要在於無欲。」《問答》，見《劉宗周全集》第二冊，頁 412。

❼　《學言上》，見《劉宗周全集》第二冊，頁 434。時劉宗周 50 歲。

❽　《會錄》，見《劉宗周全集》第二冊，頁 598。

事物的欲求仍未徹底放捨，因此有各種攀前顧後的妄想。

對於名利之心，劉宗周不敢淺看。有次，某人講起科考落第，失落心情難以排遣。劉宗周就指出，「此箇病痛不小，如今學問正要打破此關」❹。面對科舉失利，亦即人生中的失敗，若因此感到失落，則是為環境所影響。如佛教所謂「八風」，即利、衰、苦、樂、稱、譏、毀、譽，此八種世俗之法，能使心為之波動，生起種種煩惱，而其根源即為執我之心。劉宗周雖不言我執，但也看出「人生自有我，純是得失毀譽」，「一言順之則喜，一言拂之則惱，一生全被此種念頭作了主」，如同大樹有其枝葉，各種喜惡之念即為樹上枝葉，其根乃是愛我之心。因此，要用工夫，就必須如砍樹一般，要用於根處。名利之心若講到細微處，其實已經很接近大樹之根了。劉宗周說，「利心在，則一切利害得以動我；名心在，則一切稱譏足以動我。」❺相較之下，名又較利更為難化。

在證人社的會講中，有次討論《論語》首章：「人不知而不慍，不亦君子乎？」❺劉宗周有感而發說，「學問到此，只有這箇關頭最難破」❺，這關就是名利之「名」。對世俗之人來說，人生目標不過名利二字；而在有志於道者眼中，特別是初發道心者，卻常過於輕看，對名利二字嗤之以鼻，自負以為名利並非難關。但劉宗周指出，在修養之路上，若用盡功夫，「於諸物欲之累頗能次第

---

❹　《會錄》，見《劉宗周全集》第二冊，頁638。下引並同。

❺　《學言上》，見《劉宗周全集》第二冊，頁436。時劉宗周50歲。

❺　《論語注疏·學而第一》，見《十三經注疏》下冊，頁2457。

❺　《證人社語錄》，見《劉宗周全集》第二冊，頁657－658。時劉宗周43歲。下引並同。

銷除」，於名利之「利」能放下；但若仔細勘查，則發現到最後仍「尚有箇名根不化」，即便德性涵養甚高之士，仍難以做到毫不希求他人的讚揚之聲，這便是求「名」之心。說到底，對名聲的渴望也是一種物欲，正如宗周所說「名，亦利也」[53]，因此「人不知而不慍」這關最難破。但此名關雖難破，亦必須破，「至此方是徹底學問」。由此可見劉宗周修道之徹底。

二、細微雜念的對治──養氣、集義、化念歸心

　　此處所指細微雜念，與前一段所討論的妄想有所不同。妄想具有連續性，而雜念如同腦海中的噪音，又好比不停切換的電視頻道，較為隨興而無連貫性。[54]兩者相較，雜念更不易處理。

　　此時，劉宗周的建議便與先前有所不同，他說：「若游思雜念不能一切剗除，不妨且下，不能除去，只莫增他。人心之靈，本自做得主宰，只因向來沒有養氣工夫，氣去動志，天君反聽命於氣，遂至遷流積漸，無所不至。學者養心之法，必先養氣，養氣之功莫如集義。自今以往，事事求慊於心。昔賢所謂一日之間，閒言語少說幾句，閒事件省下幾條。如此做去，漸漸歸併一路，游思雜念自然逐件銷除。」[55]這段話頗為重要，指靜坐時若游思雜念去除不了，則不妨暫且放下，在日常生活中「事事求慊於心」，即在言行舉止中用工夫，此即「養氣」，而養氣與養心乃是相互影響的，如

---

[53]　《證人會約》，見《劉宗周全集》第二冊，頁578。

[54]　參見薩雍米龐仁波切著、周和君譯《心的導引》（*Turning the Mind into an Ally*），頁89－90。

[55]　《會錄》，見《劉宗周全集》第二冊，頁630。

此修習,能使游思雜念逐漸銷除。

明顯可見,以上引文所謂「養氣」與「集義」,乃是出自《孟子》「我善養吾浩然之氣……其為氣也,配義與道……行有不慊於心,則餒矣。」[56]心與氣的關係,儒家自《孟子》早已論及,但在宋明理學中的討論並不多,或許是為避免過於靠向道教氣功的緣故。但不可否認,宋明理學深受佛道二教影響,儒者早年多出入佛老,吸收道教內丹之學亦有可能[57]。

在劉宗周看來,「靜坐是養氣工夫,可以變化氣質」[58],且「氣靜正得涵養法,蓋孟子工夫全在養氣」[59]。但為何養氣即能養心?這是因為心氣不二。所謂「心」,有覺察義;所謂「氣」,相當於可流動之能量;而氣為心之載體。劉宗周說:「今之為暴氣者,種種蹶趨之狀……皆緣神明無主。如御馬者,失其銜轡,馳驟四出,非馬之罪也,御馬者之罪也。」[60]此言中,以氣為心之載體,而心為氣之主宰,心與氣的關係猶如騎師之於馬。事實上,騎師與馬之喻,正是佛教對心、氣的比喻。[61]劉宗周還以為,妄念就

---

[56] 《孟子注疏·公孫丑上》,見《十三經注疏》下冊,頁 2685。

[57] 如王陽明對佛道二教的吸收。可參見柳存仁《王陽明與佛道二教》,見《清華學報》,13 卷 1/2 期,1981 年 12 月,頁 27-52。

[58] 《會錄》,見《劉宗周全集》第二冊,頁 598。

[59] 《學言下》,見《劉宗周全集》第二冊,頁 515。時劉宗周 65 歲。

[60] 《證學雜解》,見《劉宗周全集》第二冊,頁 314。

[61] 如達賴喇嘛說:「當心注意到物象時,是透過氣動或能量去注意。心乘騎在氣上,就像騎士乘坐於馬上。」見達賴喇嘛著、丁乃竺譯《達賴生死書》(*Advice on Dying and Living a Better Life*)(臺北:天下雜誌,2006 年),頁 122。

是「心之餘氣」❷，也就是「動氣」❸，受到外物吸引，便為之牽引。因此，若要靜心，「必先養氣」❹。養氣與養心乃一體之兩面，二者相互影響。一般上，心氣不二的道理，唯有經過靜坐工夫者方能領會，即體察到心念的游移乃是能量之流動。這其中的隱藏之意就是，「心」作為精神性的存有，並非是那麼地「唯心」，而是具有某種程度的物質性；或可說，在心氣不二的觀點下，所謂的唯心與唯物之絕對二元劃分，並不成立。這是就靜坐中的養氣而言。

另外，就日常生活中的養氣言。如上述所引，養氣之功莫如集義。其實，事事都可為養氣之下手處，讀書本身亦可養氣，如劉宗周說：「世人純是強陽之氣用事，所以讀書用功便有一種急迫不雅馴底氣象，此最礙事。即如讀書，難通處且留下，難記處且留下，不徐不疾，即讀書便是養氣。」❺這裏所描述讀書時的急迫，在讀書人中頗為普遍，特別是遇到難以瞭解之處，更是心急不耐，這在修養工夫上是一障礙。若讀書能不疾不徐，這本身便是養氣之功，便是「養生之術」❻。這也是體驗語。有一次，劉宗周兒子劉汋乘舟返家，病氣上升。劉宗周因而告誡，在船上時想著陸上，到陸上

---

❷　《學言中》，見《劉宗周全集》第二冊，頁491。時劉宗周60歲。

❸　同上。

❹　劉宗周說：「心之炯然嘗覺者，無時不然。只因為氣所役，便做主不得。氣是一種浮游之氣，纏著物便為所牽引去。凡一切憧憧往來，皆氣也，非心也。故學者**必先養氣**。」《會錄》，見《劉宗周全集》第二冊，頁624。

❺　《會錄》，見《劉宗周全集》第二冊，頁624。

❻　如劉宗周說：「善讀書者，於讀書得**養生之術**。」《會錄》，見《劉宗周全集》第二冊，頁627。

時又想著家中，抵家後又是一事未了，又復一事，心念沒有歇息的時候，就這樣汨沒至老，而藥方就是要能放下，這便是養心之法。⑰從中可見，劉宗周將身體與心理相聯繫，心念的起伏能影響身體的情況。

關於心氣兼治，嚴壽澂《宋明儒學發展的內在理路——劉咸炘「三進」說述評》⑱一文可為參考。此文推介極少為人注意的劉咸炘⑲《推十書》，對宋明儒學發展提出「三進」之說，即：宋儒因探究本體，不得不有取於佛教、道教，此為一進；又因本體之知乃德性之知，不得不重心性，此為二進；又儒者在治心之際，深感實悟實得之為難，必須心氣兼治，方能收變化氣質之功，於是兼取道教內丹之術，乃至會通三教，此即三進。⑳故明儒重氣，多有以養

---

⑰ 如：「癸未四月十七日，舟次津門，子汋病氣上升，先生語之曰：終日說降氣，曾不肯將心來降下。學者只因一種飛揚跋扈之性不曾放下，因此一時拘束，未免不得發舒，遂鬱而成火。在舟不安，因思從陸；從陸未安，又想抵家；抵家後一事未了，又復一事。從中憧憧，終無歇息，遂汨沒至老。……吾只勸女放下罷，即此是卻病之方，即此是養心之法。」《會錄》，見《劉宗周全集》第二冊，頁 632－633。

⑱ 嚴壽澂《宋明儒學發展的內在理路——劉咸炘「三進」說述評》，收入其著《近世中國學術通變論叢》（臺北：國立編譯館，2003 年），頁 291－300。

⑲ 劉咸炘為四川人，英年早逝，生前名聲並不顯於世，去世後其學亦少為人所討論。不過，錢穆曾提及劉咸炘，見《中國史學名著》（北京：三聯書店，2005 年），頁 270：「他死或許還不到四十歲，他是近代能欣賞章實齋而來講求史學的。可惜他無師友講論，又是年壽太短，不到四十就死。若使他到今天還在的話，定可有更大的成就。」

⑳ 嚴壽澂《宋明儒學發展的內在理路——劉咸炘「三進」說述評》，頁 292。

氣為工夫，因為「身心相關，心理必須有生理作支持」**⑪**。

　　除上面所討論以「養氣」與「集義」來處理外，劉宗周還提出「化念歸心」**⑫**。因為，妄念本身也是心，若在生起時予以覺察，則能削弱其力量，使其返歸於心。這一方法較無急迫感，對妄念較為輕柔以對。劉宗周說：「如一念動於欲，便就欲處體，體得委是欲，欲不可縱，立與消融。猶覺消融不去，仍作如是觀，終於消融而後已。」**⑬**這是說，一旦發覺生起欲望之念，便就其本身來觀

---

⑪　同上，頁 294。關於「氣」，嚴壽澂解釋甚好，他說：「今人以西方的『物質』概念相比附，於是視重氣之說為『唯物主義』。夷考其實，『氣』與『物質』概念，來源與指涉均不相同。首先，人所呼吸的是氣；呼吸停止，生命即終結。因此氣可指人的生命力，顯然與西人所謂『物質』不同。其次，氣無須外力，自能流動，充滿空間。因此，若以西方概念比附，氣是近於『能』而遠於『質』。」見《宋明儒學發展的內在理路——劉咸炘「三進」說述評》，頁 295。

　　從宋明理學研究史看，此文推舉劉咸炘之說，頗具慧眼。事實上，這也就是近幾年來的研究趨勢之一，如楊儒賓、祝平次所編《儒學的氣論與工夫論》論文集（臺北：臺大出版中心，2005 年）。但回顧過去長時間，宋明理學的研究主流，不歸哲學，則歸史學，而這兩種路數各有長短。另如陳榮捷、狄百瑞（William Theodore de Bary）、杜維明等，則兼具史學與哲學，但亦較偏於哲學。以哲學為進路者，如馮友蘭、牟宗三等當代新儒學家；以史學為進路者，如余英時、田浩（Hoyt Tillman）等。在優缺點方面，哲學類型較為重理論而輕文獻，能對概念作較深入的解析，但易偏於離事而言理；史學類型則對史料掌握較全面，能彰顯思想與環境之間的因果聯繫，但對儒學義理的分析或恐不深。若以譬喻言，哲學方式偏於見樹，史學方式偏於見林。近年來，研究方法愈趨多元化，哲學與史學二大研究主流的現象，將有所改變。

⑫　《學言中》，見《劉宗周全集》第二冊，頁 491。時劉宗周 60 歲。

⑬　《學言中》，見《劉宗周全集》第二冊，頁 507。時劉宗周 63 歲。

照，立即就可消融，但若此念力量較強，那就持續作觀照，終能使其消融於心。同樣地，對於引發其他情緒的妄念，皆可作如是觀。

調心不可急切，太急也是一病。劉宗周答弟子祝淵問時，便指出「初學大患，在聞了一句即猛力下手去做」❼，這樣不對。因為，「心之本體原覺，覺即明也，只嘗嘗提醒而已」，只「略綽提撕便是」。然而，相對於用心太急，心力不足也是不對。有人提到，靜坐中不起念頭，如昏黑一般，劉宗周則答道，墮入昏黑並非心靜之象，而是忽略了心的明覺，因此「學者須從覺處理會入，方是向上一機」❼。這也是體驗語。一般講到，靜坐中的兩大障礙，一為散亂、掉舉，二為昏沈，分別是心力過亢與心力不足。上一段討論的妄想及此處討論的雜念，前者可稱為掉舉，後者為散亂，而後者要較前者更為細微。靜坐初階，多為散亂、掉舉所困擾；工夫進階時，主要的障礙便是昏沈，因微細昏沈不易察覺，常誤以為境界甚佳而沉溺其中，也就是禪門所謂的落入冷窟或黑窟。劉宗周能對昏沈的毛病有所體察，可見他用功頗深。

除座上靜坐外，劉宗周還主張將靜坐工夫帶入生活。畢竟，座上靜坐是一形式，重要的是心的安頓，如他說：「坐間本無一切事，即以無事付之。既無一切事，亦無一切心，無心之心，正是本心。」❼這是使心保持在不黏著的狀態中，意即不對過去及未來作種種妄想，亦不為外境所牽引，「瞥起則放下，沾滯則掃除」，一

---

❼　《會錄》，見《劉宗周全集》第二冊，頁 619－620。下引並同。

❼　《會錄》，見《劉宗周全集》第二冊，頁 594。

❼　《靜坐說》，見《劉宗周全集》第二冊，頁 357。下引並同。

且察覺心在游移，攀緣外在的人、事、物，則立即予以放下掃除。如此，「行住坐臥，都作坐觀；食息起居，都作靜會」，生活中亦可進行存養之功，使座上所培養的清明感，得以延續至座下，即所謂打成一片。

靜坐是以實踐為導向。劉宗周三十四歲開始修習靜坐，有時效法朱熹「半日靜坐，半日讀書」，有時則「無事率終日靜坐」**⑦**，並常以靜坐為指導學生的下手方法。相對於某些明儒，劉宗周對靜坐體驗透露極少，僅有兩件事可為引述。一次是劉宗周說：「吾日來靜坐小菴，胸中渾無一事，浩然與天地同流，不覺精神之困憊。」**⑧**靜坐工夫深，確實能涵養精神。如前所言心氣不二，靜坐攝心時，心不向外攀緣，氣就得到涵養，不致向外流動，能量耗損的速度隨之減緩，精神自然較不疲憊。**⑨**

另一次，劉宗周說：「近來夢境頗清，無雜夢，亦有無夢時，若嘗惺惺者。」**⑩**惺惺二字，原為禪宗用語，指心之清明覺醒狀態。他所謂「無雜夢」，應是指夢中所行皆合乎禮法規範，並無踰越之處。很有趣的，古人早知從夢境作檢證，如孔子夢周公**⑪**，又

---

⑦　《劉宗周年譜》，見《劉宗周全集》第五冊，頁 226。

⑧　《會錄》，見《劉宗周全集》第二冊，頁 645。

⑨　又如，「先生賦稟清癯，少壯強半臥病，迫晚年涵養純熟，體逾康愉，終日著書不倦。平生淡甘旨，佐餐無調魚蔌。罹釁以後，竟素食而神氣充足，面浮精彩，絕粒至兩旬而卒者，皆靜養之功也。」《劉譜錄遺》，見《劉宗周全集》第五冊，頁 568。

⑩　《會錄》，見《劉宗周全集》第二冊，頁 598。

⑪　孔子曾因許久不夢見周公而感歎，說：「甚矣，吾衰也，久矣，吾不復夢見周公。」《論語注疏·述而第七》，見《十三經注疏》下冊，頁 2481。對

如程子以夢寐來檢驗所學深淺⑧，俗語也說「日有所思，夜有所夢」，而當時尚未有心理學，更無弗洛依德潛意識之說。如今，藉由心理學的認識可知，檢驗夢境確實有其道理。人在意識清醒時，受他人眼光、道德、習俗、法律等約束，常壓抑下各種欲望、恐懼等情緒，但這些能量並未真正得到化解，而是儲存於潛意識中，如此便在睡夢時，不由自主地以各種形態、故事情節，顯現於夢境中。修道之人，如發現夢中尚多不合禮法之事，則知修養工夫仍待努力。劉宗周也說：「夢時，忽起忽滅，可以證習心。」⑧即是此意，可測試修養工夫是否已內化成為習性。劉宗周又說：「人寐時，維玄維默，可以證本心。」⑧這句話，可與前所引「無夢時，若嘗惺惺者」相參。這兩句都是就睡眠時沒有作夢而言。人在睡眠時，若能察覺並無作夢，則工夫又進一層，但這絕不是指實際有作夢而醒後忘記的情況。劉宗周以禪宗用語「嘗惺惺」來形容，並說這「可以證本心」，若作深處解，則這一境界頗為難得，不是輕易

此，劉宗周評論說：「昔者夫子好古以學，夜則親見文王、周公旦而問焉。蓋用志如此其勤也。及其老，而氣則衰矣，氣衰而志不足以動之，故夢寐之間，無復感通會晤之兆。……夫子不覺有感於斯……譬然有老大之傷焉。若曰吾學其荒矣乎？其志不足以帥氣乎？今而後，將再鼓生平以一當盛年之志而已乎？語曰，行百里者半九十，言末路之難也。聖人垂老一加鞭，方是百尺竿頭，更進一步。」《論語學案》，見《劉宗周全集》第一冊，頁416－417。

⑧ 程子曰：「人於夢寐之間，亦可以卜自己所學之淺深。如夢寐顛倒，便是心志不定，操存不固。」《人譜類記》，見《劉宗周全集》第二冊，頁62。

⑧ 《學言上》，見《劉宗周全集》第二冊，頁483。時60歲。

⑧ 同上。

可以達到的。佛教中，對睡夢亦有修習法門，也就是在睡眠當中修習禪定，在有夢時要能知到自己在作夢，進而夢境中作得主宰。根據現有文獻，劉宗周內在體證為何，儘管難以詳知，但至少從他對睡夢有所留意，或可讓人略窺其工夫深淺。劉宗周又作有靜坐詩數首⑧，有意者可參閱。其實，從前面對劉宗周靜坐方法的討論中，已可發現許多體驗之語，這本身即可視為是對其修道工夫的一種說明。

三、儒佛之辨

儒者修習靜坐始自北宋，乃是受佛教及道教的影響。劉宗周對靜坐的重視，也多承襲前儒而來，如他在《艮止說》一文中說：「昔周子有『主靜立極』之說，程子因之，每教人靜坐，李延平又教人『於靜中看喜怒哀樂未發時作何氣象』。本朝陳白沙先生亦以『靜中養出端倪』為宗，築陽春臺，置水一盂，對之靜坐者數年。陽明先生則云，靜坐非是要人坐禪入定，只是借以補小學求放心工夫，而良知之說必求之未發之中。其言不一而足。」⑧可見他是前有所承的。

關於宋明儒者靜坐工夫，楊儒賓《宋儒的靜坐說》⑧一文頗為難得，因探討類似主題的研究甚為稀少。此文涉及邵雍、周敦頤、

---

⑧　《靜坐四首》及《靜坐述意》，分別見於《劉宗周全集》第三冊下，頁 1312
　　－1313 及 1331。

⑧　《艮止說》，見《劉宗周全集》第二冊，頁 377。

⑧　楊儒賓《宋儒的靜坐說》，發表於《理論與實踐》研討會，東吳大學中文
　　系，1999 年。

張載、二程、朱熹、陸九淵等宋儒，探討其靜坐方法及體驗，且能以宗教經驗的觀點來看待。楊儒賓指出，自北宋以來，靜坐始為儒家所採用，成為儒、釋、道三教共同的法門，但由於人們不認為儒者在這方面可超越僧侶或道士之上，因此理學家對靜坐不願太過張揚，且如何劃清儒家靜坐與佛老二家靜坐之別，便成為非常重要的論題。儒家對這問題的回應方法，是對此世賦予本體論上的價值，而此世包括自然層與人文層兩個層次，這一點即是與佛老的主要差異所在。

　　楊儒賓之文，可提供參照點，藉以探討劉宗周對這方面的看法。相較於宋儒為劃清儒佛之界限，在靜坐工夫上欲言又止，劉宗周則較無這方面顧忌，他甚至認為，心性修養原為儒門本色，不應為佛家所專斷。劉宗周說，儒者將世間道理分為三，「推一分於在天，以為天命之性；推一分於萬物，以為在物之理；又推一分於古今典籍，以為口耳之用神。」[88]如此道理皆成為心外之理，無關乎心性，而若要「反而求之吾心，如赤貧之子，一無所有」[89]，空有對外物之理的掌握，卻對自家心性毫無可資利用處，如同一無所有的貧戶之子。甚至於，在心性尚有一點靈明之時，仍不敢深入求索，因恐落入佛氏之名，於是連這一點也放棄了。[90]由此可見，劉

---

[88]　《學言下》，見《劉宗周全集》第二冊，頁517。時65歲。

[89]　同上。

[90]　如劉宗周說：「當是時，主人貧甚，尚有一點靈明，可恃為續命之膏，又被佛氏先據之，則益望望然恐，曰：我儒也，何以佛為？並其靈明而棄之。於是天地萬物，古今典籍皆闕亡，而返求其一宿而不可得，終望門行乞以死。悲夫！」《學言下》，見《劉宗周全集》第二冊，頁517。時65歲。

宗周主張儒門應當注重心性修養，不該因為顧慮「陽儒陰釋」之譏而裹足不前。

　　然而，劉宗周雖不諱言靜坐，但卻極少談論靜坐體驗乃至悟道經驗。有關儒者在靜坐修養中的體驗，陳來《心學傳統中的神祕主義問題》**❾①**及楊儒賓另一文《理學家與悟──從冥契主義的觀點探討》**❾②**可為代表。陳來認為，儒學的神祕體驗，其基本特徵可概述如下：自我與萬物為一體；宇宙萬物都在心中；心體之純粹意識的呈現；時間空間的超越；頓悟；高度的愉悅感。**❾③**陳來並認為，這些特徵與宗教學研究中的神祕體驗基本一致。楊儒賓也指出，宋明儒者常有冥契主義體驗，明儒尤其多，這類體驗如萬物一體、超越時空、不怕死亡、不可言說、至福安寧之感、真實之感等等。他並提到一重點，宋明儒者常將主體的特殊體驗，以客觀的理論用語表現出來。「冥契主義」即通常所謂「神祕主義」（Mysticism）**❾④**，有

---

❾①　陳來《儒家傳統中的神祕主義》一文，收入其所著《中國近世思想史研究》（北京：商務印書館，2003 年），頁 307－337。

❾②　楊儒賓《理學家與悟──從冥契主義的觀點探討》，收入劉述先主編《中國思潮與外來文化》，第三屆國際漢學會議論文集思想組（臺北：中央研究院中國文哲研究所，2002 年），頁 167－222。特別要指出，楊儒賓還譯有《冥契主義與哲學》（*Mysticism and Philosophy*）（臺北：正中書局，1998年），原作為 Stace, W.T.。楊儒賓並於序言中說道，「譯者最希望見到的讀者，乃是對儒家哲學感興趣的人士……是否可以應用到心性論的體驗語裏去。」

❾③　陳來《儒家傳統中的神祕主義》，見《中國近世思想史研究》，頁 333。

❾④　神祕主義的研究大略可區分為三部分，即神祕經驗、修煉方法與哲學。當今對神祕經驗的研究，通常是心理學與醫學的領域；對修煉方法與哲學，如文本研究與詮釋、概念發展的探討等，則較屬於宗教學領域。參見 Livia

多種譯稱⑮，指的是精神上或宗教上的高階體驗。對儒者神秘經驗的探討，可說是在儒學宗教性研究浪潮下的幾許波瀾，為儒學帶來多元化研究視角，值得注意。⑯根據現有文獻，劉宗周在神秘體驗

Kohn，*Early Chinese Mysticism: Philosophy and Soteriology in the Taoist Tradition,* (Princeton: Princeton University Press, 1992), pp. 22-23。

⑮ 「Mysticism」一詞的譯語有多種，以「神秘主義」最為常見，另外傳佩榮譯作「密契主義」，張澄基譯作「冥證主義」，楊儒賓則以為「冥契主義」較為適當。

⑯ 此處，對儒家宗教性這方面的研究，略作回顧。儒家是否為宗教？這一問題，可上溯自明代天主教傳入中國，下及於民國初年的「儒學」抑或是「儒教」之爭。可以這麼說，這問題是在基督宗教影響下，由西方傳教士所開啟。這是因為，在西方學科分類的眼光下，儒學似哲學卻又似非哲學，似宗教卻又似非宗教，頗難類歸，而「哲學」與「宗教」這兩個名詞，並非中國所本有，乃是清末時由日本學者譯自西文而傳入。儘管這一問題，因牽涉語義以及學科分類等，不應輕下定言，但西方知識界有關東方宗教的書籍，大多將儒家歸於其中之一，儼然已是定論。

不可否認，在儒家宗教性的探討上，西方學界走在漢語學界之前，且帶來不同的視角與啟發。更且，北美自六、七十年代以來，宗教學系所大量成立，研究工具更為豐富，且受益於學科整合（inter-disciplinary）的研究方法，使得早期從儀式及組織等外部規範來探討「儒教」的情形有所轉變，轉而注意到儒家的內在體驗，並亦知道擷取心理學、精神醫學、意識研究等不同領域的研究成果。這些都是可取資以為借鏡。雖則，這種跨學科研究方法，對研究者的知識廣度要求較高，在具體實踐上並非容易，但畢竟這一方向是值得嘗試的，且仍有待後來者努力。

大致上，西方學界對儒家宗教性的研究，或從比較宗教學立場，或直接借鏡宗教學理論。列舉相關著作如下：

1. Taylor, Rodney L. *The Religious Dimensions of Confucianism,* (Albany: State University of New York Press, 1990.)

2. Paper, Jordan. *The Spirits are Drunk: Comparative Approaches to Chinese*

方面罕見談論，不知是他認為神秘經驗不重要，還是本身甚少有這方面體驗。不過，正如陳來及楊儒賓二文所指出，在靜坐修養的方法上，儒門與佛老二家多有相似之處，且在神秘經驗上亦與其他宗教或精神傳統多有類似，如此說來，儒家有何特殊之處？儒佛之別，究竟為何？這些才是儒者關懷重心所在，並非神秘體驗本身。或許，這在劉宗周亦是如此，而他也確實重視儒佛之辨。

　　佛教自東漢傳入以來，儒佛之辨就一直是儒門中的重要議題。早期時，如南北朝《弘明集》所錄文獻及唐朝韓愈《諫迎佛骨表》，多以夷夏之辨來闢佛教，涉及的是民族、文化等較為表象的事物；到宋明理學，儒佛之辨則能深入義理而論，尤以明儒為然。如黃宗羲說：「程、朱之闢釋氏，其說雖繁，總是只在迹上，其彌近理而亂真者，終是指他不出。明儒於毫釐之際，使無遁影。」**⑰**更重要的，由於宋明理學深受佛教影響，如何面對外界「陽儒陰釋」之譏，並自我辯駁，常是宋明儒者難以逃避的任務。這是儒佛之辨在宋明理學中如此重要的內在因素。以下即討論劉宗周的儒佛之辨。

　　首先，就佛教出家而言。在儒者眼中，出家是是對人倫的顛覆。如劉宗周說，佛教「心外無法，萬法歸空，依空立世界」**⑱**，這些道理「何等說得高妙！」但在他看來，出家是「忍親割愛，逃

Religion, (Albany, New York: State University of New York Press, 1995.)

3. Kim, Heup Young. *Wang Yang-Ming and Karl Barth: A Confucian-Christian Dialogue*. (Lanham MD: University Press of America, 1996.)

⑰　《明儒學案·發凡》，頁 17。
⑱　《學言中》，見《劉宗周全集》第二冊，頁 503。時 61 歲。下引並同。

親棄君」，這是走到另一種極端，「此又何等執著，乃言空耶？」
更且，「凡綱嘗名教，忠孝節義，都屬善一邊，禪家指為事障、理
障，一切埽除，而歸之空」⑨，這種對於善的超越，劉宗周並不認
同。

其次，有關佛教空性之說。劉宗周常批評空性之說，認為不但
是空去善惡，空去外物，也空去世間萬法，空去最根本之心。此處
試為衍繹。一者，在空去善惡方面，劉宗周說：「禪門不忌念而忌
意，不忌欲而忌思，不忌惡而忌善，與吾儒蒼素在於此。」⑩事實
上，禪門並非不忌念、不忌欲、不忌惡，而是在這些基礎上，更要
超越意、超越思、超越善，但這一點劉宗周並不同意。二者，在空
去外物方面，劉宗周認為，固然佛家與儒家皆以心為本⑩，但從心
推出去，卻大有不同，如他說：「釋氏言心便言覺，合下遺卻意，
無意則無知，無知則無物。其所謂覺，亦只是虛空圓寂之覺，與吾
儒體物之知不同；其所謂心，亦只是虛空圓寂之心，與吾儒盡物之
心不同。」⑩此處所提的「心」、「意」、「知」、「物」，乃是
出自王陽明「四句教」，相當於是心對外物的認知過程。劉宗周認
為，佛教僅停留在心這一根本層面，對其他三個層面都予以「空」
去；相對地，儒家則「身心意知家國天下，一齊俱到」⑩，並沒有

⑨　《會錄》，見《劉宗周全集》第二冊，頁 640。

⑩　《學言下》，見《劉宗周全集》第二冊，頁 556。時 66 歲。

⑩　如劉宗周說：「釋氏之本心，吾儒之學亦本心。」《學言上》，見《劉宗周
　　全集》第二冊，頁 434。時 49 歲。

⑩　《學言上》，見《劉宗周全集》第二冊，頁 434。時 49 歲。

⑩　同上，頁 466。時 59 歲。

因為對心的重視，遺卻對外物的重視以及對其價值的肯定。三者，在空去世間萬法方面，劉宗周以為，佛家「以天地為塵劫，以世界為幻妄，以形軀為假合，以日用彝倫事理為障礙」❿，舉凡天地間一切現象，小自身軀，大及天地，無不「空」之以幻妄。四者，在空去最根本之心方面，劉宗周認為，佛教將萬法歸於心，亦即以心為所有存有的根本，而此心亦為「空」；在他看來，儒家雖也是以心為根本，但此心並非空，乃是有其「生生不已之機」❻，仁義禮智即內在於其中。綜言之，劉宗周認為佛教過於張大「空」，「空故無所不攝，攝一切有無而皆空」❼。雖說，劉宗周對佛教空性的理解或許有誤，但這並非重點所在。此處的重點是，在對此世間所抱持的態度上，儒者是肯定且予其以合法性的，而佛教的態度則較偏於無可無不可。

其實，空性之見甚為深微，即使佛門內也可能產生誤解，所謂執空之病。如著名的《般若波羅蜜多心經》所云：「色即是空。」此指萬法皆為空性。但緊接著，《心經》又說：「空即是色。」如是，空性並非離萬法而言，而是顯空不二的。世俗之人，緊執於現象，不知其本質，因而產生種種煩惱痛苦；但在禪者，雖知現象本質為空性，能不起執著，但卻可能因為過於執取空性，忽視當前的現象。這即是離事言理之弊，劉宗周常用以批判佛教，並以此作為儒佛之辨。他認為，儒家學問「作揖打恭，開口措足處，無非此

---

❿　《原道下》，見《劉宗周全集》第二冊，頁 331。

❻　《會錄》，見《劉宗周全集》第二冊，頁 640。

❼　《學言上》，見《劉宗周全集》第二冊，頁 546。

道」⑩；佛教則不然，「懸空想著天地間別有所謂道，艱深苦索，於凡事變倫物，一切不理」，而到悟道之後，方才覺得不過是「喫飯著衣」之事，卻已「枉卻許多心力，真可惜也。」劉宗周還說，儒家學問是主張「在事物上磨練」⑩，而佛教「不向事物上做工夫」，徒然只是面壁打坐，此即儒佛之分別。

最重要的，在生死之事上，劉宗周能入室操戈，闡述其儒佛之辨。佛門中，所謂生死事大，對生死的關注是佛教修行的起點。但在儒家，死亡之事並非儒者關懷重心，「生」才是儒家所講究的，如孔子說：「未知生，焉知死。」⑩儘管如此，死亡終究是絕大多數人的牽掛，畢竟真能笑看生死的人少之又少，猶如鳳毛麟角。在這情況下，儒門淡泊，多為佛教所攝，這應當與佛教之正視死亡有所關係。宋代理學興起，儒者才較能從宇宙論、本體論的角度，對生死問題進行探討，方能在理論上與佛教抗衡。如北宋張載《西銘》：「乾稱父，坤稱母。……故天地之塞，吾其體；天地之帥，吾其性。……存，吾順事；沒，吾寧也。」⑪這是將小我放置於天地之大我中。在張載看來，打通小我與大我之界，則小我或生或死，便不是那麼重要，而能安於生死。

劉宗周的生死觀，頗與張載類似，且走得更為徹底。他甚至認為，相對於儒家，佛教過於小器，過於執著小我這一形體，不像儒家將眼光放大到宇宙萬化之間。劉宗周在《生死說》一文指出，

---

⑩　《會錄》，見《劉宗周全集》第二冊，頁 630－631。下同。

⑩　同上，頁 632。

⑩　《論語注疏·先進第十一》，見《十三經注疏》下冊，頁 2499。

⑪　《宋元學案·橫渠學案上》，卷 17，頁 665－666。

「自聖學不明，學者每從形器起見，看得一身生死事極大，將天地萬物都置之膜外，此心生生之機，早已斷滅種子了。故其工夫顓究到無生一路，只留箇覺性不壞，再做後來人，依舊只是貪生怕死而已。」⑪這是他對佛教生死說的觀點。在劉宗周眼中，佛教對生死之事的重視，乃是過於著於「形器」，忽略了「天地萬物」，且斷滅心中的「生生之機」，而歸於「無生」。他並以為，佛教以區區百年內之身軀，關注此身之生之死，乃是貪生怕死的表現。在劉宗周眼中，「吾儒之學，直從天地萬物一體處看出大身子。天地萬物之始，即吾之始；天地萬物之終，即吾之終。終終始始，無有窮盡。只此是生死之說，原來生死只是尋常事。」這即是與張載類似之處，以天地萬物為吾人之「大身子」，如此便「無有窮盡」。

另外，劉宗周在《聖學宗要》所引周敦頤《太極圖說》部分，作按語曰：「愚按《太極圖說》其要歸之知生死，何以故？此佛氏所謂第一大事因緣也。佛氏向父母未生前討分曉，吾儒則向天地未生前討分曉，比佛氏因緣更大。」⑫所謂父母未生我之前，乃禪宗用語，指的是禪者在參究自心本性時，所提起的「父母未生前之本來面目為何」之疑團。劉宗周抓住禪門「父母未生前」一句，認為這是只就自己一身來討個分曉，而儒家「比佛氏因緣更大」，如周敦頤《太極圖說》乃是有關宇宙萬物之本源，特別是最後所引的《周易・繫辭傳》：「原始反終，故知死生之說。」⑬對此，劉宗

---

⑪　《生死說》，見《劉宗周全集》第二冊，頁378－379。下引並同。

⑫　《聖學宗要》，見《劉宗周全集》第二冊，頁269。下引並同。

⑬　《周易正義・繫辭上》，見《十三經注疏》上冊，頁77。

周說：「自無極說到萬物上，天地之始終也。自萬事反到無極上，聖人之終而始也。始終之說，即生死之說……知乎此者，可與語道矣。」⑭宋明儒者談論生死，往往是以易學作為理論依據，這一點很重要。接著，劉宗周又說：「佛氏討過分曉，便以無生為了義。吾儒討過分曉，便以生生而不窮為了義。以無生為了義，只了得一身。（一作『生』。）以生生而不窮為了義，並天地萬物一齊俱了。其為大小之分，更自天淵。」在他看來，佛教所謂了生死，只不過以「無生」為究竟義，而儒家則是以「生生而不窮」為究竟義，相形之下，佛教以一人為關注，格局較小，不及儒門的與天地萬化之生生不息相感通。這也與前段類似。他又加幾句：「佛氏了生死本小，而看得以為極大，便是難了處。吾儒直作等閒看過，生順沒寧而已。周子此言，殆亦有為而發與。」劉宗周認為，佛教了生死只是小事，卻看得如此重大，便不夠徹底，而生死在儒家不過是「等閒看過」，並不過於當回事，也只是「生順沒寧」而已。所謂「生順沒寧」，即是出自張載《西銘》「存，吾順事；沒，吾寧也」之句。這即是劉宗周的生死觀與儒佛之辨。

有意思的，劉宗周雖然排佛闢佛，但生活中並不排斥與佛門之人往來，這一現象在宋明儒者中頗為普遍。劉宗周夫人章氏便是佛教徒，《年譜》稱「夫人虔信觀音大士，日夕持經呪薰禮，竟數十

---

⑭　《宋元學案·濂溪學案下》，卷 12，頁 498。又，經電子檢索《宋元學案》、《明儒學案》及《朱子語類》，宋明儒者讀周敦頤《太極圖說》一文，多是集中於關乎本體論的「無極而太極」，或是有關工夫論的「主靜立人極」，極少注意《太極圖說》最後所引《周易·繫辭傳》這一句。其實，《周易》經傳中有關生死或死生，僅這一條而已，難道不應引人深思。

年。……先生年二十六從許孚遠遊,頗有意於『朝聞道,夕死可矣』之說,每見佛氏談生死,不甚契,輒以挽夫人,而夫人不顧。」⑮劉宗周也與僧人往來,如天啟六年(1626),劉宗周四十九歲時,與僧人洪溟等人,遊雲門⑯,登秦望⑰,瞰釣臺⑱,訪六寺遺址,並作詩多首。⑲崇禎五年(1632),劉宗周五十五歲時,再度遊雲門,訪僧人六如、洪溟、闇然等,賦詩多首,又與六如談論多日,並問以佛法大意。⑳佛門修道多喜山居,儒者於山水之遊時,亦常尋寺訪僧,賦詠而歸,且多有詩文佳作問世。這一點,當是在研讀儒者排佛時有所認識的。此處所舉劉宗周逸事,或可加深我們對其人的瞭解。

第三節　省察之法——改過

當「念」生起後,修養工夫改以動時省察,省察工夫又以改過為主。改過,看似老生常談,但劉宗周對改過有一套完整論說,在其工夫論中極具重要性。

---

⑮　《劉宗周年譜》,見《劉宗周全集》第五冊,頁 380—381。

⑯　雲門山,位於浙江紹興府會稽縣南。

⑰　秦望峰,位於浙江杭州西南。相傳秦始皇南巡時曾登此山瞻望,因此得名。

⑱　釣臺,位於浙江桐廬市郊富春江之北岸宮春山上。相傳為東漢高士嚴光隱居垂釣處。

⑲　《劉宗周年譜》,見《劉宗周全集》第五冊,頁 216。

⑳　同上,頁 315。

一、過之起源──妄

論改過，必須先論「過」，又為何有「過」？這關涉到惡之起源的問題。在人性論上，劉宗周承續儒門中孟子一系，主張性善論，且延續宋儒之說，以「氣質」解釋過惡之起源，但又不僅於此，而更推源於「妄」。有一點要指出，劉宗周對「過」、「惡」二者有所區別⑫，「過」而不改則流為「惡」，因此「惡」要較「過」更為嚴重，且劉宗周主要集中於討論「過」而非「惡」。

劉宗周論「妄」主要有三處，分別見於《紀過格》、《改過說二》與《證學雜解·解二》，前兩者乃收錄於《人譜》。以下分別討論這三部文本。

妄是過惡之根源，發生在念頭生起之前。《紀過格》中，對人的各種過失按自微而著的方式分類，共六個階段。第一階段所列舉的過僅有一個，即「妄」，而此一過「實函後來種種諸過，而藏在未起念以前，彷彿不可名狀，故曰『微』。原從無過中看出過來者。『妄』字最難解，直是無病痛可指。如人元氣偶虛耳，然百邪從此易入。人犯此者，便一生受虧，無藥可醫，最可畏也。」可見，劉宗周所謂「妄」，乃是「藏在未起念以前，彷彿不可名狀」，此時尚未形成具體的念頭，還不能以具體的過予以命名。但就像身體元氣不足，百病易侵，因此，「妄」可說是心之明或心之善有所不足，而諸過即由此而起。

---

⑫ 如劉宗周說：「惡與過不同。無惡之後，方有改過夫可做。然過亦從惡根來。」又如：「過而不改，不即改也，是謂過矣，其不流於惡者幾希。」分別引自《論語學案》，見《劉宗周全集》第一冊，頁 355 及 582。

　　劉宗周在《改過說二》一文中，說：「人心自真而之妄，非有妄也，但自明而之暗耳。暗則成妄。……然人無有過而不自知者，其為本體之明，固未嘗息也。一面明，一面暗，究也明不勝暗，故真不勝妄，則過始有不及改者。非惟不改，又從而文之，是暗中加暗，妄中加妄也。故學在去蔽，不必除妄。」❷「妄」並非實體，而是心之「明」轉為暗，便成為「妄」。且正由於「妄」並非實體，因此對治之道不是要去除此「妄」，而是要除去遮擋此心之明的障蔽。此處還指出，雖則人心有「妄」，但此時心之明未嘗不在，亦即人對自己的過乃是知道的，若不能當下改過，甚至於文過飾非，便會「暗中加暗，妄中加妄」，離本心之善就越行越遠。

　　《證學雜解·解二》則對「妄」之流衍，予以說明：「妄者，真之似者也。……道心惟微，妄即依焉。依真而立，即托真而行。……有妄心，斯有妄形，因有妄解識，妄名理，妄言說，妄事功，以此造成妄世界，一切妄也，則亦謂之妄人已矣。妄者，亡也。……是故君子欲辨之早也。一念未起之先，生死關頭，最為喫緊。於此合下清楚，則一真既立，群妄皆消。」❸古清美解釋說，在此至真至微之處，即是「妄」依止的地方，從這似是而非、極微難指的狀態，逐步發生，且開始具體化，形成主觀的「妄心」和相對的客觀世界「妄形」，再擴大為「妄人」、「妄世界」，且最可怕的是，此「妄」最初卻是與「真」似是而非、且依「真」而立、

❷　《改過說二》，見《劉宗周全集》第二冊，頁21。
❸　《證學雜解·解二》，見《劉宗周全集》第二冊，頁306。

而行的。⑭古清美還認為，劉宗周的「妄」頗類似於佛教所說的「無明」，且由微而著，即如佛教的十二緣起，如環鎖般相連，但關鍵又在於「一真既立，群妄皆消」。⑭

「妄」作為過之起源，乃劉宗周的獨特主張，但不可否認「氣質」亦是其原因。⑭如劉宗周說：「人性本無所為惡……其過也，囿於形氣之私。」⑭但話雖如此，氣質也是自身所造成的，「氣質何病？人自病之耳。」⑭正如前所提心氣不二，氣質與心亦是相關的。畢竟，心才是主宰，且可變化氣質，若「事事與之對治過，用

---

⑭ 古清美《劉宗周實踐工夫探微》，見鍾彩鈞主編《劉蕺山學術思想論集》，頁 74。

⑭ 同上，頁 76。

⑭ 這一點上，古清美否定劉宗周以氣質來解釋惡，其觀點有些不妥。古清美認為，劉宗周「一向主張『氣質之性即天命之性』，不把氣質看作是過惡的根源。……他將『過惡』推源於『妄』。」古清美《劉宗周實踐工夫探微》，見鍾彩鈞主編《劉蕺山學術思想論集》，頁 73。

其實，所謂「氣質之性即天命之性」一語，當是劉宗周一貫之思想脈絡，即將二元打合為一元，這與「氣質」作為惡之因素，乃不同思想脈絡下的概念。這是第一點不妥之處。這也是宋明理學常見的難題，即所用術語雖相同，但意義未必相同，在研讀時，應特別注意各用語在其文本脈絡下的意義。第二點不妥之處是，古清美忽略了劉宗周所謂「妄」本身就是由氣所導致，雖則心才是最為根本原因，但氣有其作為助緣之作用。如劉宗周《改過說一》：「何過之有？惟是氣機乘除之際，有不能無過不及之差者。……過也而妄乘之，為厥心病矣。」見《劉宗周全集》第二冊，頁 20。對此，李明輝解釋頗佳，他說：「氣機失衡為妄之形成提供了機緣。因為妄是心病，其形成只能由心來負責。」見李明輝《劉蕺山論惡之根源》，收入鍾彩鈞主編《劉蕺山學術思想論集》，頁 119。

⑭ 《會錄》，見《劉宗周全集》第二冊，頁 632。

⑭ 《證學雜解·解十八》，見《劉宗周全集》第二冊，頁 318。

此工夫既久，便見得此心從氣質託體，實有不囿於氣質者。……此之謂以心治氣質。」⑫對此，李明輝解釋說，人之有惡，雖是由氣質所引發的，但不可歸咎於氣質，因為心本身有自作主宰的能力，如上所引劉宗周所言「此心從氣質託體，實有不囿於氣質者」，借用康德的話，氣質只是「時間上的根源」而非「理性上的根源」，心才是其「理性上的根源」，須為惡的形成負責。⑬

劉宗周以「妄」來解釋過之起源，將過之生起過程的心理狀況，推到至隱至微之處，應當與其修養體驗有所相關。不瞭解這一點，便會出現如何俊等當代學者所提出的質疑。何俊說：「我們在《人譜》中所看到的人的過錯排列，是從一點不可言狀的『微過』發展到眾多清晰明白的『叢過』。但人在現實生活中所感受到的，首先是細碎的『叢過』，而劉宗周的陳述，恰在於指出這如此多而碎的過錯是可以層層上推，直至最初的源頭。因此，行為歸因理論致使劉宗周的改過思想並不等同於普通訓條而停留在只是指導人的行為操作，而是力主於精神上培養起罪感意識。」⑭

何俊所言，顯示出對儒者修養體驗的不夠瞭解。首先，劉宗周並不是「力主於精神上培養起罪感意識」。對劉宗周來說，「罪感意識」並不須要培養，這是在修養過程中，觀察到自身之過竟是如此無窮無盡，而自然生起的感受。如前所述，劉宗周在靜坐上頗用

---

⑫　同上。

⑬　李明輝《劉蕺山論惡之根源》，見鍾彩鈞主編《劉蕺山學術思想論集》，頁121－122。

⑭　何俊《劉宗周的改過思想》，見鍾彩鈞主編《劉蕺山學術思想論集》，頁152－153。

工夫。靜坐可增強覺照力、觀察力，延續到生活中，能清楚觀照到自己的心念活動，且對自身言行背後的動機有所察覺，甚且動機背後又有動機，如是推之愈趨深入，便會發覺許多表面上的善言善行，乃隱藏著自私自利的細微動機。再有，依何俊所稱，人在生活中首先感受到的是細碎的「叢過」，而不是劉宗周所指出的最初源頭，這句話不完全對。但若何俊指的是未經靜坐修養之人，或許確實是先察覺到細碎之「叢過」，因為他們觀察力較弱；若是具修養工夫之人，則劉宗周觀點可以成立。觀照力較深的人會發現，在言行發生之前，尤其是帶有情緒性的言語及行動，乃是心中先產生驅動力或能量，若順勢而發，不加阻擋，則表現為言語或行動。這其中的重點是，「心中的能量」與「表現出來的言語行動」二者，並不是在同一時間點上，而是有其先後，儘管此一時間落差也許極為短暫。這一發現頗具意義，意謂這兩者是可以區隔開來的，也就是說，人們在發為言行之前，若能立即察覺自己情緒性能量，是可以決定接下來的發展，或是制止其發展，或是順應這股能量而發為言語行動。劉宗周將過惡推至最微處，要能覺察其所謂「妄」，必然是伴隨修養工夫所致，並非人人都能做到。但無論如何，劉宗周的要旨是在防微杜漸，要在最根源處下手。雖然，並非人人能觀照到「妄」作為惡之根源，但若就自己所能覺察到的最隱微處用工夫，也就不負劉宗周用心。在這一意義下，《四庫全書總目》稱《人譜》是「主於啟迪初學」⓲、「兼為下愚勸戒」、「本為中下人以下立教」等語，可說根本是未盡《人譜》之旨。

⓲　《劉宗周全集》第五冊，頁834。下同。

很有趣的，現代腦神經學的一些發現，可作為劉宗周觀點的佐證。⑬神經外科醫生 Benjamin Libet 利用腦部手術做實驗。一般在某些腦部手術中，醫生為確認是否進入正確的腦部區域，並不將病人全身麻醉，而是維持其意識清醒，如此病人仍可說話或移動部分身體，以便讓醫生知道手術是否順利。Libet 的實驗，是要手術中的病人移動手指，並使用一種精密計時器，測量單位可達千分之一秒，在病人覺察到自己有動手指的「衝動」時，計時器可確切計錄下時間。同時，他還監看病人腦部負責手指運動的電流活動，也就是觀察病人腦部出現動手指「意圖」的時間點，當然也監看病人手指活動的時間點。換言之，有三個時間點是 Libet 要觀察的，分別為：腦部的「意圖」、病人對意圖的「覺察」、手指的「行動」。他發現：人們在「覺察」到自己有動手指的意圖，這之前的四分之一秒，腦部的「意圖」即已出現；而在「覺察」意圖之後的四分之一秒，手指的「行動」方才展開。這一研究結果頗具啟發性，可用在劉宗周的「意」與「妄」的說法。在腦部「意圖」出現時，此時念頭尚未生起，難以言狀，但又並非空無，善惡即由此起；四分之一秒後，意圖被「覺察」；又再過四分之一秒後，「行動」展開。若能在「覺察」意圖的剎那間，當下廓清，則不致一路流衍成惡念，乃至惡言、惡行，成為惡之連鎖反應。這就是劉宗周所說：「一念未起之先，生死關頭，最為喫緊。於此合下清楚，則一真既

---

⑬　參見 Tara Bennett-Goleman 著、陳正芬譯《煉心術》（*Emotional Alchemy, How the Mind can Heal the Heart*）（臺北：大塊文化，2002 年），頁 201。作者為心理治療師，其丈夫即著名的《EQ》作者 Daniel Goleman。

立，群妄皆消。」⑬連鎖反應，於初始時予以截斷，即是「一真既立，群妄皆消」。

二、《人譜》探析

　　《人譜》是劉宗周最為人知的著作，其內容主要為遷善改過的具體方法。然而，或許是受到《四庫全書總目》影響，視《人譜》為「啟迪初學」及「為下愚勸戒」⑬，相關研究並不深入，且多是將這部文本予以打散拆解，擷取其中的哲學概念。當代學者中，應以杜維明最為重視《人譜》，並予以極高評價，認為《人譜》是解開劉宗周思想的真正鑰匙⑬，兼具根源性與涵蓋性⑬，可說是「非常有獨特性的道德精神現象之原理原則的著作」⑬。但迄今為止，杜維明尚未對《人譜》寫過專論文章，殊為可惜。⑬以下即從遷善改過這一角度，對《人譜》進行探討，試圖在現有研究成果上更進一層。

---

⑬　《證學雜解·解二》，見《劉宗周全集》第二冊，頁 306。

⑬　《劉宗周全集》第五冊，頁 834。

⑬　杜維明、東方朔《杜維明學術專題訪談錄──宗周哲學之精神與儒家文化之未來》，頁 112。

⑬　同上，頁 119。依據東方朔對杜維明的訪談，杜維明說：「《人譜》的根源性很強，強到只與他的幾個知音講，但另一方面，它的涵蓋性又很大，大到與所有的人都有關係。」

⑬　同上，頁 140。

⑬　杜維明有《劉宗周哲學人類學中的主體性》一文，收入杜維明、東方朔《杜維明學術專題訪談錄──宗周哲學之精神與儒家文化之未來》一書，頁 237－267，但此文並非專論《人譜》。

〔一〕《證人會約》：《人譜》之《證人要旨》的雛型

就文本型式言，《人譜》十分特殊，共分《人譜正篇》、《人譜續篇》及《人譜雜記》三部分。第一部分《人譜正篇》，即《人極圖》與《人極圖說》，相關討論見第六章。《人譜》第二部分為《人譜續篇》，包括《證人要旨》與《紀過格》，其後並附有《訟過法》、《改過說一》、《改過說二》及《改過說三》等文。第三部分為《人譜雜記》，包括《體獨篇》、《知幾篇》、《定命篇》、《凝道篇》、《考旋篇》及《作聖篇》，內容是引述古今儒者在修養工夫方面的典故。⑭在結構上，《證人要旨》的「六事功課」及《人譜雜記》，皆以《人極圖》的六個圖為核心，將此六圖的涵義以文字詮釋演繹出來。⑭

---

⑭　傅彩《康熙本人譜序》對《人譜類記》的內容，有所說明：「余於其中，益窺見先生之用心矣，於課業則言過不言功，遠利也；於徵古則記善不記惡，倣朱子《小學外篇》之例，隱惡揚善也；不雜釋典，不參道書，正學術也；不及應驗，不入夢語，絕附會也；尊宋元明大儒為宗，而旁及漢唐歷代遺事，崇倣法也。」《劉宗周全集》第五冊，頁837－838。

⑭　大體上，《人譜》的結構為：《人譜續編》引第一圖「無極太極圖」下有「一曰：凜閒居以體獨」之語，而《人譜雜記》第一篇即為「體獨篇」；《人譜續編》引第二圖「動而無動圖」下有「二曰：卜動念以知幾」之語，而《人譜雜記》第二篇即為「知幾篇」；《人譜續編》引第三圖「靜而無靜圖」下有「三曰：謹威儀以定命」之語，而《人譜雜記》第三篇即為「定命篇」；《人譜續編》引第四圖「五行攸敘圖」下有「四曰：敦大倫以凝道」之語，而《人譜雜記》第四篇即為「凝道篇」；《人譜續編》引第五圖「物物太極圖」下有「五曰：備百行以考旋」之語，而《人譜雜記》第五篇即為「考旋篇」；《人譜續編》引第六圖「其要無咎圖」下有「六曰：遷善改過以作聖」之語，而《人譜雜記》第六篇即為「作聖篇」。

在著作年代上，《人譜正篇》、《人譜續篇》最初作於崇禎七年（1634）五十七歲時，重訂於 1637 年六十歲時，並於 1645 年絕食前再行改訂。⑭《人譜雜記》則為 1645 年絕食前所補入，由兒子劉汋完成。⑭劉宗周於絕食中曾對兒子劉汋說：「做人之方，盡於《人譜》，汝作家訓守之可也。」⑭可見劉宗周對《人譜》的重視。

有一點研究者甚少留意，即《人譜》與「證人社」之關聯。劉宗周孫子劉士林在《蕺山先生行實》一文中指出，「以『證人』名社，立《社約》，著《人譜》。」⑭這暗示了了《人譜》與「證人社」之關係。崇禎四年（1631），劉宗周五十四歲，與陶奭齡共同講學，稱為「證人社」或「證人會」，而《證人會約》由劉宗周所撰。據姚名達《劉宗周年譜》所作案語：「《人譜》久已風行於世，版本不一，且幾無人知其原名《證人小譜》，《舊譜》亦僅云『甲戌秋八月著《人譜》』，史實之湮沒也久矣。考《劉子全書遺編》卷六《初本證人小譜序》，而知書名前後不一，序文迥然不同。考《劉蕺山先生集·人譜跋》，而知此書確經先生再三改訂。考《劉子全書·人譜自序》，而知此序雖非初本，而仍題甲戌八月閏吉。故參互考證而記錄如上。」⑭姚名達的意思是，現今可見的《人譜》文本，並非劉宗周在序言中所記的五十七歲時所作，且

---

⑭　《人譜》，見《劉宗周全集》第二冊，頁 24，劉汋按語。

⑭　《劉宗周年譜》，見《劉宗周全集》第五冊，頁 517。

⑭　同上，頁 525。

⑭　劉士林《蕺山先生行實》，見《劉宗周全集》第五冊，頁 676。

⑭　《劉宗周年譜》，見《劉宗周全集》第五冊，頁 332。

《人譜》原名作《證人小譜》。劉宗周另有一文《初本證人小譜序》❼，從此文內容可知《證人小譜》就是後來的《人譜》。表面上，這一考證似乎並無多大意義。但這其中的重點是，一旦確認《人譜》之原名作《證人小譜》，那麼，《證人小譜》與「證人社」是否有關？又是否與《證人會約》有關呢？

　　《證人小譜》與「證人社」，兩者皆有「證人」二字，這應當不是偶然。事實上，劉宗周為「證人社」所撰《證人會約》，可說是《人譜》之《證人要旨》的雛型，亦即《證人會約》與《證人要旨》二者間可能有先後承續之關係。《證人會約》共有十則，舉其各則大意，分別為：其一言開見地，人人可為聖人；其二言良知；其三言致良知，自親長而漸推之天下；其四言義利之辨，要在動念處勘察；其五言克己，並引前儒之語「真知是忿，忿必懲；真知是慾，慾必窒」❽；其六言學禮，作為持循之方；其七言名節；其八言習之害道；其九言躬行；其十言遷改，「改過一端，是聖賢獨步工夫，層層剝換，不登巔造極不已」❾。若將《證人會約》與《證人要旨》相較，可發現許多相同之處。以下以《證人要旨》為主，討論其對《證人會約》的繼承。

　　《證人要旨》第一則「凜閒居以體獨」，相當於《證人會約》第一則及第二則。《證人要旨》第一則開頭說，「學以學為人，則必證其所以為人」❿，與《證人會約》第一則意思相同。《證人要

---

❼　《劉宗周全集》第三冊下，頁719－720。

❽　《證人會約》，見《劉宗周全集》第二冊，頁579。

❾　同上，頁582。

❿　《證人要旨》，見《劉宗周全集》第二冊，頁5。

旨》第一則又說，「人心有獨體焉，即天命之性，而率性之道所從出也」⑮，點出人之本性，此即《證人會約》第二則所言良知及性善之意。

《證人要旨》第二則「卜動念以知幾」，相當於《證人會約》第四則及第五則。《證人要旨》第二則要旨在對念頭的勘察，這正是《證人會約》第四則的要義。又，《證人要旨》第二則所引用的「懲忿如推山，窒慾如填壑」之語，乃出自北方王門張後覺（1502－1578），正與《證人會約》第五則「真知是忿，忿必懲；真知是慾，慾必窒」乃同一出處。⑮

《證人要旨》第三則「謹威儀以定命」，相當於《證人會約》第六則。《證人要旨》第三則說：「慎獨之學，既於動念上卜貞邪，已足端本澄源，而誠於中者，形於外，容貌辭氣之間，有為之符者矣。」⑮這其中有次第之意，意即在動念上用工夫之後，接下來的便是講究表現於外的禮儀。這即是《證人會約》第六則所言：「學者曉然於義利公私之辨，已能不入獸門，正慮其無所持循也，進之以禮。」⑮所謂義利之辨，如上所提，乃是《證人會約》第四則要旨，並要在動念處勘察，這一工夫之後，接下來即是「進之以

---

⑮　同上。

⑮　此言應出自張後覺所說：「真知是忿，忿自懲；真知是慾，慾自窒。**懲忿如沸釜抽薪，窒慾如紅爐點雪。推山填壑，愈難愈遠。**」《明儒學案·北方王門學案》，卷29，頁637。

⑮　《證人要旨》，見《劉宗周全集》第二冊，頁8。

⑮　《證人會約》，見《劉宗周全集》第二冊，頁579－580。

禮」。⑮

　　《證人要旨》第四則「敦大倫以凝道」，相當於《證人會約》第三則。《證人要旨》第四則講的是五倫，按此文所言順序，即父子、君臣、長幼、夫婦、朋友。《證人會約》第三則言要自親長而漸推之天下，此即五倫之意。

　　《證人要旨》第五則「備百行以考旋」，相當於《證人會約》第九則。《證人要旨》第五則說：「今學者動言萬物備我，恐只是鏡中花，略見得光景如此。若是真見得，便須一一與之踐履過。」⑯這講到踐履之重要，不能只是口說，這與《證人會約》第九則相同，後者說：「若泛談名理……縱說得勺水不漏，亦只是口耳間伎倆……且反躬體貼去。」⑰

　　《證人要旨》第六則「遷善改過以作聖」，相當於《證人會約》第八則及第十則。《證人要旨》第六則的主旨為遷善改過，並說道：「一遷一改，時遷時改，忽不覺其入於聖人之域，此證人之極則也。」⑱這與《證人會約》第十則的主旨完全相同，所謂「改

---

⑮　此處尚另有一證明。《人譜雜記》之《定命篇》第三則有言「昔曾子寢疾，而發歎於孟敬子，惓惓於三者之道。」此典乃出自《論語·泰伯第八》：「曾子有疾，孟敬子問之，曾子言曰：鳥之將死，其鳴也哀；人之將死，其言也善。君子所貴乎道者三：動容貌，斯遠暴慢矣；正顏色，斯近信矣；出辭氣，斯遠鄙倍矣。」《論語注疏·泰伯第八》，見《十三經注疏》下冊，頁 2486。在《證人會約》第六則，有「聖人惓惓於學禮」之語。二者可以相參。

⑯　《證人要旨》，見《劉宗周全集》第二冊，頁 10。

⑰　《證人會約》，見《劉宗周全集》第二冊，頁 581－582。

⑱　《證人要旨》，見《劉宗周全集》第二冊，頁 10。

過一端,是聖賢獨步工夫,層層剝換,不登巔造極不已」❽。另外,同屬於《人譜續篇》而與《證人要旨》相對應的《紀過格》,此處第六則說:「人雖犯極惡大罪,其良心仍是不泯,依然與聖人一樣,只為習染所引壞了事。」正相應於《證人會約》第八則言習之害道,其中引孔子所言「性相近也,習相遠也」,此即上引《紀過格》之意。

以上可見,《證人會約》與《證人要旨》確實可能存在著先後承續的關係,這表示,劉宗周在這方面的思想,應該是頗早即已形成,而後逐步完善的。

㈡《人譜》之《證人要旨》、《紀過格》

唐君毅曾說:「《人譜》所言之為學之道,及其所列之種種過,初看似多拘礙。然細看得其本旨,在成就一由心而身,由內而外,有本而末之作聖之功,則知其皆實學。高明之士,若果能于其所謂凜閒居以體獨,卜動念以知幾處,用得工夫,亦非必日日以其所謂大過、叢過、自檢點,然後能作聖也。」❿確實,《人譜》看似繁雜瑣碎,但若仔細研讀,則會發現字裏行間潛藏著不少深意。

從《證人會約》到《證人要旨》,再加上《紀過格》等文,乃至整部《人譜》,主要是闡述道德實踐之法,其特殊之處有兩點:一是自微而著;二是正反兼顧。《證人要旨》的內容即劉宗周所謂「六事功課」,指的是自微而著的道德修養歷程,這是正面的涵養德性。相對應的,在這六個歷程中,若有偏失,則每一階段皆有流

---

❽　《證人會約》,見《劉宗周全集》第二冊,頁 582。
❿　唐君毅《中國哲學原論·原教篇》,頁 491。

於過的可能，而《紀過格》即是對過自微而著的發展歷程，予以一一點名，其用意就在改過，意即負面的過之對治。可以說，《證人要旨》言遷善，《紀過格》言改過，一遷一改，此即劉宗周修養工夫論。但要指出，遷善與改過這兩者，劉宗周更為重視改過。《人譜》第一部分之《人極圖說》就提到，「其要歸之善補過」⑯。劉宗周在《人譜·自序》⑯也說，《人譜》之作乃是有感於社會流行的《功過格》之類善書，功可抵過，行善以求善報，以功利心態來修習道德，這是劉宗周所不認同的。⑯因此，《人譜》主旨是「言過不言功，以遠利也」⑯。

　　以下，將《證人要旨》與《紀過格》相互對照，以見其自微而著、正反兼顧這兩特點。

---

⑯　《證人要旨》，見《劉宗周全集》第二冊，頁5。

⑯　《人譜》，見《劉宗周全集》第二冊，頁1－2。

⑯　劉宗周見弟子秦宏祐（字履思）擬倣袁了凡《功過格》而著《遷改格》一書，頗感質疑，因而有《人譜》之作。袁了凡自稱受雲谷禪師啟發，戒慎於因果，並以一生轉移果報的經歷，在社會上廣泛宣揚善有善報的教示，以《了凡四訓》一書流行於民間。但劉宗周認為，袁了凡的因果之說，以功抵過，並以功求福，這種作法本身就太過功利，不是儒者所當為。

有關劉宗周對《功過格》或《遷改格》的看法，可參見《答履思十》、《與履思九》、《與履思十》，分別見於《劉宗周全集》第二冊上，頁 373－374、375、376－377。王汎森認為，劉宗周是從三個方面反對功過格：第一，反對其因果觀念；第二，反對其只在事後改過，有「落後著」之弊；第三，認為功過格除記過之外，還記功，有功利之習，且顯示自滿心理。見王汎森《明末清初的人譜與省過會》，頁 694，收入《中央研究院歷史語言研究所集刊》，第六十三本，第三分，1993 年 7 月，頁 679－712。

⑯　《人譜》，見《劉宗周全集》第二冊，頁2。

1. ◯ （無極太極）一曰：凜閒居以體獨。

此處，「獨」一字最為關鍵。這一階段乃相應於《人極圖》之第一圖「◯」，亦即《人極圖》所謂「無極而太極」。事實上，獨體就是太極。就心理狀態言，如上一章所討論，「獨體」即「意為心之所存」，也就是「一念未起」時的狀態，這即是此處所言「凜閒居以體獨」之意，為涵養德性的第一步驟。所謂「凜」，有畏懼、敬畏之意。「閒居」二字，即獨處。「凜閒居以體獨」之意涵，當是出自《大學》：「小人閒居為不善，無所不至，見君子而後厭然，揜其不善而著其善。人之視己，如見其肺肝然，則何益矣。此謂誠於中，形於外，故君子必慎其獨也。」⑯⑤事實上，相應於此處的《人譜雜記》之《體獨篇》，即引用《大學》這一段，如此可證「凜閒居以體獨」確實乃出自《大學》。

劉宗周在《證人要旨》這一階段開章明義說：「學以學為人，則必證其所以為人。證其所以為人，證其所以為心而已。自昔孔門相傳心法，一則曰慎獨，再則曰慎獨。」⑯⑥劉宗周整套慎獨工夫，要以此處為起點。那麼，具體方法為何？他接著說，「惟有一獨處之時可為下手法」，在一念未起之時，「有一真无妄，在不睹不聞之地，無所容吾自欺也，吾亦與之毋自欺」，這是人之本心，也是人之最根本主體性，德性涵養的第一步驟就在此本心上用功。此時，劉宗周亦提出警告，擺在眼前的有兩條路，一條是往德性涵養路上邁進，另一則流於過、流於惡。起初，二者相差甚微細，但卻

---

⑯⑤　《禮記正義·大學第四十二》，見《十三經注疏》下冊，頁 1673。

⑯⑥　《證人要旨》，見《劉宗周全集》第二冊，頁 5。下同。

是為善為惡之關鍵所在。**⑯**這即是所謂正反兼顧，乃《人譜》一大特點。

　　相對應地，《紀過格》指出此時所犯之過統稱為「微過」，具體列舉則僅有「妄」一過，也就是前面所討論的惡之起源。《紀過格》解釋說：「以上一過，實函後來種種諸過，而藏在未起念以前，彷彿不可名狀，故曰『微』。……妄無面目，只一點浮氣所中，如履霜之象，微乎微乎。妄根所中曰惑，為利，為名，為生死。其粗者，為酒、色、財、氣。」**⑱**這時的過，尚難以定名，未顯於外，只有自己能知道，一般人甚至不曾注意到。但劉宗周指出，「妄」這一過，「實涵後來種種諸過」，且多半將發而為名為利，可說是眾惡之淵藪。這即是點出過之自微而著的發展歷程，亦即《人譜》的一大特點。

　　另有一點值得注意。在以上引文中，提到「在不睹不聞之地，無所容吾自欺也，吾亦與之毋自欺」，這「自欺」二字頗為重要。自欺是德性修養中常見的毛病，且不易克治，即使有志於道而專注於作聖之功，但內心深處的動機，仍可能是為名為利。自欺之可怖，在於它能使人自以為有德性而沾沾自喜，但長久下來，卻仍未覺察自己的真正動機究竟為何，於是離道日遠，「如寸隙當堤，江河可決」**⑲**。正如劉宗周所謂「進之則為鄉原，似忠信，似廉

---

⑯　劉宗周說：「夫一閒居耳，小人得之為萬惡淵藪（新本作『聚惡之藪』），而君子善反之，即是證性之路。蓋敬肆之分也。敬肆之分，人禽之辨也。」《證人要旨》，見《劉宗周全集》第二冊，頁6。

⑱　《紀過格》，見《劉宗周全集》第二冊，頁11－12。下引並同。

⑲　《證學雜解·三》，見《劉宗周全集》第二冊，頁306。

潔」❿，「猶宴然自以為是」，而「近世士大夫受病，皆坐一偽字，使人名之假道學」。所以，「為學喫緊是要打破一欺字關」⓱。事實上，若能察覺自欺，已是較肯用心之人，而其具體方法即是體察己過。很重要的，劉宗周對過的體察，並不只是犯一過而改一過，他在《人譜》之《改過說二》一文中說到，「一事有過，直勘到事前之心果是如何？一念有過，直勘到念後之事更當何如？如此反覆推勘，討箇分曉。」⓲這麼做，就是為求解開層層自欺之心，而體察到自心最深處的動機。因此，在劉宗周看來，一般人所言的改過，那「只是皮面補綴，頭痛救頭，足痛救足，敗缺難掩，而彌縫日甚，仍謂之文過而已。」可以想見，劉宗周對人的心理機制觀察頗為透徹，這應當也是得自於親身修養經驗，要勘查過的真正根源，一如他說：「吾輩偶呈一過，人以為此過也亦無傷。不知從此過而勘之，先尚有幾十層，從此過而究之，後尚有幾十層。故過而不已必惡，亦謂其出有原，而流無窮也。」⓳這是劉宗周的改過之法，從過本身逆向而推，溯其根源，也是其修養工夫一特點。

2. ◯（動而無動）二曰：卜動念以知幾。

　　此處，「念」與「幾」兩字居關鍵地位。在前一章「獨體」意涵之「意為心之所存」的討論中，提到念頭生起剎那間的心理狀態，以「幾」字來稱呼。「幾」，有跡兆之意。「卜」，此處應為

⓱　《證學雜解・四》，見《劉宗周全集》第二冊，頁 307。下引並同。

⓲　《會錄》，見《劉宗周全集》第二冊，頁 629。

⓲　《改過說二》，見《劉宗周全集》第二冊，頁 22。下同。

⓳　《會錄》，見《劉宗周全集》第二冊，頁 608。

估量之意。⑰這一階段的修養工夫，乃是針對念頭生起時的狀態，為涵養德性的第二步驟。

《證人要旨》之「卜動念以知幾」說，「獨體本無動靜，而動念其端倪也。動而生陽，七情著焉。」⑰這其中的「動而生陽」，即相應於《人極圖》之第二圖，也就是「 ◉ 」。所謂「動而生陽，七情著焉」，表示在動念之後，喜怒哀懼愛惡欲這所謂七情，也就隨之而起。接下來，《證人要旨》說「念如其初，則情返乎性。……正就動念時一加提醒，不使復流於過而為不善。纔有不善，未嘗不知之而止之，止之而復其初矣。」⑰這是說，若能在不善之念生起時予以察覺，則能「知之而止之」，使「情返乎性」，「不使復流於過」。有一點要指出，此處是針對惡的念頭，與靜坐時「化念歸心」的方法並不完全相同，後者則是針對所有念頭，不論是善是惡。

此處所言，相當於是對情緒的處理，在動念之時予以察知並廓清，與一般事相上的改過有所不同，而更著力於根源處。這也是《證人要旨》所言：「雖終日懲忿，只是以忿懲忿；終日窒慾，只是以慾窒慾。以忿懲忿，忿愈增；以慾窒慾，慾愈潰。……當下廓清，可不費絲毫氣力，後來徐加保任而已。」⑰意即不要等到情緒完全形成後，方才奮力對付而是要在開端處「當下廓清」，回復獨體。

---

⑰　據《辭源》，頁 233。
⑰　《證人要旨》，見《劉宗周全集》第二冊，頁 6。
⑰　《證人要旨》，見《劉宗周全集》第二冊，頁 6。
⑰　同上，頁 7。

　　然而，若在動念時把握不住，未能做成工夫，則形成過。此即
《紀過格》相應於此一階段所指出的過，統稱為「隱過」，具體列
舉則為：溢喜、遷怒、傷哀、多懼、溺愛、作惡、縱欲七者，也就
是七情不得當所產生的過。《紀過格》並解釋：「以上諸過，過在
心，藏而未露，故曰隱。仍坐前微過來，一過積二過。」⓲此時的
過，尚未形於外，因此稱為「隱過」且隱過乃是承接前所論「微
過」，因此是「一過積二過」。在過之第一階段，屬於「微過」的
「妄」這一過，尚無具體面目⓳，而到第二階段，「微過之真面目
於此斯見」⓴，已可予以判別並定名。

　　3. ◉（靜而無靜）三曰：謹威儀以定命。

　　此處，「謹威儀以定命」一語，乃是出自《左傳·成公十三
年》劉康公所言：「吾聞之，民受天地之中以生，所謂命也。是以
有動作禮義威儀之則，以定命也。」㉑

　　《證人要旨》之「謹威儀以定命」說：「慎獨之學，既於動念
上卜貞邪，已足端本澄源，而誠於中者，形於外㉒，容貌辭氣之

⓲　《紀過格》，見《劉宗周全集》第二冊，頁 12。

⓳　如劉宗周說：「妄無面目，只一點浮氣所中，如履霜之象，微乎微乎。」
　　《紀過格》，見《劉宗周全集》第二冊，頁 11。

⓴　《紀過格》，見《劉宗周全集》第二冊，頁 12。

㉑　《春秋左傳正義·成公十三年》，見《十三經注疏》下冊，頁 1911。

㉒　按，此乃出自《大學》云：「小人閒居，為不善，無所不至，見君子而後厭
　　然，揜其不善，而著其善。人之視己，如見其肺肝然，則何益矣。此謂**誠於
　　中，形於外**，故君子必慎其獨也。」《禮記正義·大學第四十二》，見《十
　　三經注疏》下冊，頁 1673。

間，有為之符者矣。所謂靜而生陰也。」這是相對應於《人極圖》之第三圖「⊙」。這一階段的德性涵養，針對的是表現於言行舉止方面的修養。此處《證人要旨》以《禮記》所言「九容」⑱為主，說：「足容當重，無以輕佻心失之。手容當恭，無以弛慢心失之。目容當端，無以淫僻心失之。口容當止，無以煩易心失之。聲容當靜，無以暴厲心失之。頭容當直，無以邪曲心失之。氣容當肅，無以浮蕩心失之。立容當德，無以徙倚心失之。色容當莊，無以表暴心失之。」⑱此處並提及北宋儒者張載，其教學生「專以知禮成性、變化器質為先」⑱，以說明修養威儀的重要性。

劉宗周早年拜許孚遠為師，以主敬為工夫，注重言行舉措間的整齊嚴肅。後來，劉宗周教學生時，也十分講究禮儀的重要性，認為「一語一默，一飲一食，一進一反，莫不各有當然之則，苟能致謹於斯，淺言之則小學之科條，深言之即放收心之要法也」⑱。人們常說，坐有坐姿，站有站像。這些言行儀容的規矩，看似為外在的約束，但實際上有其深層意涵。這是因為，人的外在形貌可反應其內心狀態，身與心之間乃是相互影響的，所謂以貌取人，或世俗所謂看相，並非全然沒有道理。《孟子》說：「觀其眸子，人焉廋

---

⑱　《禮記》：「足容重，手容恭，目容端，口容止，聲容靜，頭容直，氣容肅，立容德，色容莊。」《禮記正義·玉藻第十三》，見《十三經注疏》下冊，頁 1485。

⑱　《證人要旨》，見《劉宗周全集》第二冊，頁 8。

⑱　同上。

⑱　《劉宗周年譜》，見《劉宗周全集》第五冊，頁 152。

哉。」⑱從眼神中即可觀察其人。當然，對於以吉凶禍福為導向的
看相或術數一類，劉宗周並無興趣，他關心的是德性修養，而言語
舉止亦是修養之處，威儀本身即是修心之法，如《人譜類記》引程
子語：「未有箕踞而心不放者。」⑱

　　相對應的，若這一階段的工夫做不好，則流於過，即《紀過
格》所稱「顯過」，其具體事項則關乎九容，每一容各有三或四項
的過，總計有三十個。舉例來說，目容方面有三種過：偷視、邪
視、視非禮。《紀過格》又說：「以上諸過，授於身，故曰顯。仍
坐前微、隱二過來，一過積三過。」⑱這時的過，已可見於外在之
象，所以叫「顯過」，且其中涵藏有前所謂「微過」與「隱過」。
這意思是，顯過的每一過，其中皆蘊藏屬於「隱過」的七情之過，
如：「九容之地，即七情穿插其中，每容都有七種情狀伏在裏許。
今姑言其略，如箕踞，喜也會箕踞，怒也會箕踞，其他可以類
推。」換言之，這一階段可列舉之過，每一種都可再乘以七倍，即
「隱過」的七情之過。

4. ⊙（五行攸敘）四曰：敦大倫以凝道。

　　在前一階段的修養工夫中，尚在己身上下工夫，而此處「敦大
倫以凝道」，則擴展到與他人的關係上。所謂「敦」，有勤勉、篤
厚之意。所謂「凝」，有鞏固之意。

　　儒家向來重視人倫，有五倫之說。此處《證人要旨》開頭便

---

⑱　《孟子注疏·離婁上》，見《十三經注疏》下冊，頁 2722。

⑱　《人譜類記一》，見《劉宗周全集》第二冊，頁 38。

⑱　《紀過格》，見《劉宗周全集》第二冊，頁 13。

說：「人生七尺墮地後，便為五大倫關切之身，而所性之理，與之一齊俱到。分寄五行，天然定位。」⑩這其中的「五行」，乃是相應於《人極圖》之第四圖，也就是前所列「（圖）」，將五倫分別對應於五行，《證人要旨》接著說：「父子有親，屬少陽之木，喜之性也；君臣有義，屬少陰之金，怒之性也；長幼有序，屬太陽之火，樂之性也；夫婦有別，屬太陰之水，哀之性也；朋友有信，屬陰陽會合之土，中之性也。」⑩這種天人相應的思維方式，在劉宗周思想中頗為常見。末尾，引前儒之言說：「五倫間有多少不盡分處。」⑩並作結道：「夫惟嘗懷不盡之心，而亹亹以從事焉，庶幾其遁於責乎。」⑩亹亹，音同敏，有勉力之意；遁，音同患，有避免之意。五倫看似極為平常，但知易而行難，只有勉力行之，或可稍微免於過。

相對應地，《紀過格》稱此一階段所犯之過為「大過」，「過在家國天下，故曰大」⑩。針對「大過」，《紀過格》所列舉的過甚多，依據五倫來分類，總數在八十以上。舉例來說，如朋友一類即有十六種過，分別為：勢交、利交、濫交、狎比匪人、延譽、恥下問、嫉視諍友、善不相長、過不相規、群居游談、流連酒食、緩急不相視、初終渝盟、匿怨、強聒、好為人師。另外，如同前幾階段，這裏的「大過」是「坐前微、隱、顯三過來，一過積四

---

⑩　《證人要旨》，見《劉宗周全集》第二冊，頁8。
⑩　同上，頁8—9。
⑩　按，當為程顥所說。
⑩　《證人要旨》，見《劉宗周全集》第二冊，頁9。
⑩　《紀過格》，見《劉宗周全集》第二冊，頁15。

過。」⑭這是因為,「諸大過總在容貌辭氣上見」⑯,譬如前一階段屬於口容的「高聲」一過,可發而對父母或是對兄長。換句話說,此處所舉之過,與前幾階段之過,可再進行排列組合,更為具體而詳細。

5. (物物太極)五曰:備百行以考旋。

此處「備百行以考旋」一語,出自多個典故。《證人要旨》之這一階段,開頭即引《孟子》曰:「萬物皆備於我矣。」⑰此即「備」字出處,有備具之意。所謂「百行」,當是出自《證人要旨》這一階段所引「細行不矜,終累大德」一語,乃是出自《尚書》⑱。至於「考旋」,則是出自《易經》履卦上九爻辭:「視履考祥,其旋元吉。」⑲履卦乃言履之道,上卦為乾,下卦為兌,六三以陰爻而居陽位,其下二爻為陽,有履虎尾之象,比喻的是危險之境,但若敬慎以對,則能處危而不傷。劉宗周引用履卦爻辭,可與其《易衍》第三十五章相參,後者提到履卦初九爻辭,並說:

---

⑭ 同上。

⑯ 同上。

⑰ 《孟子》曰:「萬物皆備於我矣,反身而誠,樂莫大焉。強恕而行,求仁莫近焉。《孟子注疏·盡心上》,見《十三經注疏》下冊,頁 2764。

⑱ 《尚書正義·周書·旅獒》,見《十三經注疏》上冊,頁 195。

⑲ 《易》履卦上九爻辭:「視履考祥,其旋元吉。」考,即稽察。元吉,大吉也。孔穎達《正義》可為參考:「視履考祥者,祥謂微祥。上九處履之極,履道已成,故視其所履之行,善惡得失,考其禍福之微祥。其旋元吉者,旋謂旋反也。上九處履之極……高而不危,是其不墮於履,而能旋行之,履道大成,故元吉也。」不過,劉宗周《周易古文鈔》頁 77,對這一句的解釋,將「旋」解作「周旋不舍之念」,較為奇特。

「故君子慎其所以履之者，請三復虎尾之說。」⑳所謂「三復虎尾
之說」，應當指《易經》履卦在卦爻辭方面共出現三次「履虎尾」
字句。在虎尾上行走，必然有被虎咬的危險，故履之道意謂處危之
道，必須「持之以敬慎之心」㉑，最終能得大吉，亦即達到上九
「元吉」。劉宗周在此引述《易經》履卦上九爻辭，似指德性修養
亦一險道，必須「持之以敬慎之心」。

　　這一階段，乃是相應於《人極圖》之第五圖「（⋯）」。《人
極圖說》：「五性既著，萬化出焉。」㉒前一階段即是「五性既
著」，到這一階段就是「萬化出焉」。《證人要旨》則點出這兩階
段之承續關係，說：「只緣五大倫推之，盈天地間皆吾父子、兄
弟、夫婦、君臣、朋友也。……故君子言仁，則無所不愛；言義，
則無所不宜；言別，則無所不辨；言序，則無所不讓；言信，則無
所不實。」㉓此處所指的仁、義、別、序、信，乃是承《證人要
旨》第四階段的父子有親、君臣有「義」、夫婦有「別」、長幼有
「序」、朋友有「信」，且要將這五種德性推廣於生活中各種細
節。

　　宋明儒者喜讀《孟子》，而「萬物皆備於我」一句，似蘊藏著
心即理或性即理之意涵㉔，常為儒者所討論。但此處劉宗周以「萬

---

⑳　《易衍》，見《劉宗周全集》第二冊，頁178。

㉑　劉宗周《周易古文鈔》之履卦，見《劉宗周全集》第一冊，頁76。

㉒　《人極圖說》，見《劉宗周全集》第二冊，頁4。

㉓　《證人要旨》，見《劉宗周全集》第二冊，頁9。

㉔　如朱熹對「萬物皆備於我」一句，解釋說：「此言理之本然也。大則君臣父
　　子，小則事物細微，其當然之理，無一不具於性分之內也。」見朱熹《孟子

物皆備於我」作開頭，其用意並非關乎心即理，而是有天地萬物與我同體之意，所以又說：「大是一體關切痛癢。然而其間有一處缺陷，便如一體中傷，殘了一肢一節，不成其為我。」⑳這其中即劉宗周所謂「大身子」⑳概念，視天地萬物為一體之大身子，任何之處做不對，就好比身子受傷，不論哪一部位受傷，我皆會感受到疼痛，所以說「細行不矜，終累大德」，不可輕忽細節之處的修養。《證人要旨》又說：「今學者動言萬物備我，恐只是鏡中花，略見得光景如此。若是真見得，便須一一與之踐履過。」⑳這是說，儒者動輒言「萬物皆備於我」，或許來自於一時的悟道經驗，但這不過是浮光掠影而已，若要真有體證，必須「一一與之踐履過」。

論者或認為，劉宗周視天地萬物與我同體，「盈天地間皆吾父子、兄弟、夫婦、君臣、朋友也」，且要「一一與之踐履過」，乃陳義過高的論調。畢竟，天地如此之大，萬物何許之多，即便有心，如何能做到「一一與之踐履過」？這個問題，應當從心學的立場來求取解答。在王陽明著名的例子中，山中的花開花落，只有在

集注》，頁101，收入《四書五經》上冊。

⑳ 新本無「痛癢然而」四字，承一「惝」字。見《證人要旨》，見《劉宗周全集》第二冊，頁9。

⑳ 如劉宗周說：「吾儒之學，直從天地萬物一體處看出大身子。天地萬物之始，即吾之始；天地萬物之終，即吾之終。終終始始，無有窮盡。只此是生死之說，原來生死只是尋常事。」《生死說》，見《劉宗周全集》第二冊，頁379。

⑳ 又，「今學者」下，新本作「然非逐事簡點，只為圓滿此獨體。如是學以慎獨，方真見得萬物皆備於我體段，一反身而自得之，不假外求。」《證人要旨》，見《劉宗周全集》第二冊，頁10。

他知道之後才是存在的。❷❶如同第三章所言，心學一系乃是從
「能」的立場，也就是從認知主體的立場來思考。因此，所謂的
「天地萬物」，也只是對這一認知主體而言，是故每個人的「天地
萬物」並非相同，而是各有其所接觸、所認知的對象。用通俗的話
說，每個人都是活在其個人世界中。雖則，同一現象可能為多人所
感知，但對此現象的理解、詮釋、定位、評論等，卻並非盡人皆
同。劉宗周要人「一一與之踐履過」，當是就這一意義來理解，即
凡是關乎我之存在的各個面向，凡我所遭遇到一切生活情境，所遇
見的任何人、事、物，我皆有必要予以「踐履過」。事實上，真正
被「踐履」的，並非脫離「我」這一認知主體而存在的所謂客觀之
人、事、物，而是作為認知主體的「我」。換言之，所要「踐履」
的，乃是「我」與「我所遇之人、事、物」之間的關係：亦即，
「我」是如何看待這些人、事、物？又，「我」是如何與之互動？
這些，處理得好就是德性修養，處理不好則成為過。事事物物，無
不可用來做功夫。劉宗周所謂「備百行」，當有以「百」來象徵其
數量之無止盡的用意。

---

❷❶　據《王陽明傳習錄詳註集評》，頁 332：「先生遊南鎮，一友指巖中花樹問
　　曰：『天下無心外之物。如此花樹，在深山中自開自落，於我心亦何相
　　關？』先生曰：『你未看此花時，此花與汝同歸於寂。你來看此花時，則此
　　花顏色一時明白起來，便知此花不在你的心外。』」對此，陳來曾藉現象學
　　胡賽爾「生活世界」的概念來詮釋王陽明思想。他引述胡賽爾說法，「生活
　　世界」是作為生活主體的個人在其特殊視界中所經驗的世界，包括個人的、
　　社會的、感性的、實際的經驗，是具有主觀性的世界，這個世界與科學研究
　　的客觀世界不一樣。陽明的思想應當從這個角度來了解。見陳來《有無之
　　境：王陽明哲學的精神》，頁60。

相對應的，《紀過格》稱這一階段所犯之過為「叢過」，「仍坐前微、隱、顯、大四過來，一過積五過。」[209]具體列舉，則有一百個過，其排列乃是「先之以謹獨一關，而綱紀之以色、食、財、氣，終之以學而畔道者。大抵者皆從五倫不敘生來。」[210]略為舉例，最初的幾個過，有：遊夢、戲動、謾語、嫌疑、造次，屬於個人方面；而後依色（如：行不避婦女、暑月袒等）、食（如：縱飲、宴會侈靡等）、財（如：多取、濫受等）、氣（如：稱人惡、譏議前輩等），如是排列。最後則是有關「學而畔道」，所謂「畔」，同叛。這一類最為特殊，如：雌黃經傳、讀書無序、作字潦草、輕刻詩文、假道學等。不過，各項叢過在不同版本中並非一致，如嘉慶本又多三十八項，康熙本所列舉的一百項叢過也多有不同[211]，或為後人所增改。但若據《紀過格》此處所稱「先之以謹獨一關……終之以學而畔道者」，則此處所依據的版本應當可靠，如杜春生《劉子全書遺編鈔述》所言，「此編首警游夢，謹獨之旨也；末警假道學，畔道之防也。前後次第井然有條，他刻顛倒推移，殊失劉子本意，故知此為定本無疑矣。」[212]

另外要指出，《紀過格》這一階段所列舉的一百項過，乃是所有六階段中最多的。這其中的意涵為何？我以為，正如這一階段所

---

[209]　《紀過格》，見《劉宗周全集》第二冊，頁 15－16。

[210]　同上，頁 16。

[211]　《劉宗周全集》第二冊，頁 25－26。按，此處所言傳本即康熙年間傳彩刻本。

[212]　杜春生《劉子全書遺編鈔述》，見《劉宗周全集》第五冊，頁 809。

引《尚書》：「細行不矜，終累大德。為山九仞，功虧一簣。」㉓
這裏強調的是，生活中的各種細節皆不可輕忽，否則將使德性修養
功虧一簣。正如前所引《證人要旨》說：「今學者動言萬物備我，
恐只是鏡中花，略見得光景如此。」似意有所指。本章第二節討論
儒佛之辨，其中提到所謂離事言理之弊，常為劉宗周用來批評佛
教。事實上，離事言理是為道之士常犯的過失，劉宗周眼中的王門
後學，也像他所批評的佛教一樣，「懸空想著天地間別有所謂道」
㉔，離開具體的生活而去追尋所謂本體，忘卻王陽明事上磨練的教
示，忽略儒家學問乃是「作揖打恭，開口措足處，無非此道」㉕。

　　成聖之學，眼界甚高。但履道要自腳下，從生活中的卑微瑣碎
處下手，戰戰兢兢，如履虎尾。若非如此，即便能在靜時存養中體
悟本心之妙，也只是靈光一瞥，並非真正悟道。甚且，若僅只是在
靜存中用功，而心中的負面能量並未真正得到化解，則往往在不經
意之時，於不經意之處，此負面能量透過任何生活細節，出其不意
的爆發出來。這時，如同遭逢迎頭棒喝，不但得自靜坐中的美妙體
驗頓時消散無蹤，更覺自己猶如退回原點，這種好比從天上跌落地
面的羞慚、懊惱等感受，道心愈強者愈是強烈。不過，這種情況並
非完全不好，正是由於有志於道，方才越是發覺己過㉖，而越是致

㉓　《尚書正義·周書·旅獒》，見《十三經注疏》上冊，頁195。

㉔　《會錄》，見《劉宗周全集》第二冊，頁630－631。下引並同。

㉕　同上。下引並同。

㉖　如劉宗周說：「大抵學者之於道，不日進則日退……自以為進者，進也；即
　　自以為退者，尤進也。」這也是令人感動的體驗語。《答葉潤山二》，見
　　《劉宗周全集》第三冊上，頁416，時62歲。

力於改過；且終將發現，所謂用工夫，並無一時可懈怠，亦無一處可輕忽，惟有對自身存在之方方面面，皆予顧及，才能有進於道。此外，《紀過格》所列舉一百種過，其用意尚有定名（naming）的作用，將人們所不太注意的許多細節，予以揭露，使其彰顯。有心之人，便能依據《紀過格》中的各種過，對照自身，一一檢視。所謂自知者明，改過的第一步是知過⑳，《紀過格》的用意即在於此。

6. ○ （其要無咎）六曰：遷善改過以作聖。

這是《證人要旨》最後階段。所謂「作聖」，出自《尚書·周書·多方》：「惟聖，罔念作狂。惟狂，克念作聖。」⑳對此，孔安國《傳》注曰：「惟聖人無念於善則為狂人，惟狂人能念於善則為聖人。」⑳這其中蘊涵有人人上可為聖人、下可為狂人之意，端視能否遷善改過。所以《證人要旨》這一階段開頭即言：「自古無現成的聖人，即堯、舜不廢兢業。其次，只一味遷善改過，便做成聖人，如孔子自道可見。」⑳這點明遷善改過工夫的重要性。所謂「孔子自道」，典出《論語·為政》「吾十有五而志於學」⑳一章。在劉宗周《論語學案》一書中，對《論語》此章說道：「孔子

㉗　如劉宗周說：「昔人云：『見過非難，訟過為難。』予謂反是。……今人有過，多是含糊，過去，昏昏藏頭躲尾，不肯自見，所以終無改圖。」《論語學案》，見《劉宗周全集》第一冊，頁389。

㉘　《尚書正義·周書·多方》，見《十三經注疏》上冊，頁229。

㉙　《尚書正義》，見《十三經注疏》上冊，頁229。

㉚　《證人要旨》，見《劉宗周全集》第二冊，頁10。

㉑　《論語注疏·為政第二》，見《十三經注疏》下冊，頁2461。

七十後，視履考旋，故自敘年譜如此，實萬世學者公案云。」㉒㉒此處，提到「視履考旋」四字，正是《證人要旨》前一階段所言。

　　接下來，《證人要旨》說：「學者未歷過上五條公案，通身都是罪過。即已歷過上五條公案，通身仍是罪過。」㉒㉓這一段話，前半段較易理解，指未經歷遷善改過工夫之前，通身都是罪過。但後半段不易理解，為何通過以上五條公案，仍通身是罪過？我認為，這是不以改過為有功，不以改過為有得。正如劉宗周在《人譜·自序》中所言，「言過不言功，以遠利也。」㉒㉔隨著德業的進展，各種過失逐漸減少，此時若自以為有所得而生起驕慢、自恃之心，亦為修道過程中常見的障礙。修道層次愈高，自恃之心就可能愈是隱微而極難化解。然而，正如《老子》所謂「為學日益，為道日損」㉒㉕，為道並非世人所謂事業。非關名利，毋須誇耀；不與人比，不涉競爭。儘管為道之初，難免為討好師友或為求取認同，而多有浮誇之氣。然而，真正步上道途，漸有體會之後，會發現這其實是一條「解構」而非「建構」之路，是一連串的損之又損㉒㉖，「層層剝換」㉒㉗。所謂「維玄維默」㉒㉘，就是在這至寂至微中用工夫。禪宗

㉒㉒　《論語學案》，見《劉宗周全集》第一冊，頁 321。

㉒㉓　《證人要旨》，見《劉宗周全集》第二冊，頁 10。

㉒㉔　《人譜》，見《劉宗周全集》第二冊，頁 2。

㉒㉕　《老子》第四十八章。

㉒㉖　《周易古文鈔》損卦：「其道在日損，減得一分是一分。」見《劉宗周全集》第一冊，頁 176。

㉒㉗　《證人會約》，見《劉宗周全集》第二冊，頁 582。

㉒㉘　《獨箴》，見《劉宗周全集》第三冊下，頁 1097。

的「但自懷中解垢衣，誰能向外誇精進」㉒㉒之語，意即同此。在這一意義下，王汎森所批評的「如果依照《人譜》的規定，幾乎只有世俗所謂『木頭人』才足以符合其道德要求」㉓⓪，乃是過於輕看《人譜》。事實上，《人譜》豈是要人能夠「符合」其標準？若有所「符合」，則是有功可得，如此即非《人譜》之意。《人譜》的作用，是要對自己過惡有所覺察，而成聖工夫即在此無窮無盡之改過歷程中，是減法而非加法。

《證人要旨》接著說到：「纔舉一公案，如此是善，不如此便是過。即如此是善，而善無窮，以善進善，亦無窮。不如此是過，而過無窮，因過改過，亦無窮。」㉓①一般未經修養之人，還不會覺得自己過錯多；改過之心越是強，反而越是會發覺自己過之無窮。如明儒薛瑄曾說，二十年治一怒字不盡。這很有趣，特別要去改某一種過，則反而發覺自己常犯這一過，這並不一定是用心不夠，而是在改的過程中，對這一過的理解也日趨細密。如以治怒為例，一般人多認為發脾氣是「怒」，但在修養之人，脾氣在心中生起，即使並未發作出來，已算是「怒」。若修養工夫更為細緻，則僅是稍有不快之念，就已是「怒」。換言之，專意治怒，會更清楚地觀察到自己的「怒」，且發現「怒」乃是以各種形態存在。㉓②於是，

㉒㉒ 　《永嘉真覺大師證道歌》，見〔宋〕道原纂《景德傳燈錄》卷 30，《中國佛教叢書·禪宗編》第二冊（南京：江蘇古籍出版社，1993 年），頁 749。

㉓⓪ 　王汎森《明末清初的人譜與省過會》，見《中央研究院歷史語言研究所集刊》，第六十三本，第三分，1993 年 7 月，頁 699。

㉓① 　《證人要旨》，見《劉宗周全集》第二冊，頁 10。

㉓② 　王畿有段話，可與此處相參。他說：「忿不止於憤怒，凡嫉妒褊淺，不能容

僅僅「怒」這一過，即可推之如此細微，更何況尚有其他的過。王陽明弟子南大吉，在致力於改過時，曾質疑「身過可勉，心過奈何？」王陽明回答說：「昔鏡未開，可得藏垢，今鏡明矣，一塵之落，自難住腳。」⑱心就如同鏡子，久經塵垢，再多一些塵埃也看不出來，但若擦拭明亮，一塵落於上，即清晰可見。正如劉宗周對《論語・憲問》蘧伯玉「欲寡其過而未能」⑳一章，說：「欲寡過而未能，此聖學真血脈。……聖賢看得自己通身都是病，直是千瘡百孔，須實實用功方得。」㉟蘧伯玉是孔子所推崇的賢人，五十歲時而知四十九年之非。修養越高，越是覺察己過，且能不斷發覺從前所未見到的過失，而改過無盡，以至於「忽不覺其入於聖人之域」㊱。換言之，作聖之功不假外求，而就在知過、改過而已。

這一階段，乃是相應於《人極圖》之第六圖「◯」，與《人極圖》之第一圖完全相同。這其中頗勘玩味，似意謂著經由遷善改過的工夫，最終回歸第一層「無極太極」的境界。換言之，所謂「天命之謂性，率性之謂道」㊲，修道所達到的境地，其實就是逆返回本心、本性，故稱「君子善反之」㊳。另外，《證人要旨》

物，念中悴悴，一些子不放過，皆慾也。慾不止於淫邪，凡染溺蔽累，念中轉轉，貪戀不肯舍卻，皆慾也。」《明儒學案・浙中王門學案二》，卷 12，頁 247。

⑱　《王陽明傳習錄詳註集評》，頁 415－416。

⑳　《論語注疏・憲問第十四》，見《十三經注疏》下冊，頁 2512。

㉟　《論語學案》，見《劉宗周全集》第一冊，頁 550。

㊱　《證人要旨》，見《劉宗周全集》第二冊，頁 10。

㊲　《禮記正義・中庸第三十一》，見《十三經注疏》，頁 1625。

㊳　《證人要旨》，見《劉宗周全集》第二冊，頁 6。

這一階段說，「即已歷過上五條公案，通身仍是罪過」❷㉝，與之相應的《紀過格》則說：「人雖犯極惡大罪，其良心仍是不泯，依然與聖人一樣。」❷㊵兩相對照，隱含有兩層意涵。在現實層面，人之改過工夫應當是無止盡的；而在理論或本質層面，人皆有良心，「與聖人一樣」。事實上，這即是劉宗周本體與工夫的觀點，如他說：「論本體，決其有善無惡；論工夫，則先事後得，無善有惡可也。」❷㊶又說：「天地間道理，只是個有善而無惡；我輩人學問，只是箇為善而去惡。」❷㊷皆是此意。

《紀過格》稱這一階段所犯之過為「成過」，「為眾惡門，以克念終焉。」❷㊸具體列舉，則有六項：祟門、妖門、戾門、獸門、賊門、聖域。每一項附有解釋，如「祟門」是：「微過成過曰微惡，用小訟法解之，閉閣一時。」❷㊹所謂「閉閣」，「閣」字同「閤」，故「閉閣」有閉戶反省之意。除「聖域」一項外，其餘類同，但「閉閣」時間依次增加。這其中有幾點值得注意。第一點，這顯示劉宗周將「過」與「惡」予以區隔，過而不改則為惡，這一點前已提及。不過，此處稱「成過」乃「為眾惡門」，意即這一階段可說是過與惡之交界處，若仍不加改過，則成為「惡」。第二點，此處所列舉的過，乃是分別承接前五個階段的過，亦即此處乃

❷㉝　同上，頁 10。

❷㊵　《紀過格》，見《劉宗周全集》第二冊，頁 17。

❷㊶　《與履思九》，見《劉宗周全集》第三冊上，頁 375。

❷㊷　《與履思十》，見《劉宗周全集》第三冊上，頁 376。

❷㊸　《紀過格》，見《劉宗周全集》第二冊，頁 17。

❷㊹　同上。

是對前面諸過的總結，如：第一階段的「微過」到此則稱「崇門」，通過此門，則為「微惡」，其餘類推。第三點，此處對各項過失予以「小訟法」或「大訟法」來化解，這牽涉劉宗周的「訟過法」，須參見列於《紀過格》後的《訟過法》一文，大致上是結合靜坐與反省。第四點，此處所列最後一項為「聖域」，其解釋為：「諸過成過，還以成過得改地，一一進以訟法，立登聖地。」這一點最為特別，也頗為隱晦，這要與《紀過格》相參看：「人雖犯極罪大惡，其良心仍是不泯，依然與聖人一樣，只為習染所引壞了事。若纔提起此心，耿耿小明，火然泉達，滿盤已是聖人。」❷❹❺意思是，即使犯最大過惡，但「其良心仍是不泯」，因此，只要「提起此心」，願意改過，則此良心可如點燃之燭火，剎時照亮。《紀過格》後又以《孟子》「惡人齋沐」作為積惡之人亦可改過的回答，這是出自《孟子·離婁》「西子蒙不潔，則人皆掩鼻而過之。雖有惡人，齋戒沐浴，則可以祀上帝。」❷❹❻

　　上段所引《紀過格》「良心仍是不泯……只為習染所引壞了事」一段，即如孔子所謂「性相近也，習相遠也」❷❹❼，這「習」一字頗為重要。習染，指的是習性或習氣，為修養過程中的主要障礙，極難克服。無論好事或壞事，往往出於習慣，所以劉宗周說：「人生皆為習所轉，則心亦為習所轉，一切捱排是非計較凡聖，恐都是習心。」❷❹❽正因如此，所以要慎其所習，所謂「君子遠庖

---

❷❹❺　《紀過格》，見《劉宗周全集》第二冊，頁 17。

❷❹❻　《孟子注疏·離婁下》，見《十三經注疏》下冊，頁 2730。

❷❹❼　《論語注疏·陽貨第十七》，見《十三經注疏》下冊，頁 2524。

❷❹❽　《遺編學言》，見《劉宗周全集》第二冊，頁 561。

廚」⑲，也就是出自於「積習」這一考量，「平時涵養此箇不忍之心，勿使戕賊壞了」⑳。俗話說，江山易改，本性難移，劉宗周也說「舊習困人，如油入麵，如水和泥」㉑，習氣纏身，難以擺脫。可以說，改過所面臨的最大挑戰，即來自於習氣，必須「痛自懲艾，用一番抵死對治之力」㉒，方有剝除習氣的可能。另方面，在遷善改過之過程中，也可反過來利用習慣，最初勉強去做，逐漸習慣後，便成為自然。㉓在《人譜》之第三部分《人譜雜記》中，列舉許多古今儒者在修養工夫方面的故事以為借鏡，其中涉及改過之難，便是因為習氣的緣故。如，北宋儒者程顥年少時喜好打獵，問學於周敦頤後，自認已戒除這一嗜好，而周敦頤卻說：「何言之易也，但此心潛隱未發耳。一日萌動，復如初矣。」十二年後，程顥偶然在歸途中見到有人打獵，不覺心喜，這才發覺周敦頤所言確真。㉔又如，北宋劉安世從司馬光得到立誠之說的修養教示，其要點即從「不妄語」開始做起，而劉安世到第七年方才修成「不妄語」三字。㉕可見，習氣難調，即便真有心於改過，也須長期用

---

⑲　《孟子注疏·梁惠王上》，見《十三經注疏》下冊，頁 2670。

⑳　《會錄》，見《劉宗周全集》第二冊，頁 638。

㉑　《會講申言》，見《劉宗周全集》第二冊，頁 590。按，以「如油入麵」來比喻習氣之難以化解，早見於羅洪先，參見林月惠《良知學的轉折：聶雙江與羅念菴思想之研究》（臺北：臺灣大學出版中心，2005 年 9 月），頁 285 －286。

㉒　《會講申言》，見《劉宗周全集》第二冊，頁 590。

㉓　《會錄》，見《劉宗周全集》第二冊，頁 618。

㉔　《人譜類記一》，見《劉宗周全集》第二冊，頁 34。

㉕　同上，頁 37。

功。

上述為對《人譜》中《證人要旨》、《紀過格》的分析。《紀過格》末尾說到良心不泯、惡人亦可成聖，儘管道心惟微，但依此可以成聖；而《紀過格》開頭則言「妄」一病最微又最可畏，有人心惟危之意。很有意思的，以警惕為始，以希望作結，正是《易經》履卦之意。

雖說《人譜》文本型式特殊，但這並非特例，而是有其時代背景。如王汎森指出，明代晚期出現大量有關省過或改過之書，如目鑑篇、日史、自反錄、自監錄、記過簿等，這一現象除受到當時民間宗教提倡功過格之影響外，還與陽明學自身即重視改過有密切關係。❷❺⑥如此說來，劉宗周《人譜》的出現並非偶然，而多有受時代潮流的影響。不過，王汎森也承認，「儒家改過之學到劉宗周時達到了前所未有的高度，因此《人譜》一書就更值得重視了。」❷❺⑦換言之，《人譜》可視為是晚明改過之學的代表乃至高峰，以此來定位，對《人譜》的探討就顯得尤具意義。

整體觀之，《證人要旨》與《紀過格》是對善與惡之自微而著的闡發。正如劉宗周《周易古文鈔》中《悔吝贊》一文說：「江河之大，始於涓涓。一星之火，可以燎原。君子謹微，履冰臨淵。」❷❺⑧無論善惡，皆自「微」而起，這是劉宗周《人譜》的宗旨所在。

---

❷❺⑥ 王汎森《明末清初的人譜與省過會》，頁 688－689。

❷❺⑦ 同上，頁 710。

❷❺⑧ 《周易古文鈔》，見《劉宗周全集》第一冊，頁 33。

牟宗三評論說：「道德意識愈強，罪惡觀念愈深而切……成德之
教，至蕺山而為更深度更完備地完成……勿謂儒家偏於樂觀，對於
人生之負面感受不深。此皆世俗之論。……真有道德意識而作道德
實踐者……則必正反兩面皆深入，正面必透悟至心體與性體，反面
必透悟至知險與知阻。」❷杜維明也認為，過去許多學者質疑儒家
過於樂觀，對人性中惡的一面認識不夠，而劉宗周思想即可對這類
質疑作出回應。❷❷又如張灝提倡「幽暗意識」❷❷，他發現「《人
譜》裏面所表現的罪惡感，簡直可以和其同時代西方清教徒的罪惡
意識相提並論，宋明儒學發展到這一步，對幽暗意識，已不只是間
接的映襯和側面的影射，而已變成正面的彰顯和直接的透視了。」
❷❷這是現代學者對劉宗周慎獨之學的肯定。

　　總之，「慎獨」為劉宗周論工夫之總匯，可分為靜坐與改過兩
大方法。從思想史觀點看，當以劉宗周論改過最具創造性，因其背
後乃蘊藏一整套完整的工夫論。

---

❷　牟宗三《從陸象山到劉蕺山》，頁 435－436。
❷　杜維明說：「假如對劉的思想有一個全面的了解，那麼現在的許多對儒家的
　　不公平的評價包括那些認為儒家對憂患意識了解不夠，對如何把儒家的身心
　　性命之學落實於人倫日用之中，落實於民間社會，以及怎樣把形而上學落實
　　到人的具體生活實踐等等問題，都會有一個很好的回應。」杜維明、東方朔
　　《杜維明學術專題訪談錄──宗周哲學之精神與儒家文化之未來》，頁 105
　　－106。
❷　所謂「幽暗意識」，乃是指對人性中或宇宙間的黑暗勢力之正視。
❷　張灝《超越意識與幽暗意識》，見其著《幽暗意識與民主傳統》（臺北：聯
　　經出版社，1989 年），頁 73。

第五章　慎獨之學的道統傳承
——以周敦頤之學貫通前後五子

　　本章以劉宗周《聖學宗要》、《五子連珠》、《孔孟合璧》等文本為研究對象，探討其以周敦頤❶「主靜立人極」概念為線索，遠可承先秦孔、孟，近可接宋、明諸儒，並歸結於「慎獨」，意謂其慎獨之學乃可貫通孔、孟及宋、明儒者。換言之，劉宗周通過《聖學宗要》、《五子連珠》等著作，為其慎獨之學建立起道統傳承，不僅彰示著其思想對過往諸儒的承續，亦是對先秦、宋、明諸儒在「本體／工夫」方面所進行的一種詮釋。黃宗羲《子劉子行

---

❶　周敦頤是北宋人，生於宋真宗天禧元年（1017 年），卒於宋神宗熙寧六年（1073 年）。周敦頤生前名聲並不顯於世，但由於程顥、程頤兄弟年少時曾受學於周敦頤，因而受到程門後學的推崇，被尊為道學宗師。元代以後，朱學成為正統，周敦頤在宋明理學中的開山地位更加穩固。如黃百家於《宋元學案》所作案語，說：「孔孟而後，漢儒止有傳經之學。性道微言之絕久矣。元公崛起，二程嗣之，又復橫渠諸大儒輩出，聖學大昌。……若論闡發心性義理之精微，端數元公之破暗也。」《宋元學案·濂溪學案上》，卷11，頁 482。按，元公即周敦頤。周敦頤著有《太極圖說》與《通書》，此二文為後世儒者所熟悉。

狀》說：「世之言先生者，無不曰，其理學似周元公。」❷但是，
黃宗羲並未具體指出劉宗周在哪方面與周敦頤相似，現代學者在這
一問題上的探討也不夠深入。本章所論，將有補於這方面研究的不
足之處。

第一節　《聖學宗要》：
以周敦頤「主靜立人極」貫通後五子

　　《聖學宗要》❸一書，成於劉宗周五十七歲（1634 年）之時，
原為友人劉去非以《太極圖說》、《西銘》、《定性書》、《已發
未發說》出示於劉宗周，而題作《宋學宗源》，後來劉宗周將其增
以《識仁》、《東銘》及王陽明等說，改題為《聖學宗要》。此書
在體例上，先分別引用周敦頤、張載、程顥、朱熹及王陽明這五子
的重要著作或語錄，再加上劉宗周份量頗多的解釋及按語，從中傳
達了劉宗周對這些文本的理解及選取的用心。

　　劉宗周於《聖學宗要·引》指出，宋代諸儒承續孔、孟千餘年
來之學，其功甚大。他並將宋明五子與「前五子」相對應，說：
「周子，其再生之仲尼乎，明道不讓顏子，橫渠、紫陽亦曾、思之
亞，而陽明見力直追孟子。」❹於是而有「前五子」與「後五子」
的說法，所謂「前有五子，後有五子，斯道可為不孤。」❺劉宗周

---

❷　黃宗羲《子劉子行狀》，見《劉宗周全集》第五冊，頁 56。

❸　《劉宗周全集》第二冊，頁 265－304。

❹　《聖學宗要》，見《劉宗周全集》第二冊，頁 265。

❺　同上。

意思是，「後五子」的周敦頤、張載、程顥、朱熹、王陽明，可分別與「前五子」的孔子、曾子、顏淵、子思、孟子相對應。這前五子，對宋明理學皆頗具意義。先秦儒門的思孟學派，即孔子之孫子思與孟子這一系，主要著重於心性的修養，在儒門各派中對宋明理學的影響最為巨大。就文獻而言，孔子言行見於《論語》，孟子言行見於《孟子》，且在劉宗周看法中，《中庸》一書「多仲尼之言而子思述之」❻，《大學》一書「多孔、曾之言而子思述之」❼。四者合為《四書》，在宋明理學中的經典地位甚高，劉宗周曾著《論語學案》一書，弟子黃宗羲取劉宗周意，纂成《孟子師說》一書❽，劉宗周在《大學》及《中庸》方面也有著作❾，可見劉宗周對《四書》的重視。至於顏淵，《論語》中記載，孔子稱讚顏淵：「一簞食，一瓢飲，在陋巷，人不堪其憂，回也不改其樂。賢哉，回也。」❿顏淵是儒門中安貧樂道的代表，宋以後特別為儒者所推尊，「顏子之樂」為宋明理學常喜探討的論題，如程顥、程頤兄弟

---

❻　《大學古記約義》，見《劉宗周全集》第一冊，頁 754。

❼　同上。

❽　黃宗羲在《孟子師說》書中「題辭」說道：「先師子劉子於《大學》有《統義》，於《中庸》有《慎獨義》，於《論語》有《學案》，皆其微言所寄，獨《孟子》無成書。羲讀劉子遺書，潛心有年，驫識先師宗旨所在，竊取其意，因成《孟子師說》七卷，以補所未備。」《孟子師說》，見《劉宗周全集》第四冊，頁 627－628。

❾　劉宗周在《大學》及《中庸》方面，撰有《大學古文參疑》、《大學古記》、《大學古記約義》、《大學雜言》及《中庸首章說》等文。

❿　《論語注疏·雍也第六》，見《十三經注疏》下冊，頁 2478。

年少時曾問學於周敦頤，「每令尋仲尼、顏子樂處」⓫。總之，這先秦五子是宋明儒者最為尊重的前代先賢。劉宗周將宋明五子與先秦五子相對比，不僅顯示出他對此宋明五子的重視，亦有道統傳承之意。其中，劉宗周將周敦頤比作「再生之仲尼」，其推尊如此，可見周敦頤作為宋明儒學的開宗地位。

在《聖學宗要》一書中，劉宗周並以周敦頤《太極圖說》的「主靜立人極」這一涵括本體與工夫的關鍵概念貫通其他四子思想，這是《聖學宗要》最引人注目之處。以下分別討論《聖學宗要》中的五子。

一、周敦頤《太極圖說》

《聖學宗要》首先抄錄周敦頤著名的《太極圖說》，包括「圖」及其「說」全文，全文相當短，不足二百五十字，後則有劉宗周對《太極圖說》的解釋及按語，在份量上是《太極圖說》全文的兩倍有餘。

《太極圖說》乃是從天道論及人道，從「一陰一陽之謂道」⓬的太極，到「聖人定之以中正仁義」⓭的人極，而立人極的方法，

⓫ 《宋元學案·濂溪學案下》，卷 12，頁 519。又，程頤十八歲入太學，胡瑗以「顏子所好何學」試諸生，見程頤所作之文，大為贊賞，即接見並予學職。《宋元學案·伊川學案上》，卷 15，頁 589。

⓬ 劉宗周按語：「『一陰一陽之謂道』，即太極也。」《聖學宗要》，《劉宗周全集》第二冊，頁 268。

⓭ 《聖學宗要》，見《劉宗周全集》第二冊，頁 268。

乃是「主靜」，所謂「主靜立人極」❹。可以見得，《太極圖說》
包括本體與工夫兩部分。在本體論方面，《太極圖說》吸收易學思
想，形成一節然有次的宇宙生成架構：無極→太極→陰陽→五行→
萬物。❺在工夫論方面，《太極圖說》首先說人乃天地間最為靈秀
者，觸及人性論問題，次而又言「聖人定之以中正仁義，而主靜，
立人極焉」❻，點出成聖成賢、復返天命的工夫之法，其中「主
靜」一詞最為關鍵。關於「主靜」，歷來有不同說法，周敦頤則是
自注「無欲故靜」❼，頗有黃老之風。劉宗周對「主靜」有其獨特
看法，他說：「循理為靜，非動靜對待之靜。」❽這是將「靜」作
更深層解釋，不是動靜相對之靜，並且可與劉宗慎獨之學相提並
論，可以說，「主靜」即「慎獨」之意❾，乃是道德工夫之本❿。

---

❹　同上。

❺　《太極圖說》中的「無極」與「太極」，在宋明理學中爭議頗多，如朱熹及
　　陸九淵即曾就此問題進行討論。鄭吉雄在《周敦頤〈太極圖〉及其相關詮釋
　　問題》頁 249－250（收入其《易圖象與易詮釋》一書，臺北：喜馬拉雅基金
　　會，2002 年）一文中指出，歷來有兩種看法，一是認其為名詞，即無極為太
　　極之上，為太極的來源，此觀點為陸九淵所持，因而批判《太極圖說》；另
　　一則是認為無極乃是對太極的形容詞，並非高於太極而存在，朱熹即持此種
　　觀點。此處，暫不討論這一問題。

❻　《聖學宗要》，見《劉宗周全集》第二冊，頁 268。

❼　按，《聖學宗要》並未注明此周敦頤自注，但可見於其他版本的《太極圖
　　說》。

❽　《聖學宗要》，見《劉宗周全集》第二冊，頁 287。

❾　如劉宗周說：「聖學之要，只在**慎獨**。……動而無妄，曰靜，慎之至也。是
　　謂主靜立極。」《學言》，見《劉宗周全集》第二冊，頁 424。又，劉宗周
　　慎獨之學歷經多次轉折，《聖學宗要》的觀點乃反映劉宗周在慎獨之學的第
　　二階段。

　　關於「主靜立極」，劉宗周在《聖學宗要》程顥部分，引程顥所作《定性書》並加以詮解，其中論及「主靜立極」，可相參看。程顥《定性書》是討論在應事接物上如何保持心之定，認為：「所謂定者，動亦定，靜亦定，無將迎，無內外。」[21]表示心性之定並非僅在寂靜中求，在應事接物中亦可求定，對事物不迎不送，「廓然而大公，物來而順應」[22]。劉宗周認為，這是程顥對周敦頤「主靜立極」之說的闡發，「最為詳盡而無遺」[23]，並加以贊歎，說：「主靜之說，本千古密藏，即橫渠得之不能無疑。向微程伯子發明至此，幾令千古長夜矣。」[24]可見劉宗周十分認同這動靜皆可為定的觀念，並且更進一步強調「離動言靜，非靜也」[25]，「聖人之道，不離物以求靜也」，明確表達其在工夫論上，反對偏於寂靜，或是離卻事物而求靜。王門後學中，不少學者偏於寂靜中求本體，這是劉宗周所大力批評的，從這一背景下看，方能對劉宗周「主靜」之說更予理解。此外，在劉宗周看來，「主靜立人極」有其形上根源，「天樞萬古不動，而一氣運旋，時通時復，皆從此出，主

---

[20]　如劉宗周說：「周子之學，以誠為本，從寂然不動中抉誠之本，故曰：主靜立極。本立而道生，千變萬化皆從此出。」《學言》，見《劉宗周全集》第二冊，頁 428。甚至，「九容，九思，一主靜二字足以概之。」同前，頁 472。

[21]　《聖學宗要》，見《劉宗周全集》第二冊，頁 277。

[22]　同上。

[23]　同上，頁 278。

[24]　同上，頁 279。

[25]　同上，頁 278。

靜立極之學本此」㉖，此中亦蘊藏天人相應的思維。

二、張載《西銘》

　　《聖學宗要》其次為張載部分，抄錄張載著名的《西銘》、《東銘》二文。劉宗周對《西銘》格外重視，《西銘》全文為兩百五十多個字，而劉宗周所作解釋及按語，近乎是《西銘》全文的三倍之多。

　　《西銘》主要是表達「民吾同胞，物吾與也」㉗的萬物一體思想，所謂「乾稱父，坤稱母」㉘，將天地視為吾人之體，而天地之性即為吾人之性，亦是聯結天道與人道，期能通天萬物以為一體，與周敦頤《太極圖說》頗有相似之處。事實上，這就是宋明理學的特點所在，即天道與人道的相應。在劉宗周看來，《西銘》亦包括本體與工夫兩部分㉙，並且是由本體說到工夫，如《西銘》的「天地之塞吾其體，天地之帥吾其性」㉚這兩句即是指本體而言，至於工夫，則在「不愧屋漏為無忝，存心養性為匪懈」㉛二句上。屋漏，原指古代室內西北角之隱僻處，不愧屋漏相當於不欺暗室之意，與劉宗周一生所強調的「慎獨」意思相似。劉宗周以「不愧屋

㉖　《學言》，見《劉宗周全集》第二冊，頁444。

㉗　《聖學宗要》，見《劉宗周全集》第二冊，頁270。

㉘　同上。

㉙　劉宗周說：「愚按終篇之意，本體、工夫都無漏義，讀者知之。」《聖學宗要》，見《劉宗周全集》第二冊，頁272。

㉚　同上，頁270。

㉛　同上，頁270。

漏」為《西銘》的工夫之始，從此往前，「於是有存養之功焉，繼之有省察之要焉，進之有推己及人以及天下萬世者焉」❸❷，因此是為德之本，這一點與劉宗周以「慎獨」為工夫之本，亦頗相合。

　　特別要注意的，劉宗周在按語中，將《西銘》與《太極圖說》相對照，稱：「謹按此篇之意，大抵從周先生《圖說》來，但周先生自先天說來，（一作『起』。）由造化而人事，其義精。此篇從後天說起，由本體而工夫，其事實。至《西銘》之所謂『仁』，即《圖說》之所謂『極』，《西銘》之所謂『屋漏』，即《圖說》所謂『主靜立極』之地與。」❸❸在劉宗周看來，就本體言，《太極圖說》的「極」與《西銘》的「仁」二者乃同出而異名；就工夫言，《太極圖說》的「主靜立極」與《西銘》的「不愧屋漏」，亦是異名同指。如此，在劉宗周的判讀下，張載及周敦頤二家思想要旨已統合起來。

三、程顥《識仁說》

　　《聖學宗要》再次為程顥部分，抄錄其《識仁說》及《定性書》二文，以前者為重要。字數方面，《識仁說》約兩百三十，劉宗周作有近三倍的解釋及按語。

　　程顥之學以識仁為主，《識仁說》或一般習稱《識仁篇》是程顥論仁最重要的一篇。此篇與周敦頤《太極圖說》、張載《西銘》一樣，也包括本體與工夫兩方面。《識仁說》：「學者須先識仁。

---

❸❷　同上，頁 271。
❸❸　同上，頁 272。

仁者，渾然與物同體，義、禮、智、信皆仁也。」**❸❹**此「仁」，即是本體，但與周敦頤、張載偏重從客觀層面討論本體有所不同，程顥則較偏於從主觀層面來討論。《識仁說》：「識得此理，以誠敬存之而已，不須防檢，不須窮索。若心懈，則有防；心苟不懈，何防之有！理有未得，故須窮索；存久自明，安待窮索！」**❸❺**此即工夫。劉宗周解釋道**❸❻**，「誠敬存之」乃是如佛家所謂葆任，也就是《孟子》所說的勿忘勿助**❸❼**，將所識得的仁體，時時保持於心中不放失。

　　同樣地，劉宗周亦將《識仁說》與周敦頤《太極圖說》相對照。劉宗周認為，「《識仁篇》分明是《太極圖說》脫出真手眼，而一字不落註腳，可謂善發濂溪之蘊。」**❸❽**但他又引程顥名言「吾學雖有所受，然天理二字，卻是自家體貼出來」**❸❾**，來說明這有關本體工夫的道理原是人人可得的，因此「程子何嘗乞靈於周子？周子何嘗乞靈於大易」**❹⓿**，這意謂大家見解相同，乃是不謀而合，殊途同歸的，並非有所模仿。如此，劉宗周藉周敦頤之學將程顥思想統攝於內。在他看來，程顥的「仁」就是周敦頤的「太極」，也就是本體；程顥的「誠敬」相當於周敦頤的「主靜」，也就是工

---

❸❹　同上，頁 274。

❸❺　同上，頁 274。

❸❻　同上，頁 275。

❸❼　《孟子》說：「心勿忘，勿助長也。」《孟子注疏·公孫丑上》，見《十三經注疏》下冊，頁 2685。

❸❽　《聖學宗要》，見《劉宗周全集》第二冊，頁 276。

❸❾　同上。

❹⓿　同上。

夫。❹

四、朱熹

《聖學宗要》再次則為朱熹，摘引朱熹有關討論「中和說」的四封書信，包括致張敬夫的三封書信及《答湖南諸公》一信，並在其後附有解釋及按語近千字。

朱熹在「中和」問題上，大致有新舊二說。朱熹早年從學於李侗（字延平，1093－1163），其方法為默坐澄心以體認天理，也就是追求喜怒哀樂未發前的心之本性。但後來朱熹對此用功方法頗感疑慮，強思力索，苦參中和問題，在這與「中和」相關的心性問題及工夫問題上，幾經轉折。舊說為三十七歲與張敬夫論學時所持說法，見於《聖學宗要》所引第一及第二封信。「中和舊說」以心為已發，性為未發，而工夫主要用於已發，在這「主宰知覺處」❷。

朱熹這一說法，在四十歲時有所改變，因而有「中和新說」。

---

❹ 同上，頁 276－277。全文作：「愚按，《識仁篇》分明是《太極圖說》脫出真手眼，而一字不落註腳，可謂善發濂溪之蘊。周子說『太極』，程子便於此中悟出一箇『仁』，曰：『與物無對。』周子說『二五化生』，程子便於此悟出箇『皆備之體』。周子說『中正仁義』，程子便於此悟出箇『義禮智信皆仁也』。周子說『主靜』，程子便於此悟出（一有『箇』字）『誠敬』二字（一無『二』字）而曰：『未嘗致纖毫之力。』周子說『天地合德』，程子便於此悟出箇『天地之用皆我之用』。種種青出於藍矣。先儒嘗言，兩程子平生不曾及《圖說》一字，而至所以與學者相授受，大抵不出此意。由今考之，伯子信然。然先生他日有言曰：『吾學雖有所受，然天理二字，卻是自家體貼出來。』乃知太極圈（一作『圖』）子原是人人自家有的，程子何嘗乞靈於周子？周子何嘗乞靈於大易？」

❷ 《聖學宗要》，見《劉宗周全集》第二冊，頁281。

朱熹認為：「心者，所以主於身，無動靜語默之間者也。……其所謂中，乃心之所以為體。……其所謂和，乃心之所以為用。」❹朱熹在本體方面，將心性問題分為心、性、情三者，而以心為主，「心」能統領「性」、「情」。「性」指未發，為心之體；「情」指已發，為心之用。在修養工夫方面，新說主張要貫乎動靜，借鏡了二程的「主敬」之說，以「敬」作為心上工夫來貫通動靜，「未發之前，是敬也固已主乎存養之實；已發之際，是敬也又嘗行於（一作「乎」）省察之間。」❹換言之，在心處於寂靜之時的未發時候，此時工夫在於「存養」，至於心感通外物之後的已發時候，則工夫在於「省察」，且無論是靜時存養或動時省察，「敬」乃是貫穿其間的工夫。這即是「中和新說」，見於《聖學宗要》所引朱熹第三封書信，在工夫論上與舊說不同，主張不能偏於靜，因而取法二程的以「敬」代「靜」。

　　值得注意一點，《聖學宗要》引朱熹第四封信，頗耐尋味。朱熹《答湖南諸公》說：「向來講論思索，直以心為已發，而日用工夫亦止以（一無「以」字）察識端倪為最初下手處，以故闕卻平日涵養一段工夫，使人胸中擾擾，無深潛純一之味，而其發之言語事為之間，亦嘗急迫浮露，無復雍容深厚之風。蓋所見一差，其害乃至於此，不可以（一無「以」字）不審也。」❹此處所言「向來講論思索」，即指的是「中和舊說」，認為舊說偏於對已發之心的省察，

------

❹　同上。
❹　同上，頁 281－282。
❹　同上，頁 282。

而缺乏靜時存養性體的工夫，欠缺雍容深厚之風。這是朱熹對舊說所作的悔悟反省。對此，劉宗周說道：「畢竟是求之未發之中，歸之主靜一路。」❹在劉宗周看來，經過這幾番的轉折，朱熹最後還是回到了「主靜」一路，「見解一層進一層，工夫一節換一節，孔、孟之後，幾曾（一無「曾」字）見小心窮理如朱子者。」❼事實上，朱熹與劉宗周不同，朱熹對「主靜」的理解比較單純，就是動靜之靜，因而並不能說他「歸之主靜」，而只是感嘆過去在靜存工夫上的不足。劉宗周將此封信理解作朱熹的「晚年定論」❽，如同王陽明的《朱子晚年定論》❾一般，在若干程度上亦犯了歪曲事實以符合己說的錯誤。

簡言之，朱熹從最初跟隨李侗的求未發之中，到「中和舊說」

---

❹　同上，頁 282。

❼　同上，頁 283。

❽　劉宗周說：「朱子初從延平游，固嘗服膺其說，已而又參以程子主敬之說，覺（一無「覺」字）敬字為稍偏，不復理會。殆其晚年，深悔平日用功未免疏於本領，致有辜負此翁之語，固已深信延平立教之無弊，而學人向上一機，必於此而取則矣。《湖南答問》誠不知出於何時，考之原集，皆載在敬夫次第往復之後，經輾轉（一作「轉展」）折證而後有此定論焉（一無「焉」字）。」《聖學宗要》，見《劉宗周全集》第二冊，頁 284。從此處所稱「晚年」及「定論」等語，可見劉宗周將此《湖南答問》視作為朱熹晚年定論。然而，劉宗周稱此書「不知出於何時」，輕率定為晚年定論，頗有疑慮。

❾　王陽明的《朱子晚年定論》，收錄於《傳習錄》卷下，乃是從朱熹書信中選取三十幾個片段，並加上王陽明所作短序。此文用意，在證明朱熹晚年思想與王陽明相類似，用來駁斥世人習見。一般而言，學者多認為王陽明此文並不客觀，如將朱熹的中年書信視為晚年定論，而晚年著作卻又視為中年未定之論。

的以已發為下手處，再到「中和新說」的以主敬貫通已發與未發。若以動靜言，最初用工夫於靜存，中和舊說時偏於動察，中和新說時則主張貫通動靜，而後來又對舊說所持偏於動察感到後悔，認為靜存工夫乃不可缺。劉宗周認為，靜存與動察的不可偏廢，才是周敦頤「主靜」之意，朱熹經過轉折，才得到此意，因此他稱許朱熹為「不輕信師傳，而必遠尋伊洛以折衷之，而後有以要其至，乃所為善學濂溪者。」❺當然，這是劉宗周的見解而已。周敦頤的「主靜」有貫通動靜之意嗎？朱熹認為自己最終歸於周敦頤的「主靜」嗎？這些問題暫且不論。我們關心的是劉宗周思想，此處乃透過劉宗周的眼光來看待朱熹，其是非對錯，可暫置一旁。重要的是，在劉宗周的義理間架中，朱熹的晚年定論與周敦頤的「主靜」之說是相符合的，不但如此，其他四子的思想皆可以周敦頤「主靜立極」之說來貫通，這即是《聖學宗要》的宗旨所在。

五、王陽明

　　《聖學宗要》最後為王陽明部分，《聖學宗要》摘引王陽明「良知答問」（答陸元靜澄）十餘則，並附劉宗周解釋，其後則引王陽明《拔本塞源論》一文，後又附劉宗周按語。總計劉宗周所加文字，約為千字左右。要注意的是，劉宗周對王陽明之學曾經歷數次轉折。《聖學宗要》作於劉宗周五十七歲，此時劉宗周尚未對陽明之學形成最終定見，因而此書中對陽明的推尊乃是可以理解的。

　　在宋明理學史上，王陽明通常被視為是朱熹思想的對立面，所

---

❺　《聖學宗要》，見《劉宗周全集》第二冊，頁284。

謂程朱與陸王二系。王陽明的思想起點，確實是從對朱學的參究開始，在讀到《大學》「格物致知」(51)時，見朱熹解釋作：「格，至也。物，猶事也。窮至事物之理，欲其極處無不到也。」(52)王陽明認為，這是求之於自心之外，是為支離，因而將「格物」之「格」解作「正」，將「致知」解作「致吾心之良知」(53)，並非如朱熹所主張的「廣其知識之謂也」(54)。「致良知」一詞，乃是將《大學》的「致知」與《孟子》的「良知」合在一起。良知，即是本體；致良知，即是工夫。

在劉宗周看來，他所抄錄的王陽明《答陸元靜》數書，彰顯了王陽明在本體與工夫上對濂、洛之學的承續。宋代理學大致可分為四大派，即濂、洛、關、閩，「濂」指周敦頤，「洛」則指二程兄弟。劉宗周認為，「致良知」三字，貫通本體與工夫。在本體上，等同於周敦頤的主靜立極之「極」，亦等同於程顥的「仁」；在工夫上，相等於周敦頤的「靜」，也即是二程的「敬」(55)。可見，劉

---

(51) 《大學》：「古之欲明明德於天下者，先治其國；欲治其國者，先齊其家；欲齊其家者，先脩其身；欲脩其身者，先正其心；欲正其心者，先誠其意；欲誠其意者，先致其知。**致知在格物**。」《禮記正義·大學第四十二》，見《十三經注疏》下冊，頁 1673。

(52) 朱熹《大學章句》頁 1，收入於《四書五經》上冊（北京：中國書店，1998 年）。

(53) 王陽明《大學問》，見《王陽明全集》（吳光等編校，上海：古籍出版社，2006 年），頁 971－972。

(54) 同上。

(55) 《聖學宗要》，見《劉宗周全集》第二冊，頁 295。原文作：「致良知三字，直將上下千古一齊穿貫。言本體，則只此（一無二字）是極，極不墮於玄虛；只此是仁，仁不馳於博愛。言工夫，則只此是靜，靜不涉於偏枯；只

宗周一如往前，將王陽明之說與周、程及朱熹等人相提並論，認為
「諸儒說極，說仁，說靜，說敬，本是一條血脈，而學者溺於所
聞，猶未免滯於一指而不能相通，或轉趨其弊者有之。」❺❻劉宗周
以「本是一條血脈」來形容此五子之說，再次可見其撰《聖學宗
要》的用心所在，即將五子統攝一貫，而貫通其間的中心思想就是
周敦頤的「主靜立極」。

六、小結

在《聖學宗要》最後末尾的按語中，劉宗周不僅再度重申：
「總之，諸儒之學，行到水窮山盡，同歸一路，自有不言而契之
妙。」❺❼甚且，將此「同歸一路」進而歸入「慎獨」二字，有將五
子之學與自身之說相聯繫的用意，如劉宗周說：「愚按，孔門之
學，其精者見於《中庸》一書，而『慎獨』二字最為居要，即《太
極圖說》之張本也。乃知聖賢千言萬語，說本體，說工夫，總不離

此是敬，敬不失之把捉。洵乎其為易簡直截之宗也。」

❺❻　《聖學宗要》，見《劉宗周全集》第二冊，頁 295。劉宗周並細述王陽明諸
　　　觀念與其他宋儒的相似之處，他說：「《答陸元靜》數書，發明《中庸》之
　　　理甚奧，則其直（一作『真』）接濂、雒（一作『洛』）之傳者。其曰『未
　　　發之中即良知』，即『主靜立極』之說也。其曰『良知無前後內外而渾然一
　　　體』，即『性無內外』之說也。其曰『能戒慎恐懼者是良知』，即『敬無動
　　　靜』之說也。其曰『自私自利為病根』，即『識仁』之微旨也。最後病瘫一
　　　喻，尤屬居要語，所云『服藥調理在未發時』者，又即朱子涵養一段工夫之
　　　意。」出處同前。

❺❼　《聖學宗要》，見《劉宗周全集》第二冊，頁 303。

『慎獨』二字。」❺劉宗周在此以「慎獨」來統攝周敦頤《太極圖說》，說慎獨二字最為「居要」，為「《太極圖說》之張本」，意謂著「慎獨」是較《太極圖說》更為根本的思想觀念，且出自孔門之精華所在的《中庸》一書。如是，劉宗周藉由「慎獨」將宋明諸子與先秦孔門之學進行聯結，這是劉宗周從他的學術思想對宋明五子的判讀，頗有登高俯視之感，亦是為自己學說奠下基石，建立慎獨之學的合法性。換句話說，透過劉宗周眼光的俯瞰，宋明五子有關本體與工夫的學說皆統歸一脈，而此脈又轉歸於劉宗周自身的思想脈絡，從而將此五子轉化成對劉宗周之學的支持。

第二節　《孔孟合璧》、《五子連珠》：通貫孔、孟及後五子

　　上節討論《聖學宗要》，此書應與《五子連珠》相參看，而《五子連珠》又應與《孔孟合璧》合觀。

　　《五子連珠》作於 1635 年，時劉宗周五十八歲。《五子連珠》在體例上與《聖學宗要》頗為相似，但此處「五子」全為宋代儒者，包括周敦頤、程顥、程頤、張載及朱熹，因而與《聖學宗要》略有不同，乃多了程頤而少了王陽明。在此之前，劉宗周四十九歲時（1626 年），曾輯《孔孟合璧》一書，以為孔、孟之學乃在「求仁」❺。後來劉宗周輯《五子連珠》，用意即在引五子之言

---

❺　同上，頁 301。

❺　《孔孟合璧》，見《劉宗周全集》第二冊，頁 183。

「仁」，以增益孔、孟之說，故取《漢書‧律曆志》「日月如合璧，五星如連珠」之義。這是《五子連珠》的成書經過。

　　若與《聖學宗要》相較，《五子連珠》主要是引用五子之言，劉宗周自己所附的解釋則極少，除《五子連珠》最末處約兩百餘字，其餘部分僅寥寥數語而已。雖如此，還是有值得注意之處。

一、周敦頤

　　《五子連珠》的周敦頤部分，抄錄其著名的《太極圖說》與《通書》若干則。

　　劉宗周在《太極圖說》文後，附上斷語說：「此《太極圖說》是周子得統於孔、孟處。」❻這一點，指的是周敦頤《太極圖說》可為孔、孟所涵攝。又引周敦頤《通書》數條，如第一條：「誠者，聖人之本。大哉乾元，萬物資始，誠之原也。乾道變化，各正性命，誠斯立焉。」❻「誠」這一概念在《通書》中最為重要，劉宗周在此處稱「誠即是太極之理」❻，顯示出劉宗周將周敦頤《通書》與《太極圖說》作了義理上的聯結。事實上，《太極圖說》與《通書》原本就是密切相關的，這兩文本彼此相互闡發。因此，劉宗周要表達的，就是認為周敦頤在思想上與孔、孟一脈相連，無論《太極圖說》還是《通書》皆是如此。

　　劉宗周在周敦頤部分總結說：「周子之學，盡於《太極圖

---

❻　《五子連珠》，見《劉宗周全集》第二冊，頁203。

❻　同上。

❻　同上。

說》。其《通書》一篇，大抵發明主靜立極之意，而宗旨不外乎求仁。仁即極也。」⑥由於劉宗周最為重視《太極圖說》「主靜立極」這一觀念，而他認為《通書》即是對此一觀念的發明，可見此處劉宗周再度申言此二文本的相關性。在以上這句引文中，劉宗周又以「求仁」來與「主靜立極」相提並言，所謂「仁即極也」，這一點，要對照《孔孟合璧》一書。

《孔孟合璧》分孔子及孟子兩部分，前者摘錄《論語》共三十八章，題為「論語大旨」，後者摘錄《孟子》共十八章，題作「孟子大旨」。在「論語大旨」部分，主要引用的是孔子論「仁」之語；在「孟子大旨」部分，主要引用孟子論「性善」及「仁」等語錄。在這兩部分中，劉宗周偶爾對其中幾條引文作有解釋，皆寥寥數語，並分別在這兩部分的最末，附上近百字的解說，這些解說並不算很重要。值得注意的是《孔孟合璧》一書的最末處，劉宗周作有約三百字的按語，主要傳達孔、孟宗旨乃在「求仁」之意，他說：「孔子之道大矣，然其要旨不外乎求仁。……合而觀之，孔、孟之書，往往此略而彼詳，互相發明，無一句蹈襲，而其學以求仁，則若合符節。」⑥回到前面《五子連珠》周敦頤部分，劉宗周認為周敦頤的宗旨「不外乎求仁」⑥，而此處《孔孟合璧》又稱孔、孟宗旨在「求仁」。兩相對照，則劉宗周以孔、孟宗旨乃由周敦頤所承接之意，可彰顯無疑。

---

⑥　同上，頁 204。
⑥　同上，頁 201。
⑥　同上，頁 204。

二、程顥

《五子連珠》的程顥部分，也就是此文本中所稱「程伯子」，因程顥字伯淳。這部分摘錄程顥語類共十三則，包括《定性書》，此文亦為《聖學宗要》所引。

劉宗周在《定性書》一文後，作按語說：「此伯子得統於濂溪處。」[66]這即是將程顥與周敦頤相聯繫，其意思同於《聖學宗要》。劉宗周又在程顥部分最末說道：「伯子諸語，字字向自己血脈流出，可謂妙悟天啟，卻無一字不印過前輩來。」[67]這也是認為，程顥思想乃與前儒相承續。

三、程頤

《五子連珠》接下來為程頤部分，稱「程叔子」，因程頤字正叔。這部分摘錄程頤語錄共十七條。

首先引用程頤「得五行之秀者為人」一文，主要傳達其「性即理」思想，「其未發也，五性具焉，曰仁義禮智信。」[68]此文末尾，劉宗周注：「此伊川得統於濂溪處。」[69]這是將程頤與周敦頤聯接起來，為周敦頤之學所統攝。

在工夫論方面，程頤以「涵養須用敬，進學在致知」[70]二句最

---

[66] 同上，頁 206。
[67] 同上，頁 209。
[68] 同上，第二冊，頁 210。
[69] 同上，頁 210。
[70] 同上，頁 212。

為人所知，《五子連珠》將此二語置於程頤部分引文的最末處，並在其下端注：「此程門口訣。」⑦又在程頤部分結束處，作有解說：「叔子篤信謹守，其規模自與伯子差別，然見到處更較穩實。其云：『性即理也。』自是身親經歷語。」⑫這意謂，若二程相較，劉宗周在境界上較肯定程顥，而在工夫上較為欣賞程頤。

四、張載

《五子連珠》其次為張載部分，引用其《西銘》一文及語類十五則。

在《西銘》一文末尾，劉宗周說：「此是張子得統於濂溪處。」⑬與前相同，將張載統攝於周敦頤之學。

此外，劉宗周在處理張載與程頤時，認為二者有相通之處，皆較為偏重他們在工夫論上的表述。在修養工夫上，張載相當重視禮的學習，如此處劉宗周所引張載之語：「載所以使學者先學禮者，只為學禮則先除去了世俗一副當習熟纏繞。……苟能除去了一副當世習，便自然脫灑也。又學禮則可以守得定。」⑭劉宗周在此部分結尾處說：「橫渠之學，本領全在《西銘》，而其教人，則以知禮成性、變化氣質為先，大是有可持循處。於此有得，方是克己之學。」⑮這是劉宗周對張載的評論。

---

⑦　同上。

⑫　同上。

⑬　同上，頁 213。

⑭　同上，頁 215。

⑮　同上。

五、朱熹

《五子連珠》最末為朱熹部分，引用其語類共二十則，以朱熹致張敬夫的某封書信為首，此書信即為《聖學宗要》所引用的「中和說三」，亦即所謂「中和新說」。❼⑥

劉宗周在朱熹這封有關中和新說一文後，說：「此是朱子得統於濂溪處。」❼⑦這又是將朱熹思想統攝於周敦頤之學。

另有一處值得注意，即與前述程頤與張載相似，此處劉宗周亦對朱熹的工夫論加以著眼，如《五子連珠》朱熹部分最末，引用的是朱熹對門人的教示，說：「為學之要，惟事事審求其是，決去其非。積習久之，心與理一，自然所發皆無私曲。聖人應萬事，天地生萬物，直而已矣。」❼⑧朱熹此言，頗能傳達其修養工夫上的觀點，即重視對事物之理的瞭解，認為應先從外部知識義理的積累開始，久而久之，自然能使自心與理相合一，也就是將「道問學」作為「尊德性」的必要先行條件。「道問學」與「尊德性」原出自《中庸》：「故君子尊德性而道問學。」❼⑨宋明儒者對此言十分重視，成為宋明理學討論修養工夫的重要主題之一，著名的朱陸異同，主要也就是在這問題上的分歧。❽⓪對於朱熹的工夫論，劉宗周

---

❼⑥　《聖學宗要》，見《劉宗周全集》第二冊，頁 281。

❼⑦　《五子連珠》，見《劉宗周全集》第二冊，頁 216。

❼⑧　同上，頁 220。

❼⑨　《禮記正義·中庸第三十一》，見《十三經注疏》下冊，頁 1633。

❽⓪　陸九淵以尊德性為宗，朱熹則堅持道問學為先，兩人觀點的不同，表現出理學（狹義）與心學兩大流派的對立，進而影響到後世。表面上，朱陸之爭判若水火，但深一層看，朱陸之間的差異並沒有如水火般互不相容。陸九淵雖

評論說：「紫陽之學，切近精實，亦復展開充拓去。循累而進，居然孔子下學上達法門。」過去研究多以劉宗周為陸王一系的心學，乃過於簡單化，實則劉宗周對朱熹頗多稱許，且將朱熹納入其道統學脈中。

六、小結：《聖學宗要》、《五子連珠》、 《孔孟合璧》相參看

以上討論《五子連珠》所收錄的五位儒者。可以見到，對於程顥、程頤、張載及朱熹四位，劉宗周皆以「得統於濂溪」這幾字來概括，亦即認為這四位在思想上，皆能被周敦頤思想所統攝。這是《五子連珠》的主要用意，與《聖學宗要》意旨相近。

劉宗周在《五子連珠》完成後的隔年，也就是五十九歲（1636）之時，應門人之請，作《宋儒五子合刻序》一文，再度演述他對宋儒五子的觀點。劉宗周說：「吾讀《圖說》而識道之原委焉，讀《東》、《西銘》而識道之際量焉，讀《微旨》而識道之途徑焉，讀《定論》而識道之要歸焉。雖言人人殊，合之皆慎獨之學也。」⑧這句話中，《圖說》指的是周敦頤《太極圖說》。劉宗周認為《太極圖說》乃本之《中庸》，因為《中庸》「天命之謂

以尊德性為主，要先立其大，但他並不反對讀書求知識；朱熹雖然以道問學為先，但其道問學的最終用意，也是在成聖成賢，即尊德性。因此，二人所爭，乃是尊德性與道問學的孰先孰後，以及道問學是否必要的問題。後人多以朱主「性即理」而陸主「心即理」或其宇宙本體論的不同，作為朱陸異同的最大差異，這是對宋明理學的不夠理解。

⑧　《宋儒五子合刻序》，見《劉宗周全集》第三冊下，頁724。

性」⓼與《太極圖說》由天道論人道，有相通之處。劉宗周又以為，「主靜」是《太極圖說》最精要處，由此而有二程的「主敬」、張載的「知禮成性」、「變化氣質」以及朱熹的「格物致知」，皆所以「發明濂溪之說」⓼，故稱其為「道之原委」。至於張載的《西銘》與《東銘》二文，劉宗周認為：「《西銘》規模本從天高地下、萬物散殊中來」⓼，可見《西銘》的視野規模甚大，因此稱其為「道之際量」。至於《微旨》，指的是周汝登依據二程的《程氏遺書》所節略而成《程門微旨》⓼，劉宗周主要是推崇其在修養工夫方面的貢獻，因此稱之為「道之途徑」。至於《定論》，則是指王陽明從朱熹文本中所摘取而成《晚年定論》⓼，用意在彰示他們眼中朱熹思想上的最後歸宿，因此劉宗周稱為是「道之要歸」。最後，劉宗周並以「雖言人人殊，合之皆慎獨之學也」一言以蔽之，因《中庸》要旨在「慎獨」，而周敦頤《太極圖說》亦本之《中庸》。故總言之，此五子皆為「慎獨」所統貫。

此外，通過《五子連珠》與《孔孟合璧》相參看，乃至與先前所討論的《聖學宗要》相互參考，此五子又能與孔、孟接上。

這其中的邏輯如下：

（第一步）

⓼　《禮記正義・中庸第三十一》，見《十三經注疏》下冊，頁 1625。

⓼　《宋儒五子合刻序》，見《劉宗周全集》第三冊下，頁 723。

⓼　同上，頁 724。

⓼　同上，頁 723。

⓼　同上，頁 723。

因為： 1.劉宗周說：「周子之學，盡於《太極圖說》。」[87]且
《太極圖說》之意在「主靜立極」[88]。

2.劉宗周又說：「《通書》一篇，在發明『主靜立極』
之意，而宗旨不外乎『求仁』。仁即極也。」[89]

所以：由於《通書》與《太極圖說》皆在發明「主靜立極」，
可見此二文本乃相互發明。又，既然《通書》宗旨在
「求仁」，那麼《太極圖說》宗旨應該也與《通書》相
同，亦是「求仁」。

（第二步）

因為： 1.根據第一步推論結果，《太極圖說》宗旨為「求
仁」。

2.劉宗周又說：「孔子之道大矣，然其要旨不外乎求
仁。」[90]

3.劉宗周又說：「《太極圖說》是周子得統於孔、孟
處。」[91]

所以：周敦頤《太極圖說》為孔、孟所統攝，其宗旨皆為「求
仁」。

（第三步）

---

[87] 《五子連珠》，見《劉宗周全集》第二冊，頁204。

[88] 《聖學宗要》乃是以周敦頤「主靜立極」來貫通五子。

[89] 《五子連珠》，見《劉宗周全集》第二冊，頁204。

[90] 《孔孟合璧》，見《劉宗周全集》第二冊，頁201。

[91] 《五子連珠》，見《劉宗周全集》第二冊，頁203。

因為：1.跟據第二步推論結果，周敦頤為孔、孟所統攝，與孔、孟宗旨相同。

2.在《聖學宗要》及《五子連珠》中，宋四子皆可為周敦頤所統攝。

所以：宋五子皆可為孔、孟所統攝，亦即孔、孟與宋五子宗旨一貫。此亦為劉宗周所言：「以言乎學以求仁，則五子如一轍。……孔、孟既沒，諸儒崛起。遞溯心極，求仁而已。」[92]

從以上兩節討論中可知，劉宗周對周敦頤「主靜立人極」這一概念評價極高，在儒學史上具承先啟後的關鍵地位，並以此統攝其他重要儒者，遠可接先秦的孔、孟等前五子，近可通宋明的後五子，最後還涵括劉宗周慎獨之學。杜維明認為，《聖學宗要》可視作是劉宗周思想上的一個自我定義，顯示出其心目中的儒學譜系。[93]確實，通過《聖學宗要》及《五子連珠》，劉宗周向讀者展露了其心目中的道統傳承。[94]宋明理學對道統的講究，多被認為是在佛

---

[92]　《孔孟合璧》，見《劉宗周全集》第二冊，頁 221。

[93]　杜維明、東方朔《杜維明學術專題訪談錄——宗周哲學之精神與儒家文化之未來》，頁 168－169。

[94]　劉宗周纂有《明道統錄》一書，從中應可見其心目中的明代儒門道脈，但此書已佚。不過，從《年譜》中可略窺一二，其體例乃近於《聖學宗要》。據《劉宗周年譜》天啟七年（1627，50 歲），姚名達增補：「先生自去年始輯《皇明道統錄》，至是年告成，凡七卷。其體裁倣朱熹《名臣言行錄》，首記平生行履，次抄語錄，末附斷論。大儒則特書，餘各以類見。去取一準孔、孟，有假途異端以逞邪說，託宿鄉愿以取世資者，擯弗錄，即所錄者，

教禪宗的影響下所形成的，如著名的唐代韓愈《原道》一文，認為儒門道統在孟子後便中斷，並隱然有自詡為道統傳承之意。不過，儒門在先秦兩漢之時，雖無「道統」之名，但已有類似的概念，即經典在傳授講習上的傳承。另方面，道統論在宋明理學中頗受講究，多以周敦頤作為承接孔、孟之後的第一人。宋明理學繼承韓愈道統論，也承接其排斥佛、老的主張，而儒學也確實經宋明理學的努力，在生死及成聖成賢等終極關懷問題上，建構起較之先秦古典儒學、漢唐儒學更為精微的思想論述。

　　總之，在劉宗周思想中，周敦頤「主靜立極」概念佔有重要地位，而「主靜立極」即相當於劉宗周「慎獨」，乃關涉本體與工夫。瞭解這一點，方能體會劉宗周弟子所言「劉子之旨，原於周子」⑨這句話的意涵。

　　褒貶俱出獨見。如薛瑄、陳獻章、羅欽順、王畿等，世推大儒，而先生皆有貶辭。方孝儒以節義著，吳與弼人競非毀之，而先生推許不置。通錄之中，無間辭者，自方、吳以外，又有曹端、胡居仁、陳選、蔡清、王守仁、呂柟六人。其後門人黃宗羲撰《明儒學案》，當有所感發於此書而擴充之，其卷首冠以《師說》數十條，即先生此書之論斷也。」《劉宗周年譜》，見《劉宗周全集》第五冊，頁228。

⑨　《學言上》，見《劉宗周全集》第二冊，頁424。

第六章 慎獨之學的易學建構
——仿周敦頤二文

　　本章以劉宗周《人極圖說》、《易衍》兩部文本為研究對象。在文獻上，試圖證明此二部文本乃是對周敦頤二文的仿作；在義理上，則要釐清此二文本在本體、工夫方面的建構。可以見得，本章乃延續上一章主題，即探討劉宗周對周敦頤之學的承續。

　　學者多認為，劉宗周《人極圖說》是出自對周敦頤《太極圖說》的摹仿。仿作，為古人創作文本的方式之一，以古代經典或前人名著為模範，在體例或思想上進行摹仿，其用意多是出於尊敬、崇古之心，藉已有體例另立新說，著名者如漢代揚雄摹仿《易經》而作《太玄》、仿《論語》而作《法言》，又如宋代司馬光仿《太玄》而作《潛虛》。然而，劉宗周仿周敦頤《太極圖說》而作《人極圖說》，其細節為何？此外，周敦頤又有《通書》，乃與《太極圖說》並稱於世，而劉宗周《易衍》一文，在體例與思想上頗有延襲《通書》之處，是否即是出自對《通書》之仿作？前一問題，甚少為學者所討論；後一問題，則是自《易衍》問世以來，首次提出這一問題，並嘗試對此問題進行探討者。

第一節 《人極圖說》：
仿周敦頤《太極圖說》

對於劉宗周《人極圖說》乃是仿周敦頤《太極圖說》而作這一說法，已有學者提出在前。如鄭吉雄認為，《人極圖》的撰作是對周敦頤《太極圖》的「再詮釋」，這種「再詮釋」並不是指向《太極圖》的本義，而是站在《太極圖》的基礎上，使用類似的圖式及符號，但指向一個新的意涵，主要表達的是道德修養方面的論述。❶鄭吉雄對《人極圖說》之仿《太極圖說》，主要是針對二者的圖形進行討論。此處則分別從圖、文、概念三個方向進行對比，在立論上應更具說服力。

一、周敦頤《太極圖說》文本簡說

宋明理學史上，周敦頤《太極圖說》❷是相當重要的文本，其

---

❶ 鄭吉雄《論儒道易圖的類型與變異》，收入其《易圖象與易詮釋》一書（臺北：喜馬拉雅基金會，2002 年），頁 185。

❷ 由於周敦頤生前並未對所寫著作進行整理，去世後又未及時編次，以致於缺乏定本。但周敦頤著作由程門流傳，後經朱熹付出大量心力予以編定，方大致有一定型。所以，儘管朱熹以前的《太極圖說》包括圖、說，其各版本之間互有歧異，與朱熹定本亦有所出入，但後代學者在引用《太極圖說》時，多是依據朱熹所整理的本子，這亦是因為朱熹乃宋明理學權威的緣故。因此，此處談及《太極圖說》，亦以朱熹說為主。有關朱熹對《太極圖說》的整理，參見楊柱才《道學宗主——周敦頤哲學思想研究》（北京：人民出版社，2004），頁 9－14 及 23－28。

所引發的討論極為繁多。❸

　　有些討論是關於文本的淵源問題。如朱震（1072－1138）《漢上易傳》最早論及《太極圖說》的傳承，指稱周敦頤《太極圖》乃出自陳摶《先天圖》。據傳，陳摶是道士，此一說法即意指《太極圖》乃源出道教。朱震說法頗具影響力，但反對者亦不乏其人，如朱熹即主張《太極圖說》應當是周敦頤獨契道體所得，非源自道教。❹

　　有些討論涉及思想問題。如《四庫總目提要》說：「宋五子中，惟周子著書最少，而諸儒辨論則惟周子之書最多。無極太極之說，朱、陸兩家斷斷相軋，至今五六百年。門戶之分，甚於冰

<hr />

❸ 鄭吉雄在《周敦頤〈太極圖〉及其相關詮釋問題》一文中，整理歷來有關《太極圖說》的討論，認為可大致區分為三類。第一類是材料的考證，如考證《太極圖》是否出自道教等，這一類的討論數量相當多；第二類是《太極圖說》思想體系如何解釋的問題，如無極、太極的爭議；第三類是從思想史的角度，透過探索《太極圖》詮釋問題的演進歷程，以對於相關觀念在思想史上的意義，進行探討。

❹ 朱熹最初受朱震觀點的影響，認為《太極圖》與道教頗有淵源。但後來朱熹觀點有所轉變，認為《太極圖》應該是周敦頤所創，而並非來自於他人。
　有關周敦頤《太極圖說》的思想譜系問題，從宋代延續至今，難有定論。值得注意的是，清代一些反對宋明理學的學者，對《太極圖》源流的考證興趣依然不減，他們認為，宋明理學將周敦頤視為開山宗祖，而若能具體提出周敦頤《太極圖》源自道教或佛教的證據，則意謂著宋明理學並非儒家血脈，如此一來，就能在宋明理學的根基上予以打擊，將使這座流傳七、八百年的思想大廈轟然倒下。如清初學者毛奇齡，作《太極圖說遺議》，認為周敦頤《太極圖》乃出自道教及佛教。又如朱彝尊，作《太極授受考》，亦主張《太極圖》出自道教。

炭。……至於主靜之說，明代詬爭尤甚。」❺特別是《太極圖說》的「無極／太極」、「主靜」等問題，爭訟數百年。周敦頤著作最少但最為後儒所討論，這其中有多重原因。在思想上，《太極圖說》探索宇宙人生問題，將形上形下打通，從天道述及人道，本體與工夫兼具，使儒家在面對佛、道二家在本體與工夫的擅場之時，能在儒學立場上與之抗衡，從而影響其後理學的發展，成為宋明理學史上的第一人。

　　《太極圖說》❻分圖與文兩部分，即《太極圖》❼與《太極圖說》。《太極圖》可分為五個部分，由上至下排列，如下：

---

❺　《四庫全書總目》，頁 792。

❻　所引文本出自《宋元學案・濂溪學案下》，卷 12，頁 497－498。

❼　據鄭吉雄，周敦頤《太極圖》自南宋即存在著兩種主要不同的圖式結構，一為朱震《漢上易傳》樣式，二為經朱熹考訂而流傳的樣式。二者之間，比較大的歧異在於前者「陰靜」居上而「陽動」居下，後者則是「陰靜」與「陽動」並列。這兩個圖式，被後代學者徵引，又各自衍生出不同的變異。見其著《周敦頤〈太極圖說〉及其相關詮釋問題》，收入《易圖象與易詮釋》一書，頁 231。

《太極圖》

接下來，為《太極圖說》正文，共 256 字。如下：

無極而太極。

太極動而生陽。動極而靜，靜而生陰。靜極復動。一動一靜，互為其根。分陰分陽，兩儀立焉。

陽變陰合，而生水、火、木、金、土。五氣順布，四時行焉。

五行，一陰陽也；陰陽，一太極也；太極，本無極也。

五行之生也，各一其性。無極之真，二五之精，妙合而凝。
乾道成男，坤道成女。二氣交感，化生萬物。萬物生生，而
變化無窮焉。

惟人也，得其秀而最靈。形既生矣，神發知矣。五性感動，
而善惡分，萬事出矣。

聖人定之以中正仁義，而主靜（自注云：無欲故靜）。立人極
焉。故聖人與天地合其德，日月合其明，四時合其序，鬼神
合其吉凶。君子脩之吉，小人悖之凶。

故曰：「立天之道，曰陰與陽；立地之道，曰柔與剛；立人
之道，曰仁與義。」又曰：「原始反終，故知死生之說。」
大哉易也，斯其至矣。

以上是對周敦頤《太極圖說》的文本簡介。

二、劉宗周《人極圖說》文本簡說

《人極圖說》這一文本，收入於劉宗周《人譜》。有關《人
譜》的撰述動機及文獻情況等，第四章已有所介紹，此處不再重
覆。

《人極圖》相當於整部《人譜》之綱領，其重要性不言而喻。
《人極圖說》❽包括圖與文，即《人極圖》與《人極圖說》。圖在
文之前，共六個圓圈，從上至下排列，如下：

---

❽　《人譜》，見《劉宗周全集》第二冊，頁 2─5。

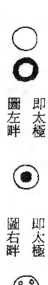

《人極圖》

其後為《人極圖說》，共 463 字。如下：

無善而至善，心之體也。即周子所謂太極。太極本無極也。
統三才而言，謂之極；分人極而言，謂之善。其義一也。
繼之者善也。動而陽也。乾知大始是也。
成之者性也。靜而陰也。坤作成物是也。

緣是而之焉,達於天下者,道也。放勳曰:「父子有親,君臣有義,夫婦有別,長幼有序,朋友有信。」此五者,五性之所以著也。五性既著,萬化出焉。萬化既行,萬性正矣。五性之德,各有專屬,以配水、火、木、金、土。此人道之所以達也。

萬性,一性也。性,一至善也。至善,本無善也。無善之真,分為二五,散為萬善。上際為乾,下蟠為坤。乾知大始,吾易知也;坤作成物,吾簡能也。其俯仰於乾坤之內者,皆其與吾之知能者也。

乾道成男,即上際之天;坤道成女,即下蟠之地。而萬物之胞與,不言可知矣。《西銘》以乾坤為父母,至此以天地為男女,乃見人道之大。

大哉人乎!無知而無不知,無能而無不能,其惟心之所為乎!《易》曰:「天下何思何慮?天下同歸而殊塗,一致而百慮。天下何思何慮!」

無知之知,不慮而知。無能之能,不學而能。是之謂無善之善。

君子存之,善莫積焉;小人去之,過莫加焉。吉凶悔吝,惟所感也。積善積不善,人禽之路也。知其不善,以改於善。始於有善,終於無不善。其道至善,其要无咎。所以盡人之學也。

君子存之,即存此何思慮之心。周子所謂「主靜立人極」是也。然其要歸之善補過,所繇殆與不思善惡之旨異矣。此聖學也。

以上是對劉宗周《人極圖說》的文本簡介。

三、《太極圖說》與《人極圖說》的對比

此處將周敦頤《太極圖說》與劉宗周《人極圖說》進行對照，以見二者相關之處，分三部分處理，即圖、文、概念三者的對比。

㈠圖的對比

周敦頤《太極圖》從上到下分為五個部分。其中，最上一圈以及第四、五圈較為單純，呈空白的圓圈圖形，即：「○」。第一層，上題「無極而太極」。第二層，為左右黑白相間相反的一圈，左右分列「陽動」、「陰靜」。第三層，為金、木、水、火、土五行分列為五個小圈，五小圈之下又有一小圈，共六小圈，並有線相連其間。第四層，圖形與第一層相同，左右分列「乾道成男」、「坤道成女」。第五層，圖形亦與第一層相同，最下方標識「萬物化生」四字。

劉宗周《人極圖》從上到下分為六個部分，較《太極圖》多出一個。但值得注意的是，圖後有按語：「按，此第二、第三圖，即濂溪《太極圖》之第二圖，然分而為二，自有別解，且左右互易。學者詳之。」❾從此言中可見，《人極圖》是有意模仿《太極圖》，並將《太極圖》的第二層分而為二，以成《人極圖》的第二及第三層。

劉宗周在《人譜續篇》中，將此六個圖形合併於《證人要旨》

---

❾ 《人譜》，見《劉宗周全集》第二冊，頁3。

中作為陳述，並給予名稱。第一層作「無極太極」，名稱乃取自
《太極圖》，呈空白的圓圈圖形，即：「○」，圖形與《太極圖》
第一層相同。第二層作「動而無動」，第三層作「靜而無靜」，乃
出自《太極圖》第二層。第四層做「五行攸敘」，與《太極圖》第
三層的五行有相似之處，將《太極圖》第三圖的五行變為一個大圈
包圍五個小圈之形。第五層作「物物太極」，一個大圈包圍多個小
圈之形。第六層作「其要無咎」，圖形相應於《太極圖》第五圖
「萬物化生」，為一空白的圓圈圖形，即：「○」，亦同於第一層
圖，在《證人要旨》中說這是「遷善改過以作聖」，意謂著透過遷
善改過的工夫，則能回歸最上一層「無極太極」境界。

㈡文的對比

在文句上，《人極圖說》有諸多模仿《太極圖說》之處。此處
一一指出。

《太極圖說》開端言：「無極而太極。」《人極圖說》開端亦
言：「無善而至善。」《人極圖說》並隨即解釋：「心之體也。即
周子所謂『太極』。太極，本無極也。統三才而言，謂之極；分人
極而言，謂之善。其義一也。」這表示，「善」與「極」其義一，
「無極」可與「無善」相對應，而「太極」可與「至善」相對應。

《太極圖說》言：「太極動而生陽。」《人極圖說》則有：
「動而陽也。」

《太極圖說》言：「靜而生陰。」《人極圖說》則有：「靜而
陰也。」

《太極圖說》言：「五氣順布，四時行焉。」《人極圖說》則

有：「五性既著，萬化出焉。」

《太極圖說》言：「五行，一陰陽也；陰陽，一太極也；太極，本無極也。」《人極圖說》則作：「萬性，一性也；性，一至善也；至善，本無善也。」此處句式呈三層次重疊，明顯乃模仿。

《太極圖說》言：「無極之真，二五之精。」《人極圖說》則為：「無善之真，分為二五。」

《太極圖說》言：「大哉易也。」《人極圖說》言：「大哉人乎。」

《太極圖說》言：「君子修之吉，小人悖之凶。」《人極圖說》言：「君子存之，善莫積焉；小人去之，過莫加焉。」

以上所舉，皆是顯而易見的例子。

(三)概念的對比

首先，分析劉宗周對周敦頤《太極圖說》的理解，再從心性本體論、工夫論兩方面討論《人極圖說》模仿《太極圖說》之處。這是因為，《人極圖說》是以《太極圖說》的宇宙論、本體論模式為模具，型塑出其心性本體論及工夫論的核心要義。由於出自同一模具，《人極圖說》重要概念的邏輯關係，乃相應於《太極圖說》重要概念的邏輯關係。

在宇宙論、本體論方面。周敦頤《太極圖說》從宇宙本源說起，呈現出宇宙到人生的創化過程。其中，《太極圖說》「無極而太極」一句尤其引發討論，著名者如南宋朱熹與陸九淵的辯論。陸九淵將「無極」視為是較「太極」之上更為根源的概念，是「太極」的來源，因而認為《太極圖說》主張宇宙本源為「無」，乃是

虛無好高之論，並認定《太極圖》出自於道教而非儒家。朱熹則認為，「無極」並非是指「太極」之上還另有一物，而是用來形容「太極」的無形無狀。劉宗周對「無極而太極」的觀點較近於朱熹，如他說：「『無極而太極』，無極則有極之轉語，故曰『太極本無極』。蓋恐人執極於有也，而為是轉語耳，乃後之人又執無於有之上，則有是無矣。轉云『無是無』，語愈玄而道愈晦矣，宜象山之斷斷而訟也。然惜乎象山知太極之說，而不足以知濂溪也。」❿所謂「轉語」，在訓詁學上是指聲音因時或因地有轉變但意義相通的語詞。劉宗周以無極為有極之轉語，則意謂無極就是太極，無極並非是太極之上更為根源的一物，因此他認為陸九淵不足以知周敦頤。劉宗周並認為，《太極圖說》主要表現太極與陰陽不二的觀點，所謂「陰陽之外別無太極」⓫，太極就在這陰陽變化的六十四卦中，並非「實有一物踞其上」，此即理氣不二、道器不二。儘管理氣不二的觀念在宋儒時早已提出，並非劉宗周所獨創，但劉宗周卻認為宋儒的認識還不夠深刻，因而產生離氣求理、離器求道的弊病。劉宗周對宋儒的批評有其道理，如他說：「後儒專喜言形而上者，作推高一層之見，而於其所謂形而下者，忽即忽離，兩無依據，轉為釋氏所藉口。」⓬如朱熹畢竟還是以理為優先，而偏向於形而上，這是劉宗周所反對的，他因此強調「理即是氣之理，斷然

---

❿　《學言中》，見《劉宗周全集》第二冊，頁 477。按，此處引文，多依文哲所點校本所作校記中的「新本」。

⓫　《學言中》，見《劉宗周全集》第二冊，頁 491。

⓬　《答劉乾所學憲》，見《劉宗周全集》第三冊上，頁 431。

不在氣先，不在氣外」⓭，不可「將此理看作一物看」⓮，皆為對治離氣求理之弊。這方面，第三章已有所討論。

在心性本體論方面。就劉宗周所理解的《太極圖說》，太極是宇宙本源，且太極乃不離開陰陽而存在。同樣地，劉宗周在《人極圖說》中表述，「心之體」是「至善」的，且「心之體」乃不離於心而存在。此「心之體」就是「性」。這也就是表明：性乃不離於心。這一點，已在第三章有所討論。事實上，「心之體」在《人極圖說》中亦稱作「人極」，乃相應於《太極圖說》中的「太極」。可見，《人極圖說》的「性／心」之關係就如同《太極圖說》的「太極／陰陽」之關係。

在工夫論方面。《人極圖說》亦有與《太極圖說》相應之處。前一章已討論，劉宗周以周敦頤「主靜立人極」作為統攝宋明諸子的樞紐概念。在《人極圖說》中，劉宗周亦提到以「主靜立人極」為工夫，並具體列出其下手方法乃在改過。《人極圖說》：「君子存之，即存此何思何慮之心。周子所謂『主靜立人極』是也。然其要歸之善補過，所繇殆與不思善惡之旨異矣。此聖學也。」⓯此言意謂，劉宗周《人極圖說》認為聖學工夫不外周敦頤《太極圖說》所謂「主靜立人極」，即存此至善的「心之體」，而其要點在於「善補過」。此段話中所稱「與不思善惡之旨異」，應當是針對心體為「無善無惡」的王陽明後學，詳見第七章。

⓭　《學言中》，見《劉宗周全集》第二冊，頁483。

⓮　同上，頁494。

⓯　《人譜》，見《劉宗周全集》第二冊，頁5。

此外，《太極圖說》與《人極圖說》的諸多概念均取自於《易傳》，可視為是以《易》學作為基礎的文本，這也是二者的相同之處。

上述討論，整理要點如下：

一，《太極圖說》與《人極圖說》的重要概念皆出自《易傳》。

二，在圖與文方面，《人極圖說》有多處模仿《太極圖說》。

三，如同《太極圖說》提出太極為宇宙本源，《人極圖說》則提出至善的「心之體」為心之根本。

四，如同《太極圖說》意指太極與陰陽之不二，《人極圖說》則意指「心之體」乃不離於心而存。「心之體」就是「性」。

五，如同《太極圖說》提出「主靜立人極」的工夫，《人極圖說》則主張存此「心之體」即是「主靜立人極」，並進而提出具體下手工夫乃在改過。

從以上五點，可見《人極圖說》對《太極圖說》的摹仿。

四、小結

以上探討劉宗周《人極圖說》對周敦頤《太極圖說》之仿作。更重要地，有關劉宗周《人極圖說》在本體與工夫方面的建構：

一，心之體（即性）至善；心性不二。此為心性本體論的核心要義。

二，改過。此為工夫論的核心要義。

以此作簡要總結。

第二節　《易衍》：仿周敦頤《通書》

　　周敦頤的另一名著是《通書》，且《通書》與《太極圖說》這兩個文本之間頗有關聯。上一節討論，劉宗周《人極圖說》乃是對周敦頤《太極圖說》的仿作，那麼劉宗周另一形式特殊的著作《易衍》，是否可能仿自周敦頤《通書》？從明代末年至今，不但未曾有任何學者注意到這一問題，甚且連《易衍》本身也極少為人所論。以下即探討《易衍》是否仿自周敦頤《通書》，對其中所隱含的本體與工夫之論，亦一併探討。

一、周敦頤《通書》文本簡説

　　周敦頤《通書》❶❻共四十章，約二千六百字，最長的一章有189 字，最短的一章為 22 字，被稱為是「道德性命，禮樂刑政，悉舉其要，而又名之以通，其示人至矣。」❶❼按朱熹觀點，《通

---

❶❻　《通書》的文獻源流相當複雜。如前已述，周敦頤生前並未對所寫著作進行整理，去世後亦未及時編次，以致於缺乏定本。周敦頤著作最早經祁寬、胡宏等人校勘整理，但此時期即南宋紹興年間以前，《通書》一名乃包括今本四十章《通書》及附於其末的《太極圖說》，這與現今的《通書》概念並不完全相同；至乾淳間朱熹為周敦頤著作進行多次整理，付出大量心力，包括釐訂書目、校勘文字、詮解義理等，方確定為《太極圖說》、《通書》兩個文本，此時距周敦頤已有百年之久。此後，凡著錄或論述周敦頤著作者，幾乎都是以朱熹所訂為準。在歷代流傳的本子中，《通書》各版本的文字略有出入，自是不足為怪的。參見楊柱才《道學宗主——周敦頤哲學思想研究》，頁 3－14。

❶❼　祁寬《通書後跋》，見《周子全書》上冊（臺北：臺灣商務印書館，1978年），卷 11，頁 212。

書》又名《易通》❶⑧，從名稱可見，這是以易學為基礎所建立的文本，在這一點上，與《太極圖說》有相同之處。

在朱熹看來，《通書》與《太極圖說》關係密切，且《太極圖說》是周敦頤思想的核心，而《通書》是對此核心的闡發。⑲如朱熹說：「蓋先生之學之奧，其可以象告者，莫備於太極之一圖。《通書》之言，蓋皆所以發明其蘊，而《誠》、《動靜》、《理性命》等章為尤著。」⑳他認為，《通書》的《誠》、《動靜》、《理性命》等章節，乃發明《太極圖》之旨在其中。㉑

---

⑱ 最早記載周敦頤著作者，為其友人潘興嗣所作《濂溪先生墓志銘》：「尤善談名理，深於易學，作太極圖易說易通數十篇，詩十卷，今藏於家。」（《周子全書》下冊，卷 20，頁 400）此處斷句，一般多依朱熹之說，斷句為「《太極圖》、《易說》、《易通》」，但也有學者認為應斷句為「《太極圖·易說》、《易通》」。據朱熹說法，《易通》可能就是《通書》，因《易說》可能是依經解義，而《易通》則是通論其大旨而不繫於經。

⑲ 此處以朱熹觀點為依據，乃考量到劉宗周對《通書》的理解應與朱熹相近。元代以後，朱熹之學成為正統，科舉考試多以朱學為定本。在此影響下，讀書人對宋代儒者學說的理解，相當程度上可說是透過朱熹的眼光。又，陳郁夫另指出，《通書》中的《道第六》、《動靜第十六》、《聖學第二十》、《理性命第二十二》、《師友上第二十四》、《聖蘊第二十九》、《孔子下第三十九》等章，皆可視作解說《太極圖說》之作。見其著《周敦頤》（臺北：東大圖書公司，1990 年），頁 37。不過，朱熹的觀點，受到陸氏兄弟的質疑，理由之一是《通書》並未出現《太極圖說》中的「無極」二字。

⑳ 《再定太極通書後序》，見《朱文公文集》，卷 76。朱熹又有「周子留下《太極圖》，若無《通書》，卻教人如何曉得？」及「《通書》一部，皆是解《太極說》」，等語。

㉑ 如《通書》的《動靜第十六》「水陰根陽，火陽根陰；五行陰陽，陰陽太極；四時運行，萬物終始」及《理性命第二十二》「二氣五行，化生萬物」等句，可與《太極圖說》中「一動一靜，互為其根。分陰分陽，兩儀立焉。

就內容而言，相對於《太極圖說》由天道言及人道，《通書》則是由人道上揚到天道。《太極圖說》的思想重點在宇宙論，《通書》雖亦涉及宇宙論，但並非是此文本的重點，且《通書》並不言「無極」。《通書》的中心為人生論，以「誠」為中心概念㉒，貫通天人，是天道與人道的會合處。

此外，《通書》各章的安排似有意涵。如同《易傳》中的《序卦傳》，對《易經》六十四卦的編排次序進行探討，表彰各卦前後相承的意涵所在，南宋儒者黃震則提出《通書》各章前後相承的意義㉝。黃震並認為，《通書》大致可分為前後兩部分，前十章「上窮性命之源，必以體天為學問之本」㉔，主要討論如何修養自身，後半部從治己擴而為治人，論及禮樂教化等事，則是討論對人民的教化。整體而言，「內聖外王」一語即可概括《通書》。

二、劉宗周《易衍》文本探微

據劉宗周《讀易圖說》自序，繼崇禎七年（1634）《人極圖說》之作，彰示聖學與易道的聯繫，即天地人三者間皆為易道所貫通，但意猶未盡，因而「再述諸圖，而復衍其說於後，以補前說之

㉒　陽變陰合，而生水、火、木、金、土。五氣順布，四時行焉。五行，一陰陽也；陰陽，一太極也」相呼應，甚至在文句上也有相合之處。另外，《通書》的《聖學第二十》「聖可學乎……一者，無欲也」，可與《太極圖說》的「聖人定之以中正仁義而主靜（自注：無欲故靜）」相呼應。

㉒　如明儒薛瑄說：「《通書》一『誠』字括盡。」《宋元學案·濂溪學案上》，卷 11，頁 483。

㉝　《宋元學案·濂溪學案上》，卷 1，頁 494－495。

㉔　同上。

未盡，總題之曰《讀易圖說》。」㉕這是《易衍》的撰寫動機。

《易衍》共四十二章，屬《讀易圖說》的後半部分。經計算，《易衍》約六千多字。《讀易圖說》的前半部分，為易圖十六幅且分別有文字述解，近乎兩千四百字。總計《讀易圖說》共約八千四百多字。《讀易圖說》撰於崇禎十六年（1643）時劉宗周六十六歲。從名稱看，無論是《讀易圖說》或是《易衍》，其中皆有「易」字，顯示出其與易學之間的關聯。

乍看之下，《易衍》這一文本極度令人困惑，不僅形式獨特，各段之間看似無甚關聯，且文字晦澀，難以卒讀，更難以理解其中意涵究竟為何。然而，若首先找出其思想關鍵，再對整篇文本結構有所掌握，則《易衍》這一看似艱澀混沌的謎團，將能在某種程度上予以開解。

解讀第一步。首先，《讀易圖說·自序》一文即暗示其思想關鍵所在，必須注意。其文說：「余嘗著《人極圖說》，以明聖學之要，因而得易道焉。盈天地之間，皆易也；盈天地間之易，皆人也。人外無易，故人外無極。人極立，而天之所以為天，此易此極也；地之所以為地，此易此極也。……三極，一極也。」㉖這段話，點出天、地、人三極之間的共通性，所以說「三極，一極也」。按，劉宗周在《人極圖說》中有句話是「萬性，一性也」，這在句法上是模仿周敦頤《太極圖說》中的「陰陽，一太極也」。在劉宗周的解讀中，周敦頤「陰陽，一太極也」意謂陰陽與太極不

㉕　《讀易圖說·自序》，見《劉宗周全集》第二冊，頁143。

㉖　同上。

二，近乎劉宗周所主張的「陰陽之外別無太極」❷之意。如是，劉宗周「三極，一極也」之語，則其意應當為三極與一極不二。《讀易圖說·自序》接著又說：「人之所以為人，心之所以為心也。……學者苟能讀《易》而見吾心焉，盈天地間，皆心也。任取一法以求之，安住而非學乎！」❷此言乃進而指出，心即是人之所以為人的根本，因此天、地、人三極又可歸入於「心」，彼此間乃互為可通，意即其道理是相通的。

另外，劉宗周兒子劉汋所言，亦可作為佐證。劉汋指出❷，周敦頤《太極圖說》從天到人，似一一有層次，而其父劉宗周《人極圖說》則從人心說起，認為「人心具有太極陰陽五行萬化之理」❸，而到《讀易圖說》則更為發揮這一意蘊。因此，《讀易圖說》乃是發揮「人心具有太極陰陽五行萬化之理」之蘊，從人心上推至天，與《太極圖說》呈一來一往的思想結構。此處劉汋所指《讀易圖說》，乃涵蓋《易衍》這一部分於其中，因此《易衍》亦是在發揮「人心具有太極陰陽五行萬化之理」。如此，解讀《易衍》之關鍵即昭然若揭，乃與前面所言因此天、地、人三極可歸入於「心」，意思相同。如此，《易衍》的思想關鍵就是心。心具宇宙

---

❷　《學言中》，《劉宗周全集》，第二冊，頁491。

❷　同上。

❷　劉汋按：「《太極圖說》謂，天以陰陽五行化生萬物，物鍾靈有人，人合德為聖。似一一有層次。先生獨言人即天即地，人心具有太極陰陽五行萬化之理。《人極圖說》與語錄中備言此意。至《讀易圖說》，則發揮無餘蘊矣，誠擴前聖所未發也。」《劉宗周年譜》，見《劉宗周全集》第五冊，頁477。

❸　同上。

萬化之理，而《易》是用以表述宇宙萬化之理的，因而心與《易》之間的道理是相通的，此即劉宗周所謂「讀《易》而見吾心」❸。事實上，《易衍》通篇正是以易言心，這是開啟《易衍》的一把鑰匙，亦即理解此文本的關鍵所在。

解讀第二步。除以上認識外，若進而對《易衍》這一文本的體例、格式、結構、主旨等有所掌握，則必當有助於對《易衍》的理解。我發現，《易衍》大致可分為四個部分，每個部分有其主題，且各章之間的先後次序，亦似有所安排，往往以概念作為首尾聯繫，如蛛網般開展。另外，還有前五子及後五子之說貫穿於《易衍》，這一點可與前章所論劉宗周對前、後五子的重視相為呼應。以下，將《易衍》四大部分的主題、各章要旨、各章之間的聯繫等，總括呈現。

第一部分：以易與人為主，論天道（易道）與人道。且有二章論及聖人。

1.第一章：以「易」字開頭：「易，其至矣乎。」以「易」字作結：「吾舉而歸之曰易。」又，本章言「聖人所以體人道之撰。」（按，本章主旨為「易／人」）

2.第二章：承上章句尾「易」字，本章以「易」字開頭（「易道其本於人乎」）。本章以「人道備矣」作結。（按，本章主旨為「人」）

3.第三章：承上章末句「人」字，本章以「大哉人乎」開頭。

❸　《讀易圖說》自序，見《劉宗周全集》第二冊，頁143。

本章以「侯王得一以為天下貞」作結。又，本章言「聖人之心」。（按，本章主旨為「人」）

4.第四章：承上章句末「天下」二字，本章以「曷為天下易」開頭。本章以「其斯以為天下極」作結。（按，本章主旨為「心」）

5.第五章：承上章句末「天下極」，本章以「惟天有極」開頭。（按，本章主旨為「極」）

第二部分：以君子為主，論君子學易，從天道論人道。（相當於《通書》中之「道德性命」）

1.第六章：本章以「君子之學易也」開頭。本章又言「故君子尊心以神。」（按，本章主旨為「形／神」）

2.第七章：本章以「君子仰觀於天，而得先天之易焉」開頭。本章又言「君子所以必慎其獨。」（按，本章主旨為「先天」）

3.第八章：本章以「君子俯察於地，而得後天之易焉」開頭。本章又言「惟君子時發而時止。」（按，本章主旨為「後天」）

4.第九章：本章言「故君子知微以知彰，即用以求體。」（按，本章主旨為「體／用」）

5.第十章：本章以「君子之學，其始於誠乎」開頭。（按，本章主旨為「誠」）

6.第十一章：（按，本章主旨為矯弊）

7.第十二章：（按，本章主旨為「萬物」）

8. 第十三章：本章有言「**君子本一中而建極。**」（按，本章主旨為「方／圓」）

9. 第十四章：本章有言，「**君子通宇宙以生心。**」（按，本章主旨為「宇／宙」）

10. 第十五章：本章以「**學易有要乎？曰：有，變為要。**」開頭。此章重點為，「**君子有善變之功……有過必改……見善必遷。**」（按，本章主旨為「變」）

11. 第十六章：承上章開頭「**學易有要乎？曰：有，變為要。**」本章以「**善乎易之言變也**」開端。本章言，「**革之去故也……君子所以脫凡近而游高明者**」，又言「**鼎之取新也……君子所以策渺修而踐成德者**」。（按，本章主旨為「革（去故）／鼎（取新）」）

12. 第十七章：（按，本章主旨為「統」）

第三部分：以聖人為主，論易道傳承。

1. 第十八章：本章以「**伏羲氏之道**」開端，以「**聖人曰：道在是矣，吾何以語言文字為哉。天不言，以行與事示之而已矣。**」作結。（按，本章主旨為「伏羲與易」）

2. 第十九章：承上章末「**何以語言文字為哉**」，本章以「**夫道不可得而名也**」開端。本章有言「**聖人姑以一畫顯之。**」（按，本章主旨為「一」）

3. 第二十章：承第十八章言伏羲氏，本章言「**善發伏羲氏之蘊者，其神禹乎。**」又，本章有言「**河出圖，洛出書，聖人則之。**」（按，本章主旨為「禹與易」及「河圖／洛書」）

4. 第二十一章：承上章「河出圖，洛出書」，本章言「雒書之教也」。按，「雒」即「洛」字。又，本章以「易道之興，其於《連山》乎」為開端。（按，本章主旨為「連山」）

5. 第二十二章：承上章言「《連山》」，本章「《歸藏》……則《連山》之竟義也。」又，本章以「夫子」開端。（按，本章主旨為「《歸藏》」）

6. 第二十三章：承上章開端「夫子」，本章以「子曰」開端，按，二處即指孔子。又，本章末言「商、周之際」。（按，本章主旨為「文王與易」）

7. 第二十四章：承上章末「商、周之際」，本章以「周公」為開端。（按，本章主旨為「周公與易」）

8. 第二十五章：承第二十三章言「孔子」，本章開端言「易道至孔子而大備」。本章末言「以一言綜文、周之千百言者」，乃承第二十三及二十四章。又，本章言「聖人觀象」。（按，本章主旨為「孔子與易」）

9. 第二十六章：承上章開端言「孔子」，本章開端言「孔門」。本章末言「善學聖人者」。（按，本章主旨為「孔門與易」）

10. 第二十七章：承上章言「善學聖人」，本章開端言「顏子沒而聖人之學亡。」又，本章言「顏子，傳聖人之神者也。……神不可傳……不傳之傳，不學之學」。（按，本章主旨為「顏子與易」）

11. 第二十八章：承上章言「神不可傳……不傳之傳」，本章言「萬古宗傳」。（按，本章主旨為「曾子／子思／孟子」）

12.第二十九章：承第二十八章言「萬古宗傳」及第二十七章言
「顏子，傳聖人之神者也。……神不可傳……不傳之傳，
不學之學」，本章言「得<u>不傳之學</u>於<u>顏氏子</u>者。」又，本章
言「<u>太極</u>何極」。（按，本章主旨為「周敦頤與易」）

13.第三十章：承上章言「<u>太極</u>何極」，本章言「其<u>太極</u>之別
名」。（按，本章主旨為「程顥與易」）

14.第三十一章：（按，本章主旨為「陸九淵、朱熹與易」）

15.第三十二章：（按，本章主旨為「王陽明與易」）

第四部分：以君子為主，論易對君子修德之啟發。（相當於《通
書》中之「禮樂刑政」）

1.第三十三章（按，本章主旨為「德」）

2.第三十四章：本章開端言「易為君子謀……君子自治
焉……君子以君子自治……君子以一身知進退存亡之
道。」（按，本章主旨為「治」）

3.第三十五章：本章有言：「是以君子善潛其神。」又：
「君子亦慎其初。」又：「君子之志於學者，非大作焉，
何以發一生之蒙？」又：「是以君子致念夫始之者。」等
等。（按，本章主旨為「易之卦德與君子」）

4.第三十六章：本章有言：「《下經》首<u>咸</u>、<u>恒</u>，言人事之
嘗。」（按，本章主旨為「天道與人事」）

5.第三十七章：承上章有言：「《下經》首咸、恒，言人事之
嘗。」本章則以「<u>咸</u>、<u>恒</u>而下」為開端。又，本章有言：
「君子之難進而易退。」又：「易為君子謀。」（按，本章主

旨為「易卦之德」）

6. 第三十八章：本章有言：「君子居則觀其象而玩其辭。」
又：「君子考動於念慮之微。」（按，本章主旨為「占筮」）

7. 第三十九章（按，本章主旨為「易」）

8. 第四十章：本章有言：「大過，君子之道也。」（按，本章主
旨為「過」）

9. 第四十一章：本章有言：「故君子欲及時以勉學也。」
又：「故君子惜陰。」（按，本章主旨為「不息」）

10. 第四十二章（按，本章主旨為「人與德行修養」）

以上是對《易衍》結構的分析。

《易衍》第一部分的主題是天道（即易道）與人道；第二部分
的主題是君子學易，從天道論人道；第三部分的主題是易道傳承；
第四部分的主題是易對君子修德的啟示。若從思想內容上看，《易
衍》可說是從易之各方面來論述人的德性修養。如劉宗周對周敦頤
《通書》首章曾下一評語，說：「句句言天之道也，卻句句指聖人
身上家當。」❸這句話，也可說是劉宗周撰作《易衍》的夫子自
道。

明顯可見，我對《易衍》的解讀並非完整，有些部分尚無法理
解，或理解得不夠精確。雖如此，但大體上可見，無論是這四大部
分之間，還是這四大部分中各章之間的聯繫，似皆有章有法，當是
特意安排所致。此處所述，當是自《易衍》問世以來，首次對這一

---

❸　《宋元學案·濂溪學案上》，卷 11，頁 483。

文本進行整體探討者。

三、《通書》與《易衍》的對比

周敦頤《通書》與劉宗周《易衍》二部,皆是極為難讀、難解的文本。文辭隱晦,義理幽微,且各章之間的安排,表面看來似無特殊意涵,細讀下卻又似頗有意旨隱於其間。關於《通書》之難解,朱熹即曾感歎,初讀時真是茫然不知其所謂。❸事實上,朱熹從初讀《通書》到完成對此書的注解,時間上至少三十年,這除了顯示朱熹對此書的重視,也意謂此書的不易理解。自朱熹以來,歷來不乏儒者探討《通書》,或為之注釋,或申衍其義。相形之下,劉宗周《易衍》要比《通書》更為晦澀難解,且乏人問津,至今尚未見到專門探討此部文本的文章。

此處將周敦頤《通書》與劉宗周《易衍》進行對照,探討二者相關之處,分三部分處理,即形式、文字句法及概念三者的對比。

㈠形式的對比

在文本形式上,《通書》四十章與《易衍》四十二章大體類似,皆為以章節分段的體例。此處僅就這兩文本的一些特點,如引述的卦、引文出處、引述的人物等,進行對照。

首先,比較兩個文本所引述的卦。

《通書》共論及 11 卦,分別為:乾、損、益、家人、睽、

---

❸ 朱熹說:「初蓋茫然不知其所謂,而甚或不能以句。……比年以來,潛玩既久,乃若粗有得焉……於其章句文字之間,則有以實見其條理之愈密,意味之愈深,而不我欺也。」見《周子全書》上冊,卷7,頁115。

復、无妄、訟、噬嗑、蒙、艮。

《易衍》共論及 36 卦：泰、震、巽、離、坤、兌、乾、坎、艮、革、鼎、屯、咸、蒙、无妄、履、需、賁、姤、復、未濟、既濟、明夷、家人、睽、益、旅、觀、恒、遯、臨、蹇、漸、節、小過、大過。

這其中，值得注意的是《通書》的「損／益」二卦及《易衍》的「革／鼎」二卦。在《通書·乾損益動第三十一》❸中，損、益二卦有「遷善」及「改過」之意。在《易衍》第十六章❸，鼎、革二卦亦有相似意思，革為「去故」，鼎為「取新」。

其次，比較兩個文本的引文出處。

《通書》的引文出處為：《易》、《尚書》、《春秋》、《論語》等。以《易》為最多。

《易衍》的引文出處為：《易》、《詩》、《尚書》、《周禮》、《禮記》、《論語》、《孟子》、《大學》、《中庸》等，這是屬於經部；另還有《孔子家語》、董仲舒《天人三策》、周敦頤《太極圖說》及《通書》、張載《正蒙》及《易說》、程氏兄弟《二程遺書》、程頤《易傳》、朱熹《朱子語類》、王陽明《傳習錄》，這是屬於儒家的子部。另還有道家及雜家的《老子》、《尸子》、《淮南子》等。

相較之下，《通書》引用的皆為先秦的儒家經典，《易衍》除

---

❸ 如《通書·乾損益動第三十一》：「君子乾乾，不息於誠。然必懲忿窒欲，遷善改過而後至。乾之用其善是，損益之大莫是過。」

❸ 如《易衍》第十六章：「善乎《易》之言變也，莫備乎鼎革矣。革去故，鼎取新也。」

儒家經典外，宋明諸子的著作亦多有引述，另外還引用道家等文本。

最後，比較兩個文本所引述的人物。

《通書》提及的人物為：堯、舜、伊尹、孔子、子路、顏淵。

《易衍》提及的人物為：伏羲、禹、箕子、文王、周公、蘧伯玉、孔子、顏子、曾子、子思、孟子、商鞅、申不害等，以上為先秦人物；另還有程顥、朱熹、蔡元定、陸九淵，為宋代人物；另還有朱元璋、王陽明，為明代人物。

可見，在引述文本及引述人物上，《通書》所引述的皆為先秦儒家經典或先秦儒家人物；《易衍》則為跨度較大，除引述先秦儒家經典外，尚包括宋明諸子及道家等文本，引述人物除先秦儒家人物外，還包括宋明諸子及法家人物。這一點，或許代表著某些意義。

㈡文字句法的對比

在上一節中，已對劉宗周《人極圖說》乃是對周敦頤《太極圖說》的仿作，進行論證。此處，則討論劉宗周《易衍》乃是對周敦頤《通書》的仿作。

為便於說明，現將這四個文本的關係，圖示如下。

周敦頤：《太極圖說》——(a)《通書》

            | (c)   (d)？

劉宗周：《人極圖說》——(b)《易衍》

在周敦頤部分。前面已討論，《通書》是對其《太極圖說》的

闡發，二者密切相關，因此在簡圖中以「—」表示，並標注為
(a)。

在劉宗周部分。如前所述，《易衍》是對《人極圖說》的闡
發，因此亦以「—」表示，並標注為(b)。

在周敦頤二文本與劉宗周二文本的關係上。前一節已對《人極
圖說》之仿《太極圖說》進行論證，因此，周敦頤《太極圖說》與
劉宗周《人極圖說》之間，亦以「—」表示，並標注為(c)。至於
《易衍》與《通書》之間的關係，則是此處所要討論的，因此以
「？」表示有待論證，並以(d)作為標注。

從先前的討論中，a、b、c 三者所代表的關係，已經獲得確
認，僅有 d 所代表的關係有待證明。接下來，列舉具體例證進行綜
合討論。

例證一：周敦頤《太極圖說》言：「大哉易也！」《通書》第
一章亦有言：「大哉易也！」二者字句完全相同，這一點可作為關
係(a)的佐證之一。劉宗周《人極圖說》言：「大哉人乎！」句法
結構與《太極圖說》「大哉《易》也！」相近，這一點可作為關係
(c)的佐證之一。另外，劉宗周《易衍》第三章亦言：「大哉人
乎！」可視為是對關係(b)的佐證。如此雖然(d)尚未獲直接證實，
但從這四角關係中三者已獲確定，則最後的(d)大致可以推斷。

例證二：周敦頤《太極圖說》言：「聖人定之以中正仁義而主
靜（自注云：無欲故靜），立人極焉。」《通書》第二十章言：「聖
可學乎？曰：可。有要乎？曰：有。請問焉，曰：一為要。一者，
無欲也。」二者皆以「無欲」作為聖學工夫，可視為關係(a)的佐
證之一。另外，劉宗周《人極圖說》說：「周子所謂『主靜立人極

是也」。然其要歸之於善補過……此聖學也。」此處引周敦頤《太極圖說》之語，並以「補過」作為聖學之要，則意在與《太極圖說》相為呼應，或可視為關係(c)的佐證之一。又，《易衍》第十五章則說：「學易有要乎？曰：有，變為要。……此聖人之全學也。……有過必改……見善必遷。」❸❻此句在句法結構上，與《通書》第二十章相似，蓋《通書》言「聖可學乎」，《易衍》言「學易有要乎」，而此「要」一字則是相應於《通書》的「一為要」之「要」字。因此，可作為關係(d)的佐證之一。此外，《易衍》以「改過遷善」為聖學之要，則與《人極圖說》的「補過」相似，可作為關係(b)的佐證。

例證三：劉宗周《易衍》第三十三章：「<u>天春生萬物</u>，而<u>秋以成</u>之。」周敦頤《通書》第三十六章：「<u>天以春生萬物</u>……<u>得秋以成</u>。」二者文句相近，意義相同，可為關係(d)的佐證之一。

例證四：劉宗周《易衍》第三十四章：「<u>靜虛</u>而<u>動直</u>乎？」周敦頤《通書》第二十章：「<u>靜虛</u>則明，明則通；<u>動直</u>則公，公則溥。」前者的概念乃出自後者，因此當可視為是關係(d)的又一佐證。

㈢概念的對比

在概念上，《通書》與《易衍》這兩文本頗有相應之處。以下分別從理想人格、修養工夫及核心概念三方面論述。

---

❸❻ 按，《易衍》第十五章「學易有要乎」此句，在中研院點校本中作「學易要有乎」。經考察，《劉子全書》清道光本作「學易有要乎」。在文義上，應以「有要乎」較為通順，故以道光本為據。

在理想人格方面。《通書》以對「聖人」的討論為主，《易衍》則以對「君子」的討論為主。畢竟，聖人或君子對人之上承天道有清楚的自覺，對百姓則負有教化之責，修己治人，這在儒家傳統中是備受推重的。經統計，《通書》論及「聖人」者共有十六章，論及「君子」者共六章；《易衍》論及「聖人」者共九章，論及「君子」者共十五章。以下分別進行討論。

在《通書》方面。周敦頤在《通書》中以理想人格「聖人」為中心，上承天道，下開人道教化。《通書》第十章：「聖希天，賢希聖，士希賢。」這裏彰顯了三種理想人格，由低階到高階，分別為：士、賢、聖。伊尹、顏淵，可稱為賢。前者治人，後者修己。得賢才則能治天下㊲。至於聖人，既然「聖希天」，則聖人乃是能體天道之人。事實上，《通書》論聖人，確實多從天人相應的角度來討論。如，《通書》第十一章㊳，天道上以陰陽二氣之運行來生成萬物，而在人道上，生成即相當於仁義，因此聖人以仁義教化百姓，以與天道相應。又如，《通書》第三十六章㊴，亦是先從天道而論，以春生萬物，以秋成萬物；在人道上，則相應以以政養萬

㊲　《通書》第十二章：「賢才輔則天下治。」

㊳　《通書》第十一章：「天以陽生萬物，以陰成萬物。生，仁也；成，義也。故聖人在上，以仁育萬物，以義正萬民。天道行而萬物順，聖德修而萬民化。」

㊴　《通書》第三十六章：「天以春生萬物，止之以秋。物之生也，既成矣，不止，則過焉，故得秋以成。聖人之法天，以政養萬民，肅之以刑。民之盛也，欲動情勝，利害相攻，不止，則賊滅無倫焉。故得刑以治。」

民，以刑肅萬民。又如，《通書》第三十七章❹，則是先言聖人應「至公」，接著問其因由，則以「天地至公」答之，表現出聖人所行皆與天道相合之意。

在《易衍》方面，主要討論君子的進德修業。如同《通書》論聖人，多從天人相應的角度來討論，《易衍》論君子亦有這一特色。如，《易衍》第七章❹，以「君子仰觀於天」為開端，在天體運行上有一中心，稱為「獨體」，相對地，在人的心性結構中亦有「獨體」，能把握此獨體即是一切道德活動的根基，故曰「君子必慎其獨」。又如，《易衍》第九章❹以天道的日月水火為例，說明體用一原、即用求體之意，因此君子也應當即用以求體。又如，《易衍》第十五章❹及第十六章❹，從易之言「變」，論及君子也

---

❹　《通書》第三十七章：「聖人之道，至公而已矣。或曰：何謂也？曰：天地至公而已矣。」

❹　《易衍》第七章：「君子仰觀於天，而得先天之易焉。……慎獨之說也。至哉獨乎！隱乎！微乎！穆穆乎不已者乎？蓋曰心之所以為心也。則心一天也。獨體不息之中，而一元常運……君子所以必慎其獨也。」按，此處言「心一天也」，其語法結構與《人極圖說》「萬性，一性也」相同，乃模仿周敦頤《太極圖說》中「五行，一陰陽也」。意思是，五行等於陰陽，或五行就是陰陽。因此，「心一天也」即是心等於天之意。

❹　《易衍》第九章：「吾何以知體用之一原，而天無先後也與哉？今夫日月，照而已矣，而照本無體；水火，燥濕而已矣，而燥濕之外別無用；則天地可以類推。故君子知微以知彰，即用以求體。」

❹　《易衍》第十五章：「學易有要乎？曰：有，變為要。……而善學者，乃自知變始。……是以君子有善變之功焉。……進極而退，則有過必改；退極而進，則見善必遷。」

應當有善變之功，即改過遷善。

其實，《通書》與《易衍》從天人相應的角度來討論理想人格這一特點，本是意料中事，毫不足奇。由於這兩部文本皆與易學密切相關，而易學的一大特點即是天人相應，本於天道而論人道。《易經》以八卦為最根本，按《繫辭傳》說法，八卦乃是「近取諸身，遠取諸物」，「觀象於天」，「觀法於地」❹，由對自然現象的觀察而造的，再由八卦錯綜成六十四卦。在《象傳》中，八卦象徵不同的自然現象，如乾為天，坤為地，巽為風，震為雷，坎為水，離為火，艮為山，兌為澤，並進而解釋六十四卦，而後皆衍申為道德，如著名的《乾卦·象》：「天行健，君子以自強不息。」❹因此，天道人道乃是一貫，此即易之主旨所在，亦為後世以易學為基礎的論著所延續。

在修養工夫及核心概念方面，由於彼此相互關聯，故須合併討論。其實，所謂的核心概念，在《通書》與《易衍》中即是指本體，因此此處所論即本體與工夫的議題。《通書》與《易衍》皆強調改過遷善的工夫。《通書》共有七章提及改過或遷善，《易衍》則有四章。以下分別進行討論。

《通書》將改過遷善工夫與聖人之德，二者相聯，並與《通書》「誠」的核心概念相聯結。要了解這一點，必須通觀全書，方

---

❹　《易衍》第十六章：「善乎易之言變也，莫備乎鼎革矣。革去故，鼎取新也。革之去故也……君子所以脫凡近而游高明者……鼎之取新也……君子所以策渺修而踐成德者，其然乎。」

❹　以上引自《周易正義·繫辭下》，見《十三經注疏》上冊，頁86。

❹　《周易正義·乾》，見《十三經注疏》上冊，頁14。

能理會。《通書》首章首句說：「誠者，聖人之本。」❹《通書》第二章也說：「聖，誠而已矣。」可見，「誠」是聖人之德。事實上，「誠」是《通書》的核心概念，出自於《中庸》，既是天道，也是人道，可以說是天人相合之處，《通書》共有八章提及「誠」。就天道言，天體運行，乾乾不已；就人道言，誠為聖人之本。那麼，何謂人道之「誠」？答案在《通書》第三十二章，具體地指出，所謂「誠」，就是「無妄」。❹那麼，何謂「妄」，又如何成為「無妄」？答案亦在《通書》第三十二章，所謂「妄」，就是不善之動，而要成為「無妄」，就要將不善的心念言行加以改過，則能無妄。無妄即是「誠」。因此，誠是聖人的境界，是君子修德所要達到的目標。《通書》第三十一章❹說得更為明白，君子修德，當如《易經》乾卦所教示的，應效法天道的運行不已，在「誠」的工夫上自強不息，也還要像《易經》損卦及益卦所教示的，在改過遷善的修德過程中，不斷地去惡，不斷地修善。可見，

---

❹　《通書》第一章：「**誠者，聖人之本。**『大哉乾元，萬物資始』，誠之源也。『乾道變化，各正性命』，誠斯立焉。純粹至善者也。故曰：『一陰一陽之謂道，繼之者善也，成之者性也。』元亨，誠之通。利貞，誠之復。」此處可見天道與人道之相應。

❹　《通書》第三十二章：「治天下有本，身之謂也。治天下有則，家之謂也。本心端，端本，誠心而已矣。則必善，善則，和親而已矣。……是治天下觀於家，治家觀身而已矣。身端，心誠之謂也。誠心，復其不善之動而已矣。不善之動，妄也。妄復，則無妄矣。**無妄，則誠矣。**」按，此處頗有《大學》誠意、正心、修身、齊家、治國、平天下之意，其最根本的工夫則為「誠心」，而具體工夫則是「復其不善之動」。

❹　《通書》第三十一章：「君子乾乾，不息於誠。然必懲忿窒欲，遷善改過而後至。乾之用其善是，損益之大莫是過。」

改過遷善工夫乃是達到聖人「誠」的境界之必要過程。此外，《通書》並舉孔子兩大弟子為例，一是子路喜聞過❺⓿，二是顏淵不貳過❺❶，鼓勵學者誰能無過，能改過者則為君子❺❷，則為賢人❺❸。

　　至於《易衍》，雖然只有四章論及改過或遷善，但皆與易學相聯繫，這一特點亦可見於《通書》中，如《通書》之引用乾、損、益三卦來解釋改過遷善。《易衍》第十五章以蘧伯玉❺❹為例，他到五十歲時還去反省過去四十九年的過失，說明在改過工夫上應勤勉不倦。又如《易衍》第十六章，以《易經》鼎、革二卦所教示的「去故」及「取新」二意，來說明君子修德應不斷改過遷善，「革而不已」，不斷地去故，「新而不已」，不斷地取新。又如《易

---

❺⓿　《通書》第二十六章：「**仲由喜聞過**，令名無窮焉。今人有過，不喜人規，如護疾而忌醫，寧滅其身而無悟也。噫！」

❺❶　《通書》第十章：「聖希天，賢希聖，士希賢。伊尹、顏淵，大賢也。伊尹恥其君不為堯舜，一夫不得其所，若撻於市。顏淵不遷怒，**不貳過**，三月不達仁。志伊尹之所志，學顏子之所學。過則聖，及則賢，不及則亦不失於令名。」

❺❷　《通書》第十五章：「有善不及。曰：不及則學焉。問曰：有不善。曰：不善則告之不善。且勸曰：庶幾有改乎！斯為君子。有善一，不善二，則學其一而勸其二。有語曰：斯人有是之不善，非大惡也？則曰：孰無過？焉知其不能改？改則為君子矣。不改為惡。惡者，天惡之。彼豈無畏邪？烏知其不能改？故君子悉有眾善，無弗愛且敬焉。」

❺❸　《通書》第八章：「人之生，不幸，不聞過；大不幸，無恥。必有恥，則可教；聞過，則可賢。」

❺❹　《易衍》第十五章：「蘧伯玉行年五十，而知四十九年之非。」乃引自《淮南子·原道訓》。

衍》三十八章❺，從《易經》最初始的占筮功能說起，其占卜結果在《易經》中有吉、凶、悔、吝、无咎等占辭❻，其中的悔、吝、无咎，其意涵雖並非吉利，但未必一定是凶，若能在盡人事上有所惕厲改進，善為「補過」，則可化凶為吉，顯示著人對命運乃具有某種程度的掌握。❼

又，如同《通書》論改過，乃與《通書》「誠」的核心概念相聯繫，《易衍》論改過，亦與《易衍》的核心概念相聯繫。《易衍》的核心概念是「心」，在《易衍》中共有十七章提及「心」。如同《通書》的「誠」既是主體也是客體，《易衍》的「心」亦然，它可以從客觀天道的角度而言，也可從主觀心體的角度來說。

---

❺ 《易衍》三十八章：「易為卜筮設。……吉凶者，占其所失得也；悔吝者，占其所憂虞也；无咎者，善補過也。」按，《繫辭傳》：「吉凶者，言乎其失得也。悔吝者，言乎其小疵也。无咎者，善補過也。」（《周易正義·繫辭上》，見《十三經注疏》上冊，頁 77）《易衍》乃出於此。

❻ 占辭是易卦中占斷吉凶的用語，可分為三類。吉類：包括亨、吉、利、无不利；凶類：包括吝、厲、悔、咎、災、凶、无攸利、不利等；凶中求吉類：包括无咎、何咎、何其咎、匪咎、无悔、悔亡等。見黃沛榮《〈易經〉形式結構中所蘊涵之義理》，《漢學研究》第 19 卷第 1 期，頁 1－22。

❼ 按，劉宗周認為人對命運能有所掌握及補過等說，當與《周易·繫辭》「无咎者，善補過也」（《周易正義·繫辭上》，見《十三經注疏》上冊，頁 77）有所關聯。這一點，可與劉宗周另一著作《周易古文鈔》相參看。劉宗周對前引《繫辭》一句，注曰：「无咎之說，是易道要歸處。」（《周易古文鈔》，見《劉宗周全集》第一冊，頁 251）又在此章注解道：「蓋聖人作《易》，無非使人趨吉避凶，而終之以善補過也。」（出處同上）此外，劉宗周在《人極圖說》中也說：「其要歸之善補過。」另如《論語學案》頁 425，劉宗周也說：「《易》六十四卦，三百八十四爻，無非遷善改過之書。」凡此種種，皆可見劉宗周對遷善改過之重視。

如前所言，《易衍》論改過皆與易學相聯繫，如學易之要在「知變」❺❽，因此要有「善變之功」❺❾，即有過必改、見善必遷。事實上，易就是心。一般而言，易是對天地及人事各種變化的表述，所謂天、地、人三極，而劉宗周在《易衍·自序》中說「三極，一極也」，表示天、地、人這三極是相通的。《易衍·自序》❻❿又說，心是人之所以為人的根本，因此天、地、人三極又可歸入於「心」。換言之，「易」就是「心」❻❶。在這樣的推論下，既然《易衍》論改過皆與易相關，而易就是心，那麼，《易衍》論改過自然與「心」相聯繫。

以上所論，看似有些牽強且不易理解。這其中的關鍵在於，劉宗周所謂的「心」既是主體也是客體，意即可從「能」（如：能知，perceiver）的主體角度來看，亦可從「所」（如：所知，perceived）的客觀角度來看。這一點，在第三章已有所討論。

上述討論，歸納重點如下：

一，《通書》與《易衍》皆是以易學為基礎。這一點亦是《太

---

❺❽　《易衍》，第十五章。

❺❾　同上。

❻❿　《易衍·自序》：「人之所以為人，心之所以為心也。……學者苟能讀易而見吾心焉，盈天地間，皆心也。任取一法以求之，安住而非學乎！」

❻❶　按，劉宗周即易即心這一觀點，亦可與其另一著作《周易古文鈔》相參。《周易古文鈔》說：「易，一心也。心，一性也。性，一善也。」（《周易古文鈔》，見《劉宗周全集》第一冊，頁 256）此處句法乃劉宗周所常用，表示易即是心，心即是性，性即是善。又，心即性即善，亦即為劉宗周《人極圖說》的主要概念，可互為參照。

極圖說》與《人極圖說》的特色。

二，在引述文本及引述人物上，《通書》所引述的皆為先秦經典及人物；《易衍》除引述先秦經典及人物外，尚包括宋明時候的文本及人物。這一點，或許意謂《易衍》對《通書》的承續。

三，在文字及句法上，《易衍》有多處模仿《通書》。

四，在理想人格的討論上，如同《通書》從天人相應的角度討論「聖人」這一理想人格，《易衍》亦從天人相應的角度論「君子」這一理想人格。

五，在修養工夫上，《通書》與《易衍》皆強調改過遷善的工夫，且如同《通書》論改過遷善與《通書》「誠」的核心概念相關連，《易衍》論改過遷善，也與《易衍》的核心概念「心」相關連。

六，在核心概念上，如同《通書》的核心概念「誠」既是主體也是客體，《易衍》的核心概念「心」亦然，可以從客觀天道的角度而言，也可從主觀心體的角度來說。

從以上六點，可見《易衍》對《通書》的摹仿。

四、小結

以上探討劉宗周《易衍》對周敦頤《通書》之仿作。更重要地，有關劉宗周《易衍》在本體與工夫方面的建構：

一，心乃兼具主體與客體，綜合能知與所知。此為心性本體論的核心要義。

二，改過遷善。此為工夫論的核心要義。

以此作簡要總結。

第三節　仿周敦頤二文的意義

以上兩節，對劉宗周《人極圖說》、《易衍》乃分別摹仿周敦頤《太極圖說》、《通書》進行論證，並討論其中所涵藏的本體與工夫要義。文獻及義理，兩者皆備。不過，在一般哲學史、思想史研究中，並不重視文獻本身的探討，而集中於義理的分析。因此，接下來，要審視這一文獻探討的意義與價值。

一、文獻分析的重要性

首先，這一探討有助於對劉宗周思想的理解。

表面上，對《人極圖說》與《易衍》進行文獻學式的分析，似乎對劉宗周思想研究並無直接貢獻。但事實上，文獻是義理探討的基礎，假若前述所論「仿周子二文」這一論點得以確立，那麼，對《人極圖說》及《易衍》這兩部文本的義理闡釋，將能依托於「仿周子二文」的文本基礎上，而在劉宗周思想的理解上有所進展。

民國初期學者余嘉錫在其《古書通例》一書中，探討古籍的研讀方法，其中一卷為「明體例」。一般人研讀古書，多著重於文辭義理的解釋，余嘉錫則強調體例的重要，認為「當先明古人著作之本，然後可以讀古書」[62]，不應輕率地將今人著作的方式、規格等，想當然爾地加諸於古籍之上。

余嘉錫《古書通例》主要是以唐代之前的古籍為討論對象，尤

---

[62]　余嘉錫《古書通例》，見《中國現代學術經典·余嘉錫、楊樹達卷》（石家庄：河北教育出版社，1996年），頁255。

其是先秦古籍，因其著述體例與後世差異較大的緣故。相較之下，劉宗周生當明代末年，距今僅數百年，並不算久，其著述體例應較易理解。然而，由於劉宗周《人極圖說》與《易衍》這兩部晚年著作，無論是體例上或義理上，皆十分特殊，若直探其義理，實在是有太多難以理解之處，因而先從其體例的探討入手，亦不失為理解這兩部文本的一種途徑。

程千帆、徐有富合撰的《校讎廣義‧校勘編》一書，在第六章「校勘的方法」中，「體例」亦列於其中一項。作者指出，「古書通常都有一定體例，因此我們可以根據書的體例來從事校勘」[63]，但「不少古書的體例並未在卷首加以說明，而是貫穿在行文中，需要我們去發現。」[64]正如清代學者朱一新《無邪堂答問》所言：「古書自有體例。但古人著書，其例散見書中，非若後人自作凡例，冠於簡端之陋也。經傳不必言，即史部、子部諸書之古雅者，莫不如是。不通其書之體例，不能讀其書，此即大義之所存，昔人所謂義例也。」[65]朱一新這段話，提及「子部諸書之古雅者」亦有體例、義例的問題，而劉宗周《人極圖說》及《易衍》即相當於子部著述，因此我以體例方式來探討，應當是可以成立的。

正是出於對體例的重視，本章從《人極圖說》、《易衍》的體例著手，以作為探索其思想義理的前行，但主要目的還是為理解文

---

[63]　程千帆、徐有富撰《校讎廣義‧校勘編》，此書收入《程千帆全集》第二卷（石家莊：河北教育出版社，2000 年），頁 315。

[64]　程千帆、徐有富撰《校讎廣義‧校勘編》，頁 315。

[65]　朱一新《無邪堂答問》，卷 5，見《叢書集成續編》第 93 冊（上海：上海書店，1994 年），頁 1182。

本的義理。舉例而言，既然已證明劉宗周《人極圖說》是對周敦頤《太極圖說》的模仿，則《太極圖說》中的太極與陰陽不二這一概念，在《人極圖說》亦有性不離心的概念相為呼應。

又如，如果證明劉宗周《易衍》是對周敦頤《通書》的模仿，那麼《通書》的核心概念「誠」既是主體也是客體，《易衍》的核心概念「心」亦應兼具客觀天道與主觀心體，以相為呼應。

總之，在對文本進行詮釋時，可資運用的方法有多端，體例的探討不僅為方法之其一，且是過去哲學史、思想史研究所疏忽而可待加強之處。

二、經學史、易學史上的價值

其次，對《人極圖說》、《易衍》所作文獻上的探討，其價值應置於易學傳統下來審視，乃至整個經學史⑥的背景下。

在過去的宋明理學研究中，十有八九是將周敦頤《太極圖說》、《通書》及劉宗周《人極圖說》、《易衍》視作為哲學文本，忽略其乃是屬於易學這一脈絡，而易學又是處於經學這一脈絡之下。這主要是因為，在西方學科分類的影響下，多是以西方哲學啟迪下的哲學視角來看待宋明理學，因而並未對中國傳統學術思想

---

⑥　關於經學史研究，林慶彰說：「一部經典形成後，後人一切相關研究的成果，包括經典的注釋，個別字義、典章制度、思想內容的探討，和相關論著目錄、論文集、叢書等的編輯，都可以說是該部經典研究史探討的對象。」林慶彰《詩經學史研究的回顧與前瞻》，見鍾彩鈞主編《中國文哲研究的回顧與展望論文集》（臺北：中央研究院中國文哲研究所籌備處，1992 年），頁 349。

自身的架構予以重視，難免有未窺全豹之憾。

　　中國傳統學術以經部著述為首要，子部著述要排在經部之後。
❻經學史上，從最初的《六經》、《五經》，擴大到《七經》、
《九經》及後來的《十三經》❻，對這些經典的各種整理及闡發，

---

❻　一般認為，經乃特指儒家的經書，其實這一說法並不完全準確。如王葆玹
　　說：「中國有一俗見長期流行，即以為《五經》純為儒家經書，經學為儒家
　　所獨有。然而，考察《漢書‧藝文志》所歸納的九流十家，竟有七家尊重經
　　書的權威。所不同者，儒家所尊崇的是經書的全部，墨家僅尊崇《五經》中
　　的《詩》、《書》二經，道家僅尊崇《易經》，名家應尊重《禮經》，縱橫
　　家熟悉《詩經》，雜家則雜取經義並與其他各家學說參和，陰陽家或重視
　　《春秋》，或重視《周禮》。從經學的角度看，儒家對《五經》的態度全面
　　而純粹，其餘各家則片面而雜駁。如果說《五經》是戰國以前中國文化的結
　　晶，那麼儒家便是這一傳統的最佳繼承者。」見王葆玹《今古文經學新論》
　　（增訂版）（北京，中國社會科學出版社，2004 年），頁 11－12。此外，
　　《漢書‧藝文志》的第一類是「六藝略」，即經學，第二類是「諸子略」，
　　包括儒家、墨家、道家、法家等等，可見在漢朝時即把經學與儒家區分開來
　　的，經學並非儒家專有。

❻　關於《六經》到《十三經》的演變，劉師培說：「三代之時，只有《六
　　經》。《六經》者，一曰《易經》，二曰《書經》，三曰《詩經》，四曰
　　《禮經》，五曰《樂經》，六曰《春秋經》。……若《左氏》、《公羊》、
　　《穀梁》三傳，咸為記《春秋》之書。《周禮》原名《周官經》，《禮記》
　　原名《小戴禮》，皆與《禮經》相輔之書。《論語》、《孝經》雖為孔門緒
　　言，亦與《六經》有別，至《爾雅》列小學之門，《孟子》為儒家之一，
　　《中庸》、《大學》咸附《小戴禮》之中，更不得目之為經。西漢之時，或
　　稱《六經》，或稱六藝。厥後《樂經》失傳，始以《孝經》、《論語》配
　　《五經》，稱為《七經》。至於唐代，則《春秋》、《禮經》咸析為三，立
　　《三傳》、《三禮》之名，合《易》、《書》、《詩》為《九經》。北宋之
　　初，于《論語》、《孝經》而外，兼崇《爾雅》、《孟子》二書，而《十三
　　經》之名遂一定而不可復易矣。」劉師培《經學教科書》頁 1－2，收入《民

包括注疏、章句、義疏、考證、發明等等，品類之盛，洋洋大觀，形成了經、史、子、集四部之學中的首部。據劉宗周弟子所記，劉宗周曾慨然有續經之意，在《易》方面，考慮以周敦頤《太極圖說》、《通書》來續《易》。❻❾這不但顯示劉宗周對周敦頤二文的重視，還指示著其歸屬於易學這一傳承。

易學的相關著述極為繁多，數量當是經部之首。❼⓿易學著述大約有兩大類。第一類是對《周易》經傳文本的注解詮釋，形成了歷代各家注《易》之說；第二類是為取自《周易》經傳的概念所衍繹出的思想學說。前者是對文本的解釋，其用意多在追求經典的「本義」；後者則是錢穆所說對經學的「發明」❼❶，重在發揮義理。❼❷

國叢書》第二編第3冊，上海書店。

今日學者談論經學，必思及《十三經注疏》。這《十三經》的名稱及內容，為北宋時所訂定，乃是在《九經》的基礎上加有《論語》、《孝經》、《爾雅》、《孟子》四部典籍，而《九經》又是在《五經》的基礎上，分《春秋》為《左氏》、《公羊》、《穀梁》三傳，並在《禮經》之外，加《周禮》、《禮記》二部。追其根源，最初為《六經》，即《易經》、《書經》、《詩經》、《禮經》、《樂經》、《春秋經》，後《樂經》失傳，故為《五經》。總之，後代的《七經》、《九經》、《十三經》等，皆是以《五經》為根本，加以分立或增添的。

❻❾ 「先生卒業《六經》，慨然有續經之意。大略欲以周子《太極》、《通書》續《易》；刪後世詩歌之有裨勸戒者續《詩》；取後世詔令奏議之有益治乎者續《書》；《朱子家禮》續《禮》；《綱目》續《春秋》。有志未就。」《劉譜錄遺》，見《劉宗周全集》第五冊，頁551。

❼⓿ 即以二十世紀而論，粗略估計就有七千種易學論著。見鄭吉雄《從經典詮釋傳統論二十世紀易詮釋的分期與類型》，收入其《易圖象與易詮釋》一書，頁14。

❼❶ 錢穆《經學大綱》（臺北：素書樓文教基金會，2000年），頁416。

熊十力也有類似之言，說：「有釋經之儒，以注解經書為業，如治訓詁名物等等者是……有宗經之儒，雖宗依經旨，而實自有創發，自成一家之學。」❼❸如是，在易學傳統中，周敦頤及劉宗周皆可稱得上為「宗經之儒」，並非對《周易》進行逐條的文字義理疏解，但卻可說是對易理的闡發，藉以闡述其一家之學，其著作如《太極圖說》、《通書》及《人極圖說》、《易衍》等，可說是對《周易》的「發明」。換言之，劉宗周《人極圖說》、《易衍》兩部文本，不但是哲學，也是經學；不僅可歸屬為子部，亦可歸屬為經部。❼❹

---

❼❷ 此一區分，即相當於所謂漢宋之學的區分。但如同前面所提及的，「義理」與「象數」之分乃是假名安立，此處所說的「本義」與「發明」，亦為假名安立。如李申儼管在《發揮派與本義派——易學方法論兩派述評》（《哲學研究》第一期，1992 年）一文中認為，「發揮」與「本義」是易學研究方法的兩大派，但緊接著卻又表示，本義派其實就是發揮派，每一位研究《周易》的學者，都是發揮派。這一觀點，實與西方詮釋學頗有類似之處。

❼❸ 熊十力《讀經示要》（臺北：明文書局，1987 年），頁 435。

❼❹ 此處看似有些疑慮，為何既是經學又是哲學，既屬子部亦屬經部？要回答這一問題，除涉及定義的語意問題外，還可以目錄學方法來處理。目錄學關乎學科分類，善巧者能從古代目錄中窺見許多消息，其中之一即是從目錄中考察古代學術的源流與發展。

經學這一學科門類，據現存最早的目錄《漢書·藝文志》，其「六藝略」分易、書、詩、禮、樂、春秋、論語、孝經、小學共九種，乃是經學的範圍。後代常見的四部分類，乃首見於晉代荀勗《新簿》以甲、乙、丙、丁四部總括群書，甲部即相當於經部。《隋書·經籍志》則確立經、史、子、集四部的名稱，此後四部分類法定於一尊，成為目錄分類的主流，如宋代晁公武《郡齋讀書志》、陳振孫《直齋書錄解題》、元初馬端臨《文獻通考·經籍考》、清代《四庫全書總目》等，皆是也。但此處要注意的是，在先後順序

此外，易學傳統中，自古以來有「象數」與「義理」兩派，《四庫總目提要》則細分為「兩派六宗」**⑦**，現代學者屈萬里則提出「象數、義理和圖書」三者**⑦**。劉宗周的《人極圖說》、《易

上，並非是先有類而後有書的，也就是並非先設立學科而後再將書籍一一按類劃分。相反的，是先有書而後形成學科的，目錄的分類是根據書籍的多寡進行的，也就是因書以設類。

同時，目錄的分類工作也不容易，講求的是學問工夫，通過古代目錄，可以推知古人對當時學術的理解。從典籍分類及學術形成的角度來說，先秦流傳下來的《易》、《書》、《詩》、《禮》、《樂》、《春秋》等典籍，後世不斷加以研究，層層積累，將這類有關的書籍放在一起，就形成「經學」這一門類。

總之，經學這一學科自古即有，為中國古代學術類別中的第一大類。相較之下，哲學這一學科門類則是晚清時才從日本傳入，其研究中國哲學的方法亦多受西方哲學所影響。由於此一名相是外來的，在古代並無與之對應的名相以讓人探討其源流，因此「哲學」一詞實較「經學」一詞更難以界定且更有爭議。當然，就研究對象來說，中國哲學的研究範圍確實跨越到經學的門牆內，特別是易學。因此，經學與哲學這兩者範圍，無法避免地會有重疊之處，這是中國學術經歷現代化所產生的難題。

⑦ 《四庫提要‧經部總敘‧易類》：「易之為書……《左傳》所記諸占，蓋猶太卜之遺法，漢儒言象數，去古未遠也。一變而為京焦，入於磯祥；再變而為陳、邵，務窮造化。易遂不切於民用。王弼盡黜象數，說以老莊。一變而胡瑗、程子，始闡明儒理；再變而李光、楊萬里，又參證史事。易遂日啟其論端。此兩派六宗。」《四庫全書總目》，頁1。

⑦ 屈萬里《先秦漢魏易例述評‧自序》（臺北：臺灣學生書局，1969年），頁1：「歷代《周易》之學，凡經數變。上下經文，初止用於占筮。十翼而後，乃藉以闡發哲理。至西漢中葉，孟喜習災異之術，好以象數說易；東漢易家，推衍其說，至三國而極。王弼奮起，掃象數之穿鑿，復於十翼之平實，歷六朝隋唐，定於一尊。下逮趙宋，河圖洛書、先天後天之說興，而易學再變，以迄晚明。遜清考據之學，突越前代，復排河洛先後天之謬，而反於漢

衍》，在易學上當是象數、義理、圖書三者皆具，其在易學史上的意義，有待後續研究。特別是易圖，盛行於北宋以後，宋明理學家多予以正面評價，且對理學影響頗深，周敦頤《太極圖》即是一例。但自明末清初以來，學風轉向，學者多對易圖持批判態度，影響至今，以至於現代學者對易圖並不重視。另方面，易圖的深奧難解也是乏人問津的原因之一。然而，近年來情況大有不同，有李申、鄭吉雄等學者在易圖學方面的研究❼，及《周易圖說總匯》❼這類大型類書的問世，顯示出這方面研究的方興未艾。事實上，宋明理學遺留有大量易圖，值得深入研究，且宋明儒者易圖著述與其思想之間的關聯，更是一可行且有待努力之方向。

其實，劉宗周對易學的重視，在明代心學中並不多見，值得注

人之象數。至於今茲，餘風未泯。惟變例雖多，然綜其大別，則不過象數、義理、圖書三者而已。」

鄭吉雄認為，若與傳統的「象數、義理」兩派分法，屈萬里「象數、義理和圖書」三系的看法較有理據，理由是：固然圖書學主要是建基於象數，但宋儒的圖書之學與漢儒的象數之學，二者間並不能互相涵括，因此應該分列為二。見鄭吉雄《從經典詮釋傳統論二十世紀易詮釋的分期與類型》，收入其《易圖象與易詮釋》一書，頁 13。但如此解釋，則會發生另一問題，即三分法似指象數僅為漢易所有，其他時代的易學並無象數。因此，圖書之學還是應歸屬於象數這一範疇之下，畢竟「象數」與「義理」這二分，也只是一種指稱上的便利，所謂假名安立。實際上，易學家在詮解《周易》經傳時，往往是象數與義理並用的。

❼ 李申著有《易學與易圖》及《易圖考》等書。鄭吉雄著有《易圖象與易詮釋》一書。

❼ 李申、郭彧編纂《周易圖說總匯》（上海：華東師範大學出版社，2004年）。此書共三大冊，總計 2301 頁。

意。劉宗周以善易聞名❼，有其淵源。劉宗周少從外祖父章穎受學，章穎本身即是易學名家。❽另外，據門人陳確所記，劉宗周以《古易鈔義》授學❿，足見劉宗周對易學的重視。

　　明代王陽明的致良知之學，不求索理於外，也不講究讀書，在其影響下的王門後學，產生束書不觀的現象，不僅經史之書少有鑽研，連宋儒著述也極少涉獵。經考察，除劉宗周外，明代重要心學家有論及易學的❽，大約有曹端（1376－1434）、胡居仁（1433－1484）、湛若水（1466－1560）、王畿（1498－1583）、羅汝芳（1515－

---

❼　《四庫全書總目》劉宗周《周易古文鈔》提要，稱「宗周與漳浦黃道周，明末俱以善易名。」見《劉宗周全集》第五冊，頁831。

❽　據劉宗周為其外祖父章穎所撰《南洲先生傳》一文：「先生諱穎，字叔魯，別號南洲。……年十四五，從上虞孝廉謝狷齋公受《易》。……久之，遂以易名家。……所著有《易解》。」見《劉宗周全集》第三冊下，頁1003－1008。

❿　據陳確所稱，「崇禎癸未（按，即十六年）……壬午，謁劉師，首以『聖人可為』為訓。授《古易抄義》，先生之所手著也。出胡嵩高《易圖說》，付余與祝子。其說謂《周易》本《雒書》，辨甚析。癸未、甲申，兩入侍先生，出，讀所授《易》。」陳確《秋遊記》，《陳確集》（北京：中華書局，1979年），頁200－201。按，《古易鈔義》即《周易古文鈔》。

❽　按，這是以《明儒學案》所列諸儒為考察對象，特別是王學一系或與之相近者，翻閱其現存著述而得。特別注意的是，此一考察乃將《明儒學案》中《諸儒學案》等所列部分學者排除在外。此中理由為：《諸儒學案》中所列學者多非宋明理學意義下的儒者，且他們為學多方，並不專力於身心性命。如郝敬（1558－1639）雖列於《諸儒學案》中且有易學著作，但若以經史學者稱之，當更為適當。另外，如《泰州學案》的焦竑（1540－1620）雖亦有易學著述，但以學問家或文獻家稱之，亦較理學或心學意義下的儒者，要來得更為恰當。

1588）、高攀龍（1562－1626）等。另外，在以上諸儒中，僅曹端撰
有《通書述解》及《太極圖說述解》，乃是對周敦頤二文的闡釋；
又，僅胡居仁撰有《易象鈔》及湛若水作有《心性圖說》，涉及易
圖或以圖象來表述心性。

　　如前所言，劉宗周《人極圖說》、《易衍》二文，反映著他在
宇宙論、本體論方面的用心。除這兩部文本，劉宗周另有注解《周
易》經傳的《周易古文鈔》。這三者，乃劉宗周易學著作。在此可
再舉一例，或可補充說明劉宗周的宇宙論興趣，這也是過去劉宗周
研究所未曾注意的。在劉宗周佚著目錄中，有《十三子》一書❽，
應該是對十三位儒者著作的摘錄及闡述，雖已是有目無書，不知其
內容為何，但至少記有此十三子：董子、文中子、周子、程子、程
叔子、張子、朱子、陸子、曹子、薛子、吳子、胡子、王子。這十
三位，董仲舒為漢代儒者，文中子王通為隋代儒者，其餘則為宋明
儒者，依序包括宋代的周敦頤、程顥、程頤、張載、朱熹、陸九
淵，明代的曹端、薛瑄、吳與弼、胡居仁及王守仁。有意思的是，
董仲舒與王通並非宋明諸儒，且不為明代學者所重視，而明代初期
的曹端、薛瑄、胡居仁等，由於不是陽明學脈，於晚明時期亦不受
儒者注意。劉宗周將此十三儒者，並列一處，推估其緣由，或有二
點可能，亦即此十三子有兩點共通之處。其一，為重視陰陽造化之
理，如董仲舒的《春秋繁露》、王通的《中說》、周敦頤《太極圖
說》、張載《正蒙》、曹端《太極圖說述解》、胡居仁《易像鈔》
等，皆有關天道之學。其二，為強調道德的檢點工夫，如朱熹的存

---

❽　《劉宗周全集》第五冊，頁850。

理去欲、薛瑄的兢兢檢點㊷、吳與弼的刻苦奮勵㊸等。無論如何，從這十三子中，可見劉宗周除匯合程朱與陸王兩大學脈外，另還加有董仲舒及王通二大儒，其見解、氣魄，在明代學者中可謂罕見。

　　放寬視野看，宋明理學從最初的周、張、二程對易學的重視，並以易學作為他們立說的基礎；到明代中期以後，王學興盛，王陽明及其後學之說流衍各地，心學與易學的關係變得較為薄弱；然而到明代末期被稱為宋明理學殿軍的劉宗周，其學與王學密切相關，對心性的探討亦深微，而在宇宙論、本體論上卻也具有宋儒的恢宏氣魄，並以易學為基礎而建構其心性本體及工夫方面的論說。此中起伏，頗讓人尋味。事實上，這即是劉宗周思想的獨特之處。自此以降，心學衰微，即使劉宗周大弟子黃宗羲，亦不以心學聞名，而轉入經史博物之學。經史之學亦即清代學術成就所在。雖則說，宋明時期經史之學未嘗消失，但理學（廣義者）乃是當時最具風采的思想面貌；同樣地，清代時理學（廣義者）亦並未消失，但經史考證之學才是其時最為顯著的學術成就。如是，思想史在歷經宋、元、明七百多年發展的宋明理學之後，至此即將翻為新頁。

㊷　劉宗周說：「閩先生《讀書錄》，多兢兢檢點言行間，所謂學貴踐履，意蓋如此。」《明儒學案・師說》，頁3。

㊸　劉宗周說：「先生之學，刻苦奮勵，多從五更枕上、汗流淚下得來，及夫得之而有以自樂，則又不知足之蹈之、手之舞之。蓋七十年如一日，慎樂相生，可謂獨得聖賢之心精者。」《明儒學案・師說》，頁3。又，黃宗羲記：「劉先生言：『予於本朝，極服康齋先生』。」按，此處「劉先生」即指劉宗周。《明儒學案・崇仁學案》，卷1，頁16。

第七章　以慎獨之學
批判王陽明及其後學

　　本章將劉宗周置於其所處時代，即王門後學的複雜背景之下，以考察劉宗周慎獨之學的用意所在。思想家的思想往往有其針對性，並非憑空而起，這在劉宗周尤其如此，正如牟宗三所言：「劉蕺山之學乃乘王學之流弊而起者。」❶可以說，將劉宗周置於王陽明及其後學的背景下，方能更恰當地理解其立說之目的；況且，這些批評本身也是劉宗周思想研究的重心所在。

　　劉宗周對王門後學的批評，主要集中於王畿（字汝中，別號龍溪，1498－1583）。王畿是王門後學中最具爭議者，於王門內、外皆招致許多批評。那麼，在眾多批評王畿的儒者中，劉宗周的批評有何特殊之處？除王畿之外，劉宗周對泰州一系如王艮（字汝止，號心齋，1483－1541）等亦有所批判。不過，相對於王畿之學，其他儒者對泰州一系批評較少，也較無可觀處，因此其他儒者對王艮的批評可置勿論。

　　本章的安排是：首先，對王陽明及王畿、王艮等略作介紹；其

---

❶　牟宗三《從陸象山到劉蕺山》，見《牟宗三先生全集》第八冊，頁365。

次,整理王門內、外對王畿之學的批評;再次,討論劉宗周對王畿、王艮等王門後學的批判,並且與其他儒者對王畿的批評相互對照,以彰顯劉宗周批評的特殊處;最後,分析劉宗周對王陽明的批評。如此安排乃考量劉宗周的思想發展,因其對王陽明之學的批判屬於劉宗周晚期思想。

第一節　王陽明與「二王」

一、王陽明與王門後學

　　明代具影響力的思想家,首推王陽明(名守仁,字伯安,學者稱陽明先生,1472－1528)。王陽明學說承朱學❷之弊而起,突顯人作為道德主體的能動性,與宋代陸九淵之學遙相呼應,並在理論上更加精微,形成有明一代最具特色的思想學派。

　　此處略為說明朱學之弊。在朱熹廣大精微的思想體系中,以理、氣二者概括萬事萬物。落在人而言,也是由理、氣所成,因此雖則人的本性皆為純然至善,但由於受到氣質影響,導致人各有別。那麼,如果氣質是天生的,為善為惡的氣質既已天生注定,如此則頗有落入決定論的危險,而使人的主體能動性顯得微弱。另外,朱熹思想中的「理」不僅是心之本性,也是宇宙萬物的最根本

---

❷　朱子學是明代官學。在科舉取士方面,先考《四書》,再考《五經》,前者則以朱熹《四書章句集注》為依據,朱子學於是成為舉業必修。另外,明永樂年間,朝廷命翰林學士修纂《五經大全》一百五十四卷、《四書大全》三十六卷、《性理大全》七十卷,皆以程朱學派的經注及觀點為主。

性質，也就是既內在於人，亦外在於人。在此理論之下，人之遵循道德，不完全是為符合社會規範，更是順從宇宙的法則。然而，當人間的「三綱五常」被提升為宇宙之「理」時，道德就變成是外在約束人的「他律道德」，此即朱熹思想的缺陷。後世所謂「以理殺人」，雖針對的是理學教條化的流弊，但此流弊與朱熹思想的缺失乃存在著某種程度的聯繫。

　　相較於朱熹以心、性、情等概念討論人性，陸九淵不作如此區分，而直言「心即理」，此因陸九淵不討論「氣」這一概念，不像朱子以「氣」作為人之「惡」的宇宙論根據，陸九淵將善惡皆訴諸本心，本心即是善，放失本心即是惡。如此，陸九淵以「本心」為道德修養的依據，而非來源於外在的宇宙之「理」，則成聖成賢乃出於自我主體之決定，正可彌補朱熹學說中主體性微弱之失。

　　王陽明之說亦以「心即理」為出發點，而以「致良知」為其晚年宗旨。「致良知」一詞，乃提煉自《大學》「致知」與《孟子》「良知」❸，以「良知」為本體，以「致良知」為工夫，如此本體與工夫皆涵攝於其中。作聖之功不在事物上作知識的積累，而完全就是在心上作工夫。

　　王陽明弟子眾多，且有再傳乃至三傳的門人，他們所討論的問題、形成的思想，延續王陽明之學而又有所發展，這一批人即是所謂「王門後學」或「陽明後學」，或直接簡稱「王學」。儘管王門後學皆尊王陽明為師，皆以良知之學為依歸，但他們對師說的闡發

---

❸　《孟子注疏・盡心上》：「人之所不學而能者，其良能也；所不慮而知者，其良知也。」見《十三經注疏》下冊，頁 2765。

並不一致，常有相互批評、辯難的情形。這一現象，學者稱之為王門分化，以唐君毅最能點出其中癥結，他說：「陽明之提出致良知之教，原視此為至簡易真切之為學之道……然良知之學滿天下，學者對良知之說，更有種種之異同諍論；而欲知此良知為何物，反成最難。……蓋陽明將天下為學之道，收歸于致良知三字之至簡，則天下為學之道之至繁雜者，亦隨之而輻輳于此至簡易者，而使此簡易者，亦化為繁雜也。」❹王陽明以「致良知」三字為宗旨。但「良知」究竟為何？如何「致」此良知？此有關本體與工夫的問題，在王門後學中形成各家說法。

　　由於王門後學對「致良知」之教的闡述有所不同，研究者在處理其間異同的問題上，就產生分派或分類的作法。著名者如黃宗羲《明儒學案》各學案，以地域作區分，將王門後學分為：浙中王門學案（浙江地區）、江右王門學案（江西地區）、南中王門學案（江蘇、安徽地區）、楚中王門學案（湖南、湖北地區）、北方王門學案（山東、河南地區）、粵閩王門學案（廣東、福建地區）等，共六支。此外，又有泰州學案、止修學案。前者是以王陽明晚年弟子王艮為主，王艮為江蘇泰州人，但其弟子及後學並不僅限於泰州；後者是以王陽明的江右弟子鄒守益的門人李材為主，以「止修」二字為宗旨，作為對王學的修正，故稱為「止修學案」。其實，泰州學案、止修學案，亦可算是王門後學。❺現代學者中，日本的岡田武彥將王門後

---

❹　唐君毅《王學之論爭及王學之二流》，見《中國哲學原論·原教篇》第十三章，頁 360。

❺　如陳來說：「黃宗羲之所以不稱這兩支為『王門學案』，是因為他認為這兩派已漸離陽明學的精神宗旨，已經突破於王學之外。黃宗羲的這種看法是正

學分為現成派（如王畿）、修證派（如錢德洪）、歸寂派（如聶豹）三大派，在學界頗具影響，但也不乏批評者。❻關於王門分派的問題，尚有其他主張。❼儘管學派的劃分有其價值，但畢竟只是一種假名安立的方便施設，若過於重視，恐將障蔽我們對個別儒者的瞭解。

在眾多的王陽明弟子中，以王畿、王艮這兩派最具影響力及爭議性，正如《明儒學案》所言：「陽明先生之學，有泰州、龍溪而風行天下，亦因泰州、龍溪而漸失其傳。」❽以下分別簡述「二王」思想。

統派的看法，我們今天自不必以此種正統派看法為限。其實，無論從師承關係上說，還是把陽明學作為一個社會文化運動來看，泰州學派是沒有理由不列為『王門學案』的；李材從江右轉出，亦可列於江右之下。」陳來《序》，見彭國翔《良知學的展開：王龍溪與中晚明的陽明學》，頁 VII－VIII。

❻ 如陳來說：「（岡田武彥）將王畿與王艮同歸於『現成派』，亦未盡妥。用劉宗周的話說，泰州的『現成』往往『參之以情識』，但決不能說龍溪的『見在』是『參之以情識』。」陳來《序》，見彭國翔《良知學的展開：王龍溪與中晚明的陽明學》，頁 VIII。又據林月惠《良知學的轉折：聶雙江與羅念菴思想之研究》頁 646，說：「岡田的說法，在二十世紀七十年代以後，成為日本學界的主流看法。不過此說法，在八十年代末期，日本學者中純夫首先提出質疑。」

❼ 如島田虔次著、蔣國保譯《朱子學與陽明學》（西安：陝西師範大學出版社，1986）將王門後學分為「左派」和「右派」，前者指王畿和泰州學派，後者以謹守陽明乃至接近朱學立場者。又如錢明《陽明學的形成與發展》（南京：江蘇古籍出版社，2002 年）一書，將王門後學分為兩個系統（現成和工夫）、五個流派（虛無、日用、主敬、主靜、主事）。

❽ 《明儒學案·泰州學案一》，卷 32，頁 703。

二、王畿之學

王畿為浙江山陰（今紹興）人，《明儒學案》中列於《浙中王門學案》。王畿是王陽明的主要弟子，常輔助王陽明進行教授，後致力於講學達四十多年，「自兩都及吳、楚、閩、越、江、浙，皆有講舍」❾，其學說影響廣泛。

有關王畿的爭議，主要集中於他的「四無說」。另外，王畿在本體上倡言「見在良知」❿，在工夫上主張要頓悟本體，對待佛教態度寬鬆，乃至有融合三教的傾向。這幾點是王畿常受批評之處。

王畿「四無說」與王陽明「天泉證道」⓫有關。嘉靖六年

---

❾　《明儒學案‧浙中王門學案二》，卷 12，頁 238。

❿　關於「見在良知」，彭國翔解釋說：「『見在良知』……陽明思想中顯然有見在良知的意涵，如所謂『只存得此心常見在，便是學』（《傳習錄上》）……以及逝世前《答聶文蔚》第二書所謂『良知只是一個，隨他發見流行處當下具足，更無去求，不須假借。』（《傳習錄中》）但陽明並無『見在良知』的固定用法。正式使『見在良知』成為一個明確概念的是龍溪。」彭國翔《良知學的展開：王龍溪與中晚明的陽明學》，頁 67。

⓫　據彭國翔《良知學的展開：王龍溪與中晚明的陽明學》，頁 175−176：「關於天泉證道的記載，大略有兩類七種。第一類是當事人龍溪和錢緒山的記錄，包括《全集》卷一《天泉證道記》和卷二十《刑部陝西司員外郎特詔進階朝列大夫致仕緒山錢君行狀》（下簡稱《錢緒山行狀》）、《傳習錄下》錢緒山的記錄，以及出自錢緒山之手的《陽明年譜》。第二類是得自聽聞或後人的記錄。包括《東廓鄒先生文集》卷二《青原贈處》、徐階《王龍溪先生傳》，以及《明儒學案‧浙中王門學案二》。……作為天泉證道的當事人，錢緒山和龍溪的記載詳略微有出入，尤其在記錄陽明對二人的評論時，二人所記更有不同，但就龍溪四無論的基本內容而言，則並無區別。《傳習錄下》和《陽明年譜》對於天泉證道的始末記載較為完整，可以確定龍溪四無論提出的時間與情境脈絡；而對於龍溪四無論的具體內容，則以《天泉證

（1528），王陽明奉命出征廣西思恩、田州，臨行前於越城（紹興）新建伯府內的天泉橋上，解答弟子王畿與錢德洪二人之疑問。此事是在王陽明去世前一年，即五十六歲之時，可視為王陽明晚年思想。當時，兩人就王陽明「無善無惡心之體，有善有惡意之動，知善知惡是良知，為善去惡是格物」進行討論，此即所謂「四句教」。按王陽明觀點，「無善無惡心之體」並非否定心性之善，而是在為善去惡之後，對善惡二者皆不予執著的境界，且一般的善是相對於惡而存在的，如果沒有惡，善也並不具有本質性的存在，在此意義下，無善無惡才是所謂至善。這一主張，頗受佛老影響，而常為儒者所批評辯難。當時，錢德洪以「四句教」為師說定本，不可更改，而王畿則認為這僅是「權法，體用顯微只是一機，心意知物只是一事，若悟得心是無善無惡之心，則意、知、物俱是無善無惡。」⓬王畿主張，心、意、知、物皆無善無惡，此即「四無」之說。兩人爭執不下，便去請示王陽明。王陽明回答：「吾教法原有此兩種，四無之說為上根人立教，四有之說為中根以下人立教。上根者，即本體便是工夫，頓悟之學也。中根以下者，須用為善去惡工夫，以漸復其本體也。」⓭這表明，上根者可以頓悟心體為入道工夫，中下根者則需以為善去惡的漸修方式為入道工夫。又據《傳習錄》所記「天泉證道」版本，王陽明還表示：「二君之見，正好相資為用，不可各執一邊。」⓮王畿後來仍堅持「四無說」，並在

道記》和《錢緒山行狀》較為詳細。」

⓬　《明儒學案・浙中王門學案二》，卷 12，頁 238－239。

⓭　《明儒學案・浙中王門學案二》，卷 12，頁 239。

⓮　陳榮捷《王陽明傳習錄詳註集評》，頁 359。

工夫論上提倡頓悟本體，於王門內外皆為爭議焦點。

在本體方面。王畿的「見在良知」即「現在良知」，因古代「見」與「現」通。王畿「見在良知」有「見」與「在」二義，前者指良知的活動性，後者肯定良知的當下存有性，意即良知既超越於經驗現象之上，又表現於經驗現象之中。❺如王畿說：「良知在人，不學不慮……不待修證而後全。」❻良知為人人所本有，但這並不表示每個人的良知皆已完全呈現。就這一點言，當時儒者乃至後代學者，常將「見在良知」與「現成良知」混為一談❼，而誤以為王畿不重工夫。事實上，王畿的良知不待修證乃是就「應然」的層面言，而他在「實然」的層面上並非不言工夫。王畿曾以「日月之明，偶為雲霧所翳」為喻說明「良知在人，本無污壞，雖昏蔽之極，苟能一念自反，即得本心」，一如「雲霧一開，明體即見，原未嘗有所傷也」❽，與佛教的「佛性」概念極為類似。

在工夫方面。王畿以「四無說」為依據，認為若能證得無善無惡心之體，則意亦是無善無惡的。因此，他區分所謂「先天之學」

---

❺ 參見彭國翔《良知學的展開：王龍溪與中晚明的陽明學》，頁 69。

❻ 王畿《書同心冊》，見《明儒學案·浙中王門學案二》，卷 12，頁 248－249。

❼ 彭國翔說：「許多學者對『見在良知』與『現成良知』不加區分，事實上龍溪並未使用過『現成良知』的用語……『見在』與『現成』其實在意義上並不相同，尤其容易在理解上引導出不同的方向。龍溪同時與之後的學者往往更多的是在『現成良知』的意義上理解龍溪的『見在良知』。」彭國翔《良知學的展開：王龍溪與中晚明的陽明學》，頁 67－68。

❽ 以上王畿《致知議辨》，見《明儒學案·浙中王門學案二》，卷 12，頁 263。

與「後天之學」，「以正心為先天之學，誠意為後天之學」，即心之體上的工夫為先天之學，而意念上的工夫為後天之學。若「從心上立根」，直接悟得心之本體，即是「先天統後天」，能使心之發用如意念等歸於無善無惡；若是「從意上立根」，則是「後天復先天」，將「不免有善惡兩端之決擇，而心亦不能無雜」❶。可以想見，王畿必然是以「先天之學」為上乘工夫，要直接用工夫於心之本體，因為「若不見良知本體，只在動靜二境上揀擇取舍，不是妄動，便是著靜，均之為不得所養。」❷在他眼中，如果不能體悟良知本體，則不論是靜坐存養或是動時省察，還不能算是真正有效的工夫。由於王畿對心之體的強調，以至於被其他儒者批評為不重工夫，但其實爭端多由語義問題而起，王畿並非不言工夫，如他說：「良知不學不慮，終日學，只是復他不學之體，終日慮，只是復他不慮之體。無工夫中真工夫，非有所加也。工夫只求日減，不求日增。」❸他所謂工夫，乃在日減而非日增，而此「減」本身就是工夫。此外，王畿提倡要「悟」本體，也常遭致不用工夫的批評，其實這「悟」本身也是工夫。他認為「悟」有三種，分別是：「從言而入者」，是為「解悟」；「從靜坐而入者」，是為「證悟」；「從人情事變鍊習而入者」，是謂「徹悟」❹。這三種悟入的方

---

❶　以上見《明儒學案·浙中王門學案二》，卷12，頁239。

❷　王畿《東遊會語》，見《明儒學案·浙中王門學案二》，卷12，頁246。

❸　王畿《答徐存齋》，見《明儒學案·浙中王門學案二》，卷12，頁249。

❹　王畿《悟說》，見《龍溪先生全集》，卷17，《四庫全書存目叢書》，集部，第98冊（濟南：齊魯書社，臺南：莊嚴文化事業有限公司，1995年），頁612。

法，即是工夫。

在儒佛問題上。從王畿提倡「悟」看來，即可推知王畿對佛教的寬鬆，因所謂頓悟本出自佛教禪宗。一般說來，宋明理學嚴於儒佛之辨，將佛教視為異端而予以排拒。但這種情形到王陽明有所變化，他將佛老視為聖學之一支，認為儒、佛、道三者皆可為吾人所取用，其思想中已有三教合一的傾向。王畿則明白主張三教同源，以良知為「範圍三教之樞」，且「學老佛者，苟能以復性為宗，不淪於幻妄，是即道釋之儒也。」❷❸如此，則儒佛道三教之間的界限趨於淡薄，這也是常被批評之處。

三、王艮之學

王艮為江蘇泰州（今江蘇東臺）人，這是《明儒學案》之《泰州學案》名稱的由來，但《泰州學案》並非全是泰州人。王艮為王陽明弟子，因此泰州學案亦可視為王門後學。此處敘述泰州之學，以作為思想源頭的王艮、王襞（字宗順，號東厓，1511－1587）、王棟（字隆吉，號一菴，王艮門人，生卒年不詳）三人為主。

王艮年少時，因家貧而輟學，從父經商，並不是傳統意義上的讀書人，但他自學不倦，常將《論語》、《大學》等典籍置於衣袖中，默默參究，因而有自得受用之學。王艮後來聽聞他人談論王陽明之說，感到不謀而合，於是前去見王陽明，為王陽明所折服，拜於門下。❷❹王艮講學，常能於日用動作間指示，使聽者有所省覺，

---

❷❸　以上王畿《悟說》，見《龍溪先生全集》卷17，頁606－607。
❷❹　以上王艮生平，見《明儒學案·泰州學案一》，卷32，頁709。

其說主要有二：一為樂學說；二為格物說。王艮將聖人之學視為快樂之學，他說：「天下之學，惟有聖人之學好學，不費些子氣力，有無邊快樂。」㉕他並作有《樂學歌》㉖，文詞平易，琅琅上口。至於王艮的格物說，被稱為「淮南格物」，這涉及對《大學》的解釋，以「身」為本，而「家國天下」為末，「反己，是格物底工夫，故欲齊治平在於安身。」㉗也就是一切修養工夫須以此身作為基礎，且此身並非只是道德之身，亦具有肉體生命之意涵。

　　王襞為王艮之子，隨父親受學於陽明門下，師從王畿及錢德洪。王艮去世後，王襞繼承父親講席，往來各地講學。㉘在本體論上，王襞認為：「原無一物，原自現成，順明覺自然之應而已。自朝至暮，動作施為，何者非道？更要如何，便是與蛇畫足。」㉙這是現成良知的主張。既然良知已是現成，則只要順其自然即可，因此其工夫論以「不犯手為妙」，如此，「鳥啼花落，山峙川流，飢食渴飲，夏葛冬裘，至道無餘蘊矣」㉚，一切情境皆為道之展現。

　　王棟為王艮弟子，同樣也致力於講學。據黃宗羲，王棟之學

㉕　王艮《心齋語錄》，見《明儒學案·泰州學案一》，卷 32，頁 714。

㉖　王艮《樂學歌》，見《明儒學案·泰州學案一》，卷 32，頁 718：「人心本自樂，自將私欲縛。私欲一萌時，良知還自覺。一覺便消除，人心依舊樂。樂是樂此學，學是學此樂。不樂不是學，不學不是樂。樂便然後學，學便然後樂。樂是學，學是樂。嗚呼！天下之樂，何如此學！天下之學，何如此樂！」

㉗　以上見《明儒學案·泰州學案一》，卷 32，頁 710。

㉘　王襞生平，見《明儒學案·泰州學案一》，卷 32，頁 718－719。

㉙　王襞《東崖語錄》，見《明儒學案·泰州學案一》，卷 32，頁 721。

㉚　以上見《明儒學案·泰州學案一》，卷 32，頁 719。

「其大端有二：一則稟師門格物之旨而洗發之。……一則不以意為心之所發。」❸前者，即王艮的「淮南格物說」；後者，被現代學者稱為「主意說」。王棟說：「舊謂意者心之所發，教人審幾於動念之初。竊疑念既動矣，誠之奚及？蓋自身之主宰而言，謂之心；自心之主宰而言，謂之意。……所謂意也，猶俗言主意之意。」❸王棟「主意說」亦是對舊有的「意為心之所發」觀點感到懷疑，而認為「意」當為心之主宰，這幾乎等同於劉宗周「意為心之所存，非所發」的觀點，因此常被視為是劉宗周誠意說的前導。這一點，黃宗羲早已注意到。❸但究竟劉宗周是否受到王棟影響，或僅只是所見略同、不謀而合，就現有文獻來看，頗難有所定論。❸

泰州一系情況複雜，多有布衣之人如王艮本人，另還有陶匠韓貞、樵夫朱恕等不同行業的非讀書人，但也有博通經史文獻的飽學之士，如焦竑等。他們各有見解，難有共通的學派主張，如唐君毅

---

❸　《明儒學案·泰州學案一》，卷 32，頁 732。

❸　王棟《語錄》，見《明儒學案·泰州學案一》，卷 32，頁 733－734。

❸　黃宗羲說：「先師蕺山……以意為心之所發為非是……逮夢奠之後，憚日初為《劉子節要》，尚將先師顏意所在節去之，真索解人而不得。豈知一菴先生所論，若合符節。……顧當時亦無不疑之，雖其久於門下者，不能以釋然。下士聞道而笑，豈不然乎？」《明儒學案·泰州學案一》，卷 32，頁 732。

❸　王棟與劉宗周相似之處，又有一處，王棟說：「誠意工夫在慎獨，獨即意之別名。」王棟《語錄》，見《明儒學案·泰州學案一》，卷 32，頁 734。但劉宗周思想是否受王棟的影響，不易判定，如黃宗羲說：「師未嘗見泰州（按，指王棟）之書，至理所在，不謀而合也。」黃宗羲《先師蕺山先生文集序》，見《黃宗羲全集》第十冊（杭州：浙江古籍出版社，1986 年），頁 54。

說:「承泰州之傳之學者,亦所見恆有不同。泰州之學之精神,畢竟何在,亦不易論也。」❸❺不過,唐君毅認為,「若與其他王門之學相較而論,泰州之學之精神,在直面對吾人一身之生活生命之事中講學。」❸❻以學說而言,此派較為鬆散,未必能以「學派」稱呼;但另方面,泰州之講求生活與行動力,在王門中最具平民色彩,這一點可視為其共通之處。此外,泰州儒者多傾向三教合一或儒佛融合,這是另一特點。❸❼

總體而言,泰州一系最受注目並引發批判的,要屬其行事風格,這一點與王畿之學形成對比,後者則是在立說上備受批評。

第二節　諸儒對王畿之學的批判

在明代中後期儒學中,王畿之學是主要的論爭焦點,以下分為王門內部及王門外部兩者來討論。

---

❸❺ 唐君毅《王學之評論及王學之二流》,見《中國哲學原論·原教篇》第十四章,頁 382。

❸❻ 同上。

❸❼ 泰州學派主三教合一或儒佛融合者,如:羅汝芳(1515-1588)、李贄(1527-1602)、管志道(1535-1608)、焦竑(1540-1620)、周汝登(1547-1629)、陶望齡、顏鈞、楊起元、趙貞吉等。又,其實李贄並未列於《明儒學案》中,但其人與泰州一系多有往來,其學說及行事風格亦頗有泰州學派特色,因此多被研究者歸屬於泰州學派。如嵇文甫說:「(李卓吾)雖然不能正式的列入王學左派,但和王學左派關係極密切,其思想行動最能把左派王學的精神充分表現出來。」見其著《左派王學》,《民國叢書》第二編,第七冊,頁 64。

一、王門內部對王畿之學的批判

先討論王門內部對王畿的批評。這部分，又可區分為曾親炙王陽明的門人，以及王陽明的再傳弟子。對前者而言，他們多不反對「四無說」中的「無善無惡心之體」，而是批評王畿「見在良知」及其所衍生的工夫論。這是很可理解的，因「無善無惡心之體」最初乃出自王陽明「四句教」，作為曾親炙之弟子，他們多不反對這一立說，而是將批判重點指向王畿。

㈠錢德洪

錢德洪（字洪甫，號緒山，1496－1579）與王畿是王陽明的兩大主要弟子，且參與「天泉證道」這一著名公案，他與王畿的分歧自當時起即已存在。《明儒學案》中，錢德洪與王畿同列於《浙中王門學案》，但其宗旨頗不同於王畿，這也可見《明儒學案》依據地域作分類的不足之處。

錢德洪主要是批評王畿偏於虛寂本體，離於事上用功，但並不反對「無善無惡心之體」。❸❽錢德洪說：「除卻應酬更無本體……苟於應酬之中，隨事隨地不失此體，眼前大地何處非黃金。若厭卻應酬，必欲去覓山中，養成一個枯寂，恐以黃金反混作頑鐵矣。」❸❾這是主張在修養工夫中體悟本體，特別是在生活中的應對進退中

---

❸❽ 如錢德洪說：「人之心體一也，指名曰善可也，曰至善無惡亦可也，曰無善無惡亦可也。……至善之體，惡固非其所有，善亦不得而有也。……今無一善，故能盡天下萬事之善。」錢德洪《復楊斛山》，見《明儒學案·浙中王門學案一》，卷11，頁235。

❸❾ 錢德洪《復龍溪》，見《明儒學案·浙中王門學案一》，卷11頁234。

來修養，而不需專意去培養本體，如此則是將工夫割裂於生活之外。在王門中，錢德洪與王畿二人常被相提並論。如《明儒學案》認為，錢德洪雖在「徹悟」上不如王畿的悟入本體，但錢德洪重在事上磨練，因而在「修持」上勝於王畿；若就二人得失而論，相對於王畿的「入於禪」已遠離師門宗旨，錢德洪尚「不失儒者之矩矱」。❹

(二)鄒守益、聶豹

《明儒學案》中，王門後學各派以「江右」最受肯定，被視為陽明之學的正宗傳承。實際上，黃宗羲這一觀點乃承自劉宗周❹，其原因之一即是「江右王門」在對王畿之學的批判上不遺餘力。❹江右中的陽明及門弟子，以鄒守益（字謙之，號東廓，1491－1562）、聶豹（字文蔚，號雙江，1487－1563）最為重要。

鄒守益以「戒懼」為宗旨，即「戒慎恐懼」之意，以戒懼慎獨為致良知之功，因此他對王畿的批評主要是在工夫論上，如他說：「近來講學……於戒懼之功，全不著力，便以為妨礙自然本體，故精神浮泛，全無歸根立命處。」❹這即是針對王畿之學而發，認為

---

❹　以上見《明儒學案·浙中王門學案一》，卷11，頁226。

❹　黃宗羲在《子劉子行狀》中，說：「（劉宗周）又常謂義：陽明之後不失其傳者，鄒東廓、羅念庵（按，即羅洪先）耳。」黃宗羲《子劉子行狀》，見《劉宗周全集》第五冊，頁4。

❹　黃宗羲說：「姚江之學，惟江右為得其傳。……是時越中流弊錯出，挾師說以杜學者之口，而江右獨能破之，陽明之道賴以不墜。蓋陽明一生精神，俱在江右。」《明儒學案·江右王門學案一》，卷16，頁333。

❹　鄒守益《與余柳溪》，見《明儒學案·江右王門學案一》，卷16，頁340。

王畿所談本體為「自然本體」，乃空泛而無根基。

聶豹的宗旨為「歸寂」，重視靜坐以存養心之未發，也是為救王畿「見在良知」之弊，但他將「見在良知」誤解為是以知覺為良知，實際上並非王畿本義。據林月惠所指，聶豹認為王畿「見在良知」太過玄虛，且王畿教人悟後起修的作法並不實際，恐怕會使人受用太早，以致於「樂超頓而鄙堅苦，崇虛見而略實功」。❹換言之，在聶豹看來，王畿之弊就在於欠缺入手的工夫，也缺少工夫次第作為依循。

可以見得，鄒守益、聶豹二人皆批評王畿傾向於浮泛、玄虛的良知本體，因而缺乏踏實工夫。但正如前所言，有關王畿不重工夫的爭端，多導源於語義問題。唐君毅也注意到這語義問題，而以「悟本體即工夫」及「由工夫以悟本體」來區分陽明的兩種教法，前者即是就王畿而言。❺但我認為，若以「工夫用於心之體」來代替唐君毅的「悟本體即工夫」，以「工夫用於心之用」來取代唐君毅的「由工夫以悟本體」，意思表達地應更為清楚，甚且，還應加入座上、座下的考慮。如聶豹認為，王畿缺乏工夫次第而偏於錯謬的本體，但這並不意謂聶豹不顧本體。事實上，聶豹對心之本體頗

---

❹ 林月惠《良知學的轉折：聶雙江與羅念菴思想之研究》，頁 200－201。

❺ 唐君毅《王學之論爭及王學之二流》，見《中國哲學原論·原教篇》第十三章，頁 364。相較於岡田武彥將王門後學分為現成派（如王畿）、修證派（如錢德洪）、歸寂派（如聶豹）三大派，唐君毅的劃分比較好。岡田武彥將「修證派」獨立於王畿及聶豹等人，頗成問題，因王門後學何人不重「修證」？如此區分，易予人誤解，而認為修證派以外之人乃空談本體。

有神秘體驗。㊻究其實，聶豹主張靜坐以體悟心之本體，在對良知本體的追求上，王畿與聶豹並無異議，二人之間的論爭往往是在對良知的解釋上，以及如何致此良知等相關問題。另外，所謂「悟」乃與佛教禪宗相關，頓悟、漸修常被誤解。㊼但頓悟與漸修不能割裂來看，頓悟乃由漸修而至，而漸修亦不妨礙頓悟的發生，二者實為相輔相成，即便是提倡頓悟的禪師，也未能不經由漸修而得頓悟的。就某方面言，王門的本體、工夫之爭與禪宗的頓、漸問題，頗有可類比之處，除義理上的相似之外，二者皆建立於實修體驗上，此即研究者的最大門檻。

因此，王畿並非不重視工夫，如彭國翔稱：「如果能夠真正切實地實踐龍溪心體立根與一念入微的致良知工夫，不僅不會導致脫

㊻ 據《明儒學案》，聶豹「獄中閒久靜極，忽見此心真體，光明瑩徹，萬物皆備。」見《明儒學案·江右王門學案二》，頁 372。

㊼ 如胡適於 1926 年歐洲之行中，在倫敦及巴黎查閱新發現不久的敦煌文獻，後來寫出著名的《楞伽宗考》與《荷澤大師神會傳》二文，並引發鈴木大拙、錢穆、湯用彤、印順等學者的不同意見，成為二十世紀佛學研究的一段公案。胡適自認他的發現頗具意義，主張從達摩到神秀這一系是所謂「楞伽宗」，而慧能與神會是所謂「般若宗」，視前者為「漸修」而後者為「頓悟」，如此將二者對立起來，並認為慧能之成為六祖乃是「般若宗革了楞伽宗的命」。事實上，根據文獻來看，不論是胡適所謂「楞伽宗」還是「般若宗」，皆有「頓悟漸修」的觀點，而非一主「頓悟」，一主「漸修」，因此胡適觀點明顯有誤。見筆者《早期禪宗思想中如來藏與般若的融合及頓漸問題之試探——對胡適〈楞伽宗考〉、〈荷澤大師神會傳〉二文觀點的批評》，見《北京大學中國古文獻研究中心集刊》，第 4 輯，2004 年 10 月，頁 509－516。

略工夫，反而會合乎邏輯地引向一種嚴格主義的道德修持。」❽如此說來，諸儒對王畿的誤解深矣。但另方面，彭國翔又指出，儒者對王畿脫略工夫的指摘，更多地是出於對王畿之學「所產生的實際後果，即當時許多後學之人在未能真修實悟的情況下，誤將自己的感性知覺和情識作為良知心體，憑感性知覺與情識行事而尚自以為心體立根，更有有意縱情恣肆而偽託見在良知者。所謂『士之浮誕不逞者，率自名龍溪弟子』（《明史·儒林傳》卷283）。」❿確實，在主觀意願上，王畿本人並非脫略工夫，但在客觀上，其所造成的影響是另一回事。儘管王畿本旨與其影響，二者應當分開看待，而不能完全歸咎於王畿本身；但另方面，王畿之學的流弊，未必不能溯其因由至其本身。換句話說，王畿亦當為其所造成的流弊，擔負起若干的責任，如唐君毅所言：「大率天下之學術，既成風氣，則不免于人之偽襲而無不弊，不只王學為然。昔人言『教學者如扶醉人，扶得東來西又倒』。……然偽襲王門之學者，亦自有其最易導致之弊。」❺在這一意義下，對王畿的批判是可以成立的。

以上對王畿所作的批評，皆出自曾親炙陽明的王門中人。下面，討論的是陽明的再傳弟子對王畿的批判。

㈢羅洪先

王門後學中，聶豹、羅洪先（字達夫，別號念菴，1504－1564）二人

---

❽　彭國翔《良知學的展開：王龍溪與中晚明的陽明學》，頁157。

❿　同上。

❺　唐君毅《王學之弊及東林學之止至善之道與其節義之教》，見《中國哲學原論·原教篇》第十七章，頁442。

常被相提並論，因二人對致良知的觀點頗多相契之處❺，而羅洪先思想較聶豹更為深刻。聶豹宗旨為「歸寂」，羅洪先則以「主靜」為宗旨，皆重視對未發之時的修養工夫，亦皆強調靜坐。但與聶豹不同，羅洪先並非陽明及門弟子而應算是陽明後學❺，由於工夫深切，他在王門中頗受敬重，與錢德洪、王畿等陽明大弟子頗具交誼，並與王畿多所辯難。羅洪先視陽明之學「為聖學無疑」❺，但對陽明後學多有批評，認為王畿長期受學於陽明，應最能得陽明之旨，卻反使得王門後學流弊滋生，實在是有負於陽明。

　　羅洪先對王畿的批評，以一句話為代表，即：「世間那有現成良知？」在羅洪先的理解中，王畿的「見在良知」具有「現成良知」的意涵，也就是人人良知皆同於堯舜，當下即皆具足而不待修證。換言之，羅洪先亦認為王畿之說偏於本體，「終日談本體，不

---

❺　據《明儒學案》對羅洪先的介紹，說：「聶雙江以歸寂之說，號於同志，惟先生獨心契之。……先生謂：『……非經枯槁寂寞之後，一切退聽，天理迥然，未易及此。雙江所言，真是霹靂手段，許多英雄瞞昧，被他一口道著，如康莊大道，更無可疑。』闢石蓮洞居之，默坐半榻間，不出戶者三年。」《明儒學案·江右王門學案三》，卷18，頁388－389。

❺　羅洪先年少時曾聽聞陽明講學，但並未及門拜師，後來是在錢德洪建議下，由陽明後學者改稱門人。如黃宗羲說：「先生（按，即羅洪先）既定《陽明年譜》，錢緒山曰：『子於師門不稱門生，而稱後學者，以師存日未得及門委贄也。子謂古今門人之稱，其義止於及門委贄乎？子年十四時，欲見師於贛，父母不聽，則及門者其素志也。今學其學者，三紀於茲矣，非徒得其門，所謂升堂入室者，子且不歉焉，於門人乎而有？』《譜》中改稱門人，緒山龍溪證之也。」《明儒學案·江右王門學案三》，卷18，頁389。

❺　羅洪先《甲寅夏遊記》，見《明儒學案·江右王門學案三》，卷 18，頁418。

說功夫」❺❹，且隨意將心之究竟本性宣說予人，這是至寶輕弄❺❺，易誤人歧途，使人殆於工夫，而羅洪先認為良知本體非深切工夫不能致。對此，王畿的答辯是：雖則羅洪先對工夫的強調用心良苦，但如果只是為「欲懲學者不用工夫之病」❺❻，而非得將良知本體視為是「必待工夫修證而後可得，則未免矯枉之過」❺❼。其實，二人之辯乃是就不同層面而論，王畿是就良知本體的層面，而羅洪先則是站在良知修證的立場，前者指的是良知在本質上的存在形態，後者說的是良知落於現實中的存在形態，雙方並不是就完全相同的問題在辯論，可說各說各話，因而皆各有其成立之理。另外，羅洪先將王畿「見在良知」理解為「現成良知」，即不必工夫而現成可得，在某種程度上也是對王畿的誤讀。但另方面，羅洪先並非完全不了解王畿「無工夫中真工夫」之意，而他認為此種見解乃是出自佛教禪宗，有流於放蕩狂肆之失。❺❽終究說來，王畿雖非不言工

---

❺❹ 羅洪先《寄王龍溪》，見《明儒學案·江右王門學案三》，卷18，頁403。

❺❺ 羅洪先在給王畿的書信中表示，不應究究竟本性輕率示人，他說：「至寶不宜輕弄，此丹家語。……千古聖賢，只是收斂保聚法，不肯輕弄以至於死，故曰『兢兢業業，過了一生』。」見羅洪先《寄王龍溪》，見《明儒學案·江右王門學案三》，卷18，頁405。

❺❻ 王畿《答念菴》，見《明儒學案·浙中王門學案二》，卷17，頁259。

❺❼ 以上王畿《松原晤語》，見《明儒學案·浙中王門學案二》，卷17，頁243－244。

❺❽ 如羅洪先說：「龍溪之學……其講功夫，又卻是無功夫可用，故謂之『以良知致良知』，如道家『先天制後天』之意。其說實出陽明口授，大抵本之佛氏。翻《傳燈》諸書，其旨洞然。直是與吾儒『兢兢業業，必有事』一段，絕不相蒙……持此應世，安得不至蕩肆乎？」羅洪先《與聶雙江》，見《明儒學案·江右王門學案三》，卷18，頁407。

夫，但他確實不好談論工夫，從一小事可以看出。有次，羅洪先與
王畿一起揮毫，羅洪先喜歡書寫陸九淵「小心翼翼，昭事上帝……
戰戰兢兢，那有閒言時候」一段話，而王畿在旁「輒欲更書他語」
❺❾，引起羅洪先心疑，似乎王畿對儒門的兢業戒懼並不感興趣。如
此看來，羅洪先對王畿的批評並非沒有道理。

㈣張元忭、李材

　　上述王門諸子，皆批評王畿不重工夫，但並不反對「無善無惡
心之體」。如前所言，作為王畿「四無說」一部分的「無善無惡心
之體」，原本出自王陽明「四句教」之首句，他們既身為王陽明及
門弟子或再傳弟子，對「無善無惡心之體」的接受，頗可以理解。
然而，此處張元忭（字子蓋，別號陽和，1538－1588）、李材（字孟誠，別
號見羅，生卒年不詳），則是對「無善無惡心之體」抱持批判態度，
這是將他們合併討論的原因。

　　張元忭原從王畿得到陽明之學的傳承，但對王畿偏向於談論本
體頗感不滿。張元忭認為，「本體本無可說，凡可說者皆工夫也」
❻⓪，王畿之說有導致「徒言良知而不言致，徒言悟而不言修」之
弊，為救此弊，他主張要「不但曰良知，而必曰致良知；不但曰理
以頓悟，而必曰事以漸修。」❻❶在對工夫的強調上，張元忭對王畿
的批評並無特殊之處，此處所舉，主要是為顯示王門內部對王畿的

---

❺❾　羅洪先《與謝高泉》，見《明儒學案・江右王門學案三》，卷18，頁407。
❻⓪　《明儒學案・浙中王門學案五》，卷15，頁324。
❻❶　以上張元忭《答周海門》，見《明儒學案・浙中王門學案五》，卷15，頁
　　328。

不滿乃頗為普遍的現象。另外，他也批評王畿「欲渾儒釋而一之，
以良知二字為範圍三教之宗旨」㊷，否定王畿三教合一的觀點。在
「無善無惡」問題上，張元忭是較早對此提出批判者，他說：「謂
良知有善無惡，則可；謂良知無善無惡，則不可。致知之功，全在
察其善惡之端，方是實學。今人於種種妄念，俱認為良知，則不分
善惡之言誤之也。」㊸這段話涉及對「良知」內容的定義問題，認
為良知只能以「善」去定義，而不能以「無善無惡」去描述，因致
良知工夫在於為善去惡，而假若良知是「無善無惡」的，那麼將使
人對善惡之念不予以取捨，甚至不分善惡。

　　李材與張元忭相似，也是以「有善無惡」來排拒「無善無
惡」。《明儒學案》中，李材乃劃於「止修學案」中，這是取其
「止於至善……修身為本」㊹的宗旨而定名的，但由於他受學於陽
明弟子鄒守益㊺，也可算是王門後學。實際上，李材的「止修」宗
旨，正是為救王畿之說的流弊而發，如他認為，「反本還原，直求
體上求者，雖是高手，然想像懸空，必竟無安立之處。」㊻這意
謂，王畿之說儘管高明，但偏於本體，使人在工夫上無立腳處。至
於「無善無惡」，李材的批評頗為平實，他說：「善所必有，豈可

㊷　《明儒學案·浙中王門學案五》，卷 15，頁 324。

㊸　張元忭《寄馮緯川》，見《明儒學案·浙中王門學案五》，卷 15，頁 325。

㊹　李材《答蔣崇文》，見《明儒學案·止修學案》，卷 31，頁 681。

㊺　黃宗羲說：「先生初學於鄒文莊，學致良知之學。」按，鄒文莊即鄒守益。
　　《明儒學案·止修學案》，卷 31，頁 668。

㊻　李材《論語大意》，見《見羅先生書》卷 5，《續修四庫全書》，第 941 冊
　　（上海：上海古籍出版社，1995 年），頁 60。

言無？惡所本無，又不待說。……無善無惡既均，則作善作惡亦等。」❻❼這與張元忭一樣，也認為無善無惡之說將使人不分善惡。

按照陳來的解釋，出自王陽明「四句教」的「無善無惡心之體」，指的是境界上的無，不是本體上的無，這是王陽明對佛教、道教在心靈境界方面的吸收，而並非放棄儒家固有的世界觀與價值觀。❻❽但以上可見，張元忭、李材對「無善無惡」的批評仍顯淺薄，未能切中要害，其後儒者則較能深入其中，詳見後述。但因他們二人屬王門後學，故特予討論。

二、王門外部對王畿之學的批判

以下所舉，皆非王陽明後學，故以王門外部來稱呼。

㈠許孚遠、馮從吾

此處，討論許孚遠（字孟仲，號敬菴，1535－1604）、馮從吾（字仲好，號少墟，1556－1627）對王畿的批評，特別是其「四無」說。許孚遠為湛若水（號甘泉，1466－1560）再傳弟子，而馮從吾乃許孚遠弟子，因此《明儒學案》將此二人列於湛若水傳承之中，即《甘泉學案》。明代儒學中，除陽明之學外，甘泉之學是另一支影響較廣的學脈。值得注意的，此二人皆與劉宗周相識，對劉宗周當有所影響。

許孚遠為劉宗周二十四歲（1601 年）所拜之師。儘管許孚遠於三年後去世，劉宗周親炙學習的時間極短，但許孚遠嚴於理欲之

---

❻❼　李材《答徐清甫》，見《明儒學案·止修學案》，卷31，頁678。
❻❽　陳來《有無之境：王陽明哲學的精神》，頁222－224。

辨，言行舉止間皆以主敬之心提攝**⑲**，對劉宗周影響很大。許孚遠對「無善無惡」之說批判甚多，認為這是援佛入儒，有違儒家性善說。許孚遠最著名者，即是與周汝登的《九諦》、《九解》之辯。「諦」一字，有細察、審查之意。周汝登（字繼元，號海門，1547－1629）是王門後學，師從王畿及羅汝芳（字惟德，號近溪，1515－1588，得王艮傳承），兼具「二王」之傳。萬曆二十年（1592）前後，諸儒於講學之會中，論及有關「天泉證道」，會中許孚遠不表贊同，隔日以《九諦》一文提出九個條目，質疑「天泉證道」之「四無說」，後來周汝登針對這九個條目予以回應，即為《九解》。**⑳**

其實，許孚遠並不反對王陽明「四句教」，如《九諦》之諦八：「王文成先生致良知宗旨，元與聖門不異。……『無善無惡心之體』一語，蓋指其未發廓然寂然者而言之……至謂『有善有惡意之動，知善知惡是良知，為善去惡是格物』，則指點下手工夫，亦自平正切實，而今以心、意、知、物俱無善惡可言者，竊恐其非文成之正傳也。」**㉑**明顯可見，許孚遠頗為推尊陽明之學，對「四句教」並不反對，且是將「無善無惡心之體」視作是心體未發時的狀態，而並不與性善說相違背；許孚遠反對的是王畿「四無」以心、意、知、物皆為無善無惡，認為此非陽明正傳。

綜觀《九諦》、《九解》**㉒**，二人論點如下。

---

⑲　《明儒學案·師說》，頁 13。

⑳　《明儒學案·泰州學案五》，卷 36，頁 861。

㉑　《明儒學案·泰州學案五》，卷 36，頁 866－867。

㉒　《九諦》、《九解》全文見《明儒學案·泰州學案五》，卷 36，頁 861－868。

　　許孚遠主要論點是：「四無」以心、意、知、物皆無善無惡，這是落入先秦的告子之說，有違孟子性善說；且欠缺下學上達的工夫指點，甚至導致為善去惡工夫之消解；且大多數人並非上等根器，不可以頓悟作為工夫。

　　對此，周汝登主要回應是：「無善無惡」絕非告子「生之謂性」的「性無善無不善」之義；且心、意、知、物原本只是一個，因此若是接受「無善無惡心之體」，則理應接受其他三者亦是無善無惡的；且「無善無惡」並不排斥「為善去惡」，因「無惡」二字即已蘊藏去惡之意；且修養之人的毛病多是對善的執著，因此除「無惡」之外，更要超越善惡對待的層次，以透顯純善至善之本體。

　　據蔡仁厚解析，雙方在論辯上各有其所依據之理，都不能說是錯誤，但許孚遠是就實有層面上而論，周汝登則是在工夫作用的層面上堅持「無」，「兩人於對方立言之層面，卻又未能有相應之契知，於是各執一面，互不相喻」，正如「牟先生常說此種分疏，在古人很難表白出，亦不易意識到，故往復致辯，終成繳繞。」❼蔡仁厚為牟宗三門下，承繼牟宗三觀點，對王畿之學持極高評價，因而在《九諦》、《九解》的文本分疏上，對周汝登多有維護，而認為許孚遠向上一機之慧悟有所不及。但即使如此，蔡仁厚還是指出周汝登之失，在於下語太快，未免忽視對治實踐之功，離開「四句

---

❼　以上蔡仁厚《王門天泉「四無」宗旨之論辯──周海門「九諦九解之辨」的疏解》，見其著《新儒家的精神方向》，頁 245。

教」來言「四無」，有蕩越之病。❼事實上，諸儒對王畿的批評亦不外乎於此。

馮從吾方面。天啟二年（1622），鄒元標、馮從吾講學北京的首善書院，此乃有感於時局不安，欲以講學導正人心，有東林之風。當時，劉宗周常參與其中，對馮從吾觀點多有認同。❼馮從吾認為，「無善無惡」之說乃受佛教影響，他說得簡捷：「吾儒之旨，只在善之一字。佛氏之旨，卻在無善二字。近日學者，既惑于佛氏無善之說，而又不敢抹殺吾儒善字，於是不得已又有無善之善之說耳。」❼另外，馮從吾評論說：「近世學術多岐，議論不一，起於本體工夫辨之不甚清楚。」❼這即是就王門後學而言，批評其在本體工夫上有混淆之失，這一觀點頗具洞見。確實，馮從吾所謂「若不分析本體工夫明白，而混然講說，曰聖學不借聞見，不假思議，不費纖毫功力，雖講的未嘗不是，卻誤人不淺矣。」❼這其中「雖講的未嘗不是，卻誤人不淺矣」一語，可謂對王畿的適當評價。在理論上，王畿之說甚為高妙，但若要落於實踐，卻使人難以把捉，對比王陽明指示錢、王二人不可各執一邊的教示，王畿可說是有負師旨。

---

❼　同上，頁 254－255。

❼　《劉宗周年譜》，見《劉宗周全集》第五冊，頁 193。

❼　馮從吾《辨學錄》，見《明儒學案·甘泉學案五》，卷 41，頁 987。

❼　馮從吾《論學書》，見《明儒學案·甘泉學案五》，卷 41，頁 1002。

❼　同上，頁 1003。

㈡顧憲成、高攀龍

晚明的東林學者，因講學於江蘇無錫的東林書院而得名，故《明儒學案》將他們稱為《東林學案》，以論學議政為主，在思想上及政治上具有影響力，顧憲成（字叔時，別號涇陽，1550－1612）、高攀龍（字存之，別號景逸，1562－1626）即為其中的代表人物。

依黃宗羲所言，顧憲成「于陽明無善無惡一語，辨難不遺餘力，以為壞天下教法，自斯言始。」❼❾顧憲成對「無善無惡」的批判力道，在儒者中罕見可與並論者，相關言論在其著述中亦俯拾皆是。事實上，顧憲成論學宗旨即是針對王門後學，所謂：「語本體，只是性善二字；語工夫，只是小心二字。」❽❶小心，即主敬之意。這段話涉及本體與工夫，可視為顧憲成思想精華所在。顧憲成頗有調合朱子學與陽明學的傾向，從其豐富的著述中，可見他對儒家經典之學的重視，相對於王門後學束書不觀的情況，形成強烈對比。所謂束書不觀，並非指王門皆不讀書，而是對儒家經典之學的疏略。我檢閱明儒文集，發現王門後學有一普遍現象：較少討論《五經》、《四書》；極少討論朱學乃至宋儒之學；主要集中於良知問題的討論。可見，王門後學乃以王陽明之學為思想源頭，而少有著眼於整個儒門學脈。但在晚明時，這一情況漸有轉向，從思想史眼光看，劉宗周思想中朱學的一面，可視為是東林之學的延續。

顧憲成有一段對「無善無惡」的著名批評，說：「見以為心之本體，原是無善無惡也，合下便成一個空；見以為無善無惡，只是

---

❼❾　《明儒學案·東林學案一》，卷58，頁1379。

❽❶　顧憲成《小心齋箚記》，見《明儒學案·東林學案一》，卷58，頁1391。

心之不著于有也，究竟且成一個混。」❽這是指「無善無惡」之說將導致「空」與「混」的後果。他接著對「空」與「混」兩種情況進行解釋。首先是關於「空」：「空則一切解脫，無復掛礙。高明者入而悅之，於是將有如所云：以仁義為桎梏，以禮法為土苴，以日用為緣塵，以操持為把捉，以隨事省察為逐境，以訟悔遷改為輪迴，以下學上達為落階級，以砥節礪行獨立不懼為意氣用事者矣。」這是指「無善無惡」將使人疏於為善。此說雖能吸引眼光高明之士，但要直接悟入本體豈是易事，若僅是放眼最高法門而不考慮自身程度，將修養工夫視為障礙本心的桎梏，則將導致兩頭落空之失，意即不但本心未能得見，可能連基本的修養都達不到。此段話，句句說得切實，實際上每一句都涉及一種修養工夫，如「仁義」、「禮法」都是可為依循者，而「操持」、「省察」、「遷改」等也都是具體可以操作的工夫。其次，顧憲成對「混」解釋說：「混則一切含糊，無復揀擇。圓融者便而趨之，於是將有如所云：以任情為率性，以隨俗襲非為中庸，以闇然媚世為萬物一體，以枉尋直尺為捨其身濟天下，以委曲遷就為無可無不可，以猖狂無忌為不好名，以臨難苟安為聖人無死地，以頑鈍無恥為不動心者矣。」這是指作「無善無惡」將使人怠於去惡。此說予人懶於去惡的藉口，太過輕看修養工夫成熟後的率性自然，而誤將未經修養的狀況視為自然，隨性率性，乃至猖狂恣意。總言之，前段言「為善」的取消，此段言「去惡」的取消，這是顧憲成對「無善無惡」

---

❽　顧憲成《小心齋劄記》，見《明儒學案·東林學案一》，卷58，頁1391。下同。

說所易導致的後果之批判。

有一點要注意，顧憲成主張「性善」宗旨，以此來批駁「無善無惡心之體」，這在黃宗羲看來是對王陽明之說的誤解。黃宗羲說：「（陽明）所謂無善無惡者，無善念惡念耳，非謂性無善無惡也。……今（顧憲成）錯會陽明之立論，將謂心之無善無惡，是性。」❸❷黃宗羲站在維護王陽明的立場，認為王陽明主張性善之說❸❸，所謂「無善無惡」乃是指「心」而非「性」。就是在這一點上，黃宗羲認為顧憲成乃錯解陽明。換言之，顧憲成將王陽明「無善無惡」解作就「性」而言，而黃宗羲則是將「無善無惡」解作就「心」之言。然而，王學思想多不區分心與性，用語較為渾淪，當提到「心」之時，「性」往往已包含其中。心與性的區分，較多是在朱子一系當中。就這一點說來，顧、黃雙方對「無善無惡」的評斷，皆不夠客觀。唐君毅曾說：「陽明之提四句教，乃是教法語、工夫語，並非客觀的討論心意是什麼。」❸❹此言甚是。若要論王陽明之學，還當縱觀其整體，不應僅以「四句教」為依據，且研究者不可忘記陽明學以實踐為導向的特質，任何將其概念抽離於實踐及體驗的研究進路，都將難以深入其堂奧。

---

❸❷　《明儒學案·東林學案一》，卷58，頁1379。

❸❸　如黃宗羲說：「陽明每言：『至善是心之本體。』又曰：『至善只是盡乎天理之極，而無一毫人欲之私。』又曰．『良知即天理。』其言天理二字，不一而足，乃復以性無善無不善，自墮其說乎？」見《明儒學案·東林學案一》，卷58，頁1379。按，此處黃宗羲觀點應承接自劉宗周。

❸❹　唐君毅《王學之論爭及王學之二流》，見《中國哲學原論·原教篇》第十三章，頁363。

顧憲成將「無善無惡」理解為乃是「性」而言,從一例中可見。王陽明曾以金玉屑及塵沙為喻,前者指善念,後者指惡念,而兩者皆放不得眼中,來譬喻心中應當關除善惡之念。❽對此,顧憲成認為這一比喻並不恰當,他反駁說:「善者,指吾性之所本有而名之也;惡者,指吾性之所本無而名之也。……若就眼上看金玉瓦礫,均之為惡也,非善也,以其均之為眼之所本無。取所本無,喻所本有,非其類也。」❻這指出王陽明譬喻之失,對眼睛而言,不論是貴重者如金玉,或是低賤者如塵沙,二者皆是外來之物,並非眼睛所本有,而對顧憲成來說,性善是人所本有的,並非外來。但事實上,顧憲成的批評與王陽明的譬喻,二者並非就同一事而言,王陽明乃是指心中的善惡之念,而顧憲成所指的是心之本性,兩人乃各說各話。

然而,顧憲成標舉「性善」二字以批駁王門後學,亦未嘗不是。原因有二:其一,顧憲成有朱子學傾向,其思想原本即重視心、性之區別,且從今日詮釋學觀點看,任何對文本的詮釋,皆難以完全脫離詮釋者的立場,因而顧憲成從其思想眼光中,自是傾向以自己觀點來理解對方,此亦無可厚非;其二,顧憲成所批判的「無善無惡」,更多地是就此說所造成的影響而言,這在前面已多次提及。就這兩點而言,顧憲成批評王陽明「無善無惡」並非不可

---

❽ 王陽明說:「心體上著不得一念留滯,就如眼著不得些子塵沙,些子能得幾多,滿眼便昏天黑地了。」又說:「這一念不但是私念,便好的念頭亦著不得些子。如眼中放些金玉屑,眼亦開不得了。」見陳榮捷《王陽明傳習錄詳註集評》,頁380。

❻ 顧憲成《商語》,見《明儒學案·東林學案一》,卷58,頁1393。

成立，他說：「陽明豈不教人為善去惡？然既曰『無善無惡』，而又曰『為善去惡』。學者執其上一語，不得不忽其下一語也。何者？心之體無善無惡，則凡所謂善與惡，皆非吾之所固有矣。……陽明且以無善無惡，掃卻為善去惡矣。」❽前半段說，陽明雖未嘗不教人為善去惡，但又說「無善無惡」，導致學者執此一句而忽略了其他，這是就「無善無惡」之說的影響而言。後半則指，「凡所謂善與惡，皆非吾之所固有矣」，此語中所謂「吾之固有」也就是指「性」，因儒學中「性」乃人之固有本質之意；顧憲成認為，陽明既主張「無善無惡心之體」，而在王學中「心之本體」意即通「性」，如此說來，陽明「無善無惡心之體」豈不就是指「性」為「無善無惡」？這是以心性之區分來討論，甚且不須涉及朱學，而僅以陽明學自身即可反襯出其理論漏洞。確實，王陽明「無善無惡心之體」一句，若僅就字面而不引入王陽明其他說法，即是指「性」為無善無惡的，這是陽明思想中最易為他人攻擊之處。同時，這也顯示探討王學必須縱觀其整體，不可輕為文字所繫縛。

　　以上所論，乃是顧憲成對王陽明「無善無惡心之體」的批判。此處則討論他對王畿等人的批判。如前所言，羅洪先以「世間那有見成良知」批評王畿的良知說，且羅洪先與王畿乃是在不同層面上立說的。對此，顧憲成認為，羅洪先並非不瞭解王畿之意，但因見到人們「良知卻擲在一邊，全然不採」，因而有此質疑，其用意

---

❽　顧憲成《論學書》，見《明儒學案・東林學案一》，卷58，頁1396。

「正所以激發頑懦，破除狂誕」❽。照此推論，顧憲成對良知之現成或現在，並非表示反對，而是針對王畿之說所易導致的忽略工夫這一影響。顧憲成批評，高談本體易導致掛空之失，「高者只一段光景，次者只一副意見，下者只一場議論而已矣。」❽所謂光景❿，「景」通於「影」，狹義指禪修過程中所可能瞥見的光或影，廣義指禪修中各種看似正面的經驗，雖顯示修道過程中已略有所得，但卻容易成為陷阱，因為這並非真正證悟，若缺乏細察而沉溺其中，便難以進步。顧憲成又說：「無善無惡四字，上之收了一種高曠的人，下之收了一種機巧的人，惟存下中行，收他不得。」❾「四無」說能吸引上等根器之人，但有落入光景的危險；「四無」說也能吸引取巧之人，但極易成為怠惰或墮落的藉口。此外，顧憲

---

❽　以上顧憲成《小心齋劄記》（臺北：廣文書局，1975年），卷11，頁274－275。

❽　顧憲成《小心齋劄記》，卷15，頁359－360。

❿　有關「光景」，牟宗三說法值得參考，他說：「但透悟簡易心體，而不能知險知阻，正視險阻，在『必有事焉』中而落實，則因心體之簡易而將『事』亦簡易，馴至將下半截全部放棄或荒廢而不關心，則心體吊掛，形同隔絕。……則天心仁體即失其為主而轉為客，其轉為客，是因儻來一悟之智光悟及之而不能當下融於自己之中以為主，在必有事焉中磨練以成事，以平實而充實其自己。如是悟及之，即將其投射於外而為一客體。……是以其為吊掛之客體只是因智光之悟及而將其橫撐豎架，投射於外而為影子。此影子即為『光景』。此是將天心仁體離其主位投射於外，所成之虛映。故曰『光景』。故凡智及而不能仁守，則智之所及皆是光景。……對此光景，說玄說妙，擬議猜卜，歌頌贊嘆，皆是玩弄光景。」牟宗三《陸王一系之心性之學》，見其著《宋明儒學的問題與發展》，頁141。

❾　顧憲成《小心齋劄記》，卷14，頁341。

成亦認為「無善無惡」即同於佛教之旨，這一點與其他批評「四無」說的儒者意見相同。

　　相較於顧憲成，高攀龍對王門後學的批評不算多。在此提出，主要因為劉宗周與高攀龍的一段因緣。據《年譜》❷，劉宗周三十五歲時想拜見顧憲成，但此時顧憲成已去世，於是拜訪高攀龍，兩人並有書信往來，應當是有關修養工夫的討論，但已失傳。在劉宗周一生中，以德性道業相交的朋友大約五、六人，高攀龍即為其中之一。高攀龍非常重視靜坐工夫，亦不乏悟道經驗❸，其思想或對劉宗周有所影響。

　　高攀龍對「無善無惡」的批評主要是就其影響而言。如他說：「今必曰『無善無惡』，又須下轉語曰：『無善無惡，乃所以為至善也。明者自可會通。』然而以之明心性者十之一，以之滅行者十之九矣。……無善無惡，令人走向別處也。」❹換言之，高攀龍在理論上並不一定反對「無善無惡」，對其所蘊含的超越善惡對待乃是至善這一義理，或許有所理解。高攀龍批評的，乃是針對此說在

---

❷　《劉宗周年譜》，見《劉宗周全集》第五冊，頁 127。

❸　有關高攀龍的修養及體驗，如黃宗羲說：「（高攀龍）半日靜坐，半日讀書……心氣清澄時，便有塞乎天地氣象。……過汀州，陸行至一旅舍，舍有小樓，前對山，後臨澗，登樓甚樂，偶見明道先生曰：『百官萬物，兵革百萬之眾，飲水曲肱，樂在其中。萬變俱在人，其實無一事。』猛省曰：『原來如此，實無一事也。』一念纏綿，斬然遂絕。忽如百斤擔子，頓爾落地。又如電光一閃，透體通明，遂與大化融合無際，更無天人內外之隔。……平日深鄙學者張皇說悟，此時只看作平常，自知從此方好下功夫耳。」《明儒學案·東林學案一》，卷 58，頁 1400－1401。

❹　高攀龍《答顧涇陽》，見《明儒學案·東林學案一》，卷 58，頁 1415。

具體的影響上，使人依此而得見心體者其實甚少，但使人以此為藉口而無顧善惡之辨者卻極多。可以說，就成效而言，「無善無惡」之說的成功率並不高，而導致的反效果卻相當嚴重，如此則這一理論本身應有檢討的必要，亦即這一理論該當為其所造成的不良影響負起若干責任，而不能全推諉於他人對此理論的誤解。高攀龍並認為，「無善無惡」之說的理論缺失，就在於「無善」二字易使人「視善如惡而去之」，可謂「足以亂教」❾❺。

三、小結

綜合以上諸儒對王畿的批評，以批評其本體論者最多，其次則為其工夫論，再次為儒佛方面。略作說明如下。

在本體方面。王門內部多批評王畿偏於本體，而較少針對其「無善無惡心之體」，這或許出於對師門的維護，因「無善無惡心之體」本出自王陽明「四句教」之首句。至於王門外部，由於不需顧及對王陽明之說的尊重，因此除批評王畿偏於本體外，對「無善無惡心之體」亦大加批判，並多以孟子性善論來反駁。另外，愈是晚期的儒者，其批判愈見深度。

在工夫方面。諸儒主要是批評王畿不重視工夫，缺乏工夫次第。

在儒佛方面。王門內部對「無善無惡心之體」持贊成態度者，多並不以儒佛問題批評王畿；但若對「無善無惡」不表贊同，便認

---

❾❺ 以上高攀龍《方本菴性善繹序》，見《明儒學案·東林學案一》，卷 58，頁 1423。

為王畿之說是融合佛教思想，如張元忭。至於王門外部，往往以儒佛問題批評王畿，意即認為王畿之說乃入於佛。

第三節　劉宗周對王門後學的批判

首先，討論劉宗周對王畿之學的批判；其次，討論劉宗周對泰州之學的批判。

一、對王畿之學的批判

此處，分為對王畿本人及對王畿一系的批判。

㈠對王畿本人的批判

劉宗周對王畿的批判，集中於其「四無」之說，試分二點討論：其一為「無善無惡心之體」似非源於王陽明之說；其二為「無善無惡」之說入於禪。另外，劉宗周「無善而至善」一語常受質疑，附帶於此處討論。

1.「無善無惡心之體」似非源於王陽明之說

劉宗周認為王畿「無善無惡心之體」似非源於王陽明之說，這涉及王畿「四無」說與王陽明「四句教」之間的關係。如前所述，「四句教」之首句為「無善無惡心之體」，王畿以此為基礎，衍繹為「心、意、知、物」四者皆為「無善無惡」。換言之若批評王畿「無善無惡」之說，則不可避免批評到王陽明。然而，在「無善無惡」的問題上，劉宗周將王陽明與王畿作了區隔，僅批評王畿而對王陽明持維護態度。他的作法是，對導致「四無」的「四句教」進

行質疑，認為「四句教」似非王陽明之說，如此，從「四句教」到「四無」皆為王畿一人所承擔，而與王陽明無關。如劉宗周說：「四句教法，考之陽明集中，並不經見，其說乃出於龍溪。則陽明未定之見，平日間嘗有是言，而未敢筆之於書，以滋學者之惑。」❾⑥此言明確指出，「四句教」並非王陽明本旨而是屬於王畿之說，且即使出於王陽明的觀點，也是未定之見。❾⑦

另外，《明儒學案》述鄒守益之學，提到鄒守益《青原贈處》一文中所記「天泉證道」王陽明之言：「洪甫須識汝中本體，汝中須識洪甫功夫。」❾⑧黃宗羲認為，「此與龍溪《天泉證道記》同一事，而言之不同如此，蕺山先師嘗疑陽明天泉之言與平時不同。平時每言『至善是心之本體』。又曰：『至善只是盡乎天理之極，而無一毫人欲之私。』又曰『良知即天理』。《錄》中言天理二字，不一而足，有時說『無善無惡者理之靜』，亦未嘗徑說『無善無惡是心體』。」❾⑨這是說，根據王畿《天泉證道記》所記，王陽明將「四無」之說作為是「為上根人立教」而將「四有」之說作為「為中根以下人立教」⑩⑩，但在鄒守益《青原贈處》一文中，卻並未提及這一點，而是分別以本體、工夫來認可王畿、錢德洪。同是「天

---

❾⑥　《明儒學案·師說》，頁8。

❾⑦　如劉宗周說：「王門倡無善無惡之說……即陽明先生亦偶一言之，而後人奉以為聖書，無乃過與？」《學言下》，見《劉宗周全集》第二冊，頁 518－519。

❾⑧　鄒守益《青原贈處》，見《明儒學案·江右王門學案一》，卷 16，頁 341。

❾⑨　《明儒學案·江右王門學案一》，卷 16，頁 334－335。

⑩⑩　《明儒學案·浙中王門學案二》，卷 16，頁 239。

泉證道」一事，兩者的記載卻有如此差異，使得黃宗羲懷疑「無善無惡」之說是否出於王陽明之意。事實上，黃宗羲對「天泉證道」的質疑也代表劉宗周的觀點，引文中「蕺山先師嘗疑陽明天泉之言與平時不同」後面一段，即是出自劉宗周所編撰《陽明傳信錄》。❿

　　《陽明傳信錄》為劉宗周六十一歲時所編，摘錄王陽明著作，並附有劉宗周所作按語。劉宗周指出，王陽明之教「吃緊在去人欲而存天理……其要歸於致良知」❿，但王陽明後學卻是「舍天理而求良知」❿，有失王陽明之旨。因此，他編纂此書的用意，就是要使王陽明之道「傳之久而無弊」❿，這即是「傳信」二字之意。《陽明傳信錄》雖屬編纂而非原創著作，但從劉宗周案語中，可略窺其所透露出的消息。大體上，此書可分為對王畿及對王陽明的批評，分別針對王畿的「無善無惡」與對王陽明的「意為心之所發」。在對王畿的批評方面，《陽明傳信錄》主要認為王畿「舍天理而求良知」，有失陽明之傳；至於對王陽明的批評，詳見後述。經統計，此書於引述王陽明之言後所作案語中，關於為善去惡或遷善改過者，共 3 處；關於儒佛之辨者，共 12 處，此意是指王陽明

<hr />

❿　劉宗周說：「先生每言『至善是心之本體』。又曰：『至善只是盡乎天理之極，而無一毫人欲之私。』又曰『良知即天理』。《錄》中言天理二字，不一而足，有時說『無善無惡者理之靜』，亦未曾徑說『無善無惡是心體』」《陽明傳信錄》，見《劉宗周全集》第四冊，頁 107。

❿　《陽明傳信錄》，見《劉宗周全集》第四冊，頁 1。

❿　同上，頁 2。

❿　劉宗周《陽明傳信錄》，見《劉宗周全集》第四冊，頁 2。

並非入於禪；關於天理者⑩，共 21 處；關於性善者⑩，共 7 次；關於朱、王印合者⑩，共 4 次，這是指王陽明之說與朱熹相符合；關於王陽明之說與其他宋儒相符合者，共 5 次。這一統計所彰顯的意義，即劉宗周認為王陽明之說並非禪，而是儒門正宗，並與宋儒之說相符合，其說主旨亦是要人為善去惡，要存天理去人欲。以此為基礎，劉宗周進而認為王畿「無善無惡」之說非陽明之傳。

2.「無善無惡」之說入於禪

劉宗周認為王畿「無善無惡」之說入於禪，此觀點乃建立在對佛教禪宗的理解上。劉宗周認為，禪宗是「只主靈明，而抹去善惡二義，故曰：不思善，不思惡時，見本來面目。」⑩以此理解為基礎，劉宗周認為王畿「無善無惡」之說即是入於禪，「善惡雙泯，任一點虛靈知覺之氣，從橫自在，頭頭明顯，不離著於一處，幾何而不蹈佛氏之坑塹也哉。」⑩劉宗周又說：「只為後人將『無善無惡』四字播弄得天花亂墜，一頓摭入禪乘，於其平日所謂『良知即天理』、『良知即至善』等處全然抹殺，安得不起後世之惑

---

⑩　如：「致良知只是存天理之本然。」《陽明傳信錄》，見《劉宗周全集》第四冊，頁 21。

⑩　如：「良知即天理，故曰至善。」又如：「至善本在吾心，首賴先生恢復。」分別見於《陽明傳信錄》，《劉宗周全集》第四冊，頁 41、62。

⑩　如：「天理人欲四字是朱王印合處，奚必晚年定論。」《陽明傳信錄》，見《劉宗周全集》第四冊，頁 61。

⑩　《會錄》，見《劉宗周全集》第二冊，頁 643。

⑩　《明儒學案·師說》，頁 8

乎？」⑩這與前述《陽明傳信錄》所表彰的天理、性善等有所關聯，劉宗周認為王畿「無善無惡」將天理、至善皆予抹殺，不但並失陽明之傳，且是流於禪。

劉宗周並指出，特別是「無善」二字，「語雖雙提，而意實寄於無善」⑪，並引用禪宗祖師宗杲之言「寧可破戒如須彌山，不可染惡知惡識如芥子大」⑫。事實上，宗杲之言是佛教常見的教導，針對的是修習空性所易導致的偏空或執空之弊。劉宗周也看出這一點，認為王畿將「心、意、知、物」四者皆作「無善無惡」，將使「遷善改過之學為世大禁」⑬，「為濟惡之津梁」⑭，使得「有志於學者，亦苦於從入之無途」⑮，「修齊治平，一舉而空之矣，此龍溪之說所以深陷於釋氏而不自知也。」⑯

對於王畿，劉宗周總結說：「先生孜孜學道八十年，猶未討歸宿……孤負一生，無處根基，惜哉！」⑰並感嘆說：「陽明不幸而有龍溪，猶之象山不幸而有慈湖，皆斯文之阸也。」⑱

3.附論：劉宗周「無善而至善」疑義

---

⑩　劉宗周《答韓參夫》，見《劉宗周全集》第三冊上，頁 422。此信作於 63
　　歲。

⑪　《會錄》，見《劉宗周全集》第二冊，頁 643。

⑫　《會錄》，見《劉宗周全集》第二冊，頁 643。

⑬　《論語學案》，見《劉宗周全集》第一冊，頁 426。

⑭　《明儒學案·師說》，頁 8。

⑮　《答秦履思（弘祐）二》，見《劉宗周全集》第三冊上，頁 363－364。

⑯　《與王弘臺年友》，見《劉宗周全集》第三冊上，頁 357。

⑰　《明儒學案·師說》，頁 9。

⑱　《答韓參夫》，見《劉宗周全集》第三冊上，頁 422。

　　此處附論一點，即有關心體至善的疑問。如前所述，劉宗周多次以天理、性善等批評王畿「無善無惡」之說。由此看來，劉宗周主張性善，應無疑義。然而，劉宗周《人譜》之《人極圖說》首句說：「無善而至善，心之體也。」⑲因此有學者認為，其實劉宗周思想中也蘊藏類似「無善無惡」觀點，他對「無善無惡」的批評乃是有感於王學末流之弊而發的。⑳那麼，劉宗周是否堅持性善說？他的「無善而至善」如何解釋？

　　首先，劉宗周是堅持性善論立場的。劉宗周多次談及性善，如他說：「物累既遣，則此心澄然湛然，常復其至善之體矣。」㉑至於《人極圖說》所說的「無善而至善，心之體也」，這在第六章已討論，劉宗周《人極圖說》是對周敦頤《太極圖說》的仿作，《人極圖說》「無善而至善」一句即是仿自《太極圖說》「無極而太極」。這就是說，如同《太極圖說》提出太極為宇宙本源，《人極圖說》則提出至善的「心之體」（亦即「性」）為心之根本，亦即性善之意。

　　其次，劉宗周「無善而至善」及「無善可著，更何不善可為」㉒等語，確實有引人疑慮之處。我也同意，劉宗周對「無善無惡」的批評是因王學末流之弊而起，更多地是就「無善無惡」所導致的影響而言。然而，「無善而至善」是否就等同於「無善無惡」的至

---

⑲　《人譜》，見《劉宗周全集》第二冊，頁 3。

⑳　王瑞昌《論劉蕺山的無善無惡思想》一文，見《鵝湖月刊》第 25 卷，第 9 期，頁 18。

㉑　《艮止說》，見《劉宗周全集》第二冊，頁 376。

㉒　《證人要旨》，見《劉宗周全集》第二冊，頁 6。

善之意，這一問題仍有待商榷，且涉及論說立場與語義等問題，暫置不論，而將重心放在「無善而至善」的解釋上。

回顧第六章所討論的，劉宗周對「無極而太極」的理解接近朱熹，認為「無極」就是「太極」，並不是「太極」之上還另有一物，而是用來形容「太極」的無形無狀。如此，將《太極圖說》的「無極而太極」與《人極圖說》的「無善而至善」兩句相對照，「無善」與「至善」二者之關係，亦應等同於「無極」與「太極」二者之關係。這意謂，「無善」雖是「至善」之根源，但並非在「至善」之上另有一物，而是用以形容「至善」的無形無狀。

我認為，所謂善的無形無狀，應當是指尚未具體形成好善惡惡之念。如第三章已討論，劉宗周有「意」與「念」的區分，前者為念頭生起之前的心理狀態，也就是「此時一念未起，無善可著，更何不善可為？……則雖一善不立之中，而已具有渾然至善之極。」❿此時之心未與外物接觸，尚未形成好善惡惡之念的生起，因此以「無善」來形容；但這一心理狀態並非空無，乃是超越於好善惡惡之上，而又能發而為好善惡惡的作用，而好善惡惡這一作用本身，即顯示心體之善，故稱「至善」。

事實上，劉宗周自己也認為他的「無善」二字易引人誤解，他說：「有讀《人譜》，疑無善二字者。曰：人心止有好惡一機，好便好善，惡便惡不善，正見人性之善。」❹這就是前所言，好善惡

---

❿　同上。

❹　《會錄》，見《劉宗周全集》第二冊，頁 610。又，黃宗羲《明儒學案·蕺山學案》所作案語也提到這問題，摘錄於此以作參考。黃宗羲說：「《人譜》謂『無善而至善，心之體也』，與陽明先生『無善無惡者心之體』之語

惡本身即顯示性善。討論至此,或可提一相關問題,即劉宗周明知「無善而至善」易引人誤解,那麼,他為何仍作此主張?

我認為,至少有兩點原因。第一點,是出於《人極圖說》仿自《太極圖說》的考量,為求在概念上有所對應。第二點,是為工夫論而考慮。在儒門中,劉宗周是少數在工夫論上堪稱精微者,有鑑於「學者終身造詣,只了得念起念滅工夫,便謂是儒門極則,此箇工夫以前,則委之佛氏而不敢言……遂使儒門淡泊,為二家所笑」⑫,他區分「意」、「念」,分別有對應的工夫。換言之,劉宗周認為過去儒家的修養工夫僅針對念頭生起後,為補此缺失,他特別提出念頭生起前的「意」,也就是「太極」,也就是「獨體」,也正是「無善而至善」,皆為異名同指。我還以為,「無善而至善」一語頗能將「一善不立之中,而已具有渾然至善之極」⑫的心理狀態,予以傳達。這是劉宗周寧冒為人誤解及批評的風險,而仍提出「無善而至善」的用意所在。

㈡對王畿一系的批判

劉宗周對王畿一系的批評,主要集中於兩點:其一,批評王畿一系在良知本體上玄虛而蕩;其二,批評王畿一系在實踐上偏於本體、離事用功。實際上,這兩點是相互關聯的,前者屬於對本體的

不同。陽明但言寂然不動之時,故下即言『有善有惡意之動』矣。……先生從至善看到無善,善為主也;周海門言『無善無惡,斯為至善』,從無強名之善,無為主也。儒釋分途於此。」《明儒學案·蕺山學案》,卷 62,頁 1542。

⑫　《人譜雜記一》,見《劉宗周全集》第二冊,頁 36。

⑫　《證人要旨》,見《劉宗周全集》第二冊,頁 6。

見解，後者則是表現於外的行動，而後者乃以前者為依據。

1. 本體：蕩之以玄虛

王陽明晚期論學宗旨為「致良知」，由於他五十七歲即去世，未來得及進行細部的闡發，使得「後來門下各以意見攙和」**⑫**，形成各派弟子對良知的不同理解。

就本體而言，劉宗周常將泰州、王畿合併起來批判，也有相互對照之意。如劉宗周在晚年所撰《證學雜解》中，說道：「今天下爭言良知矣。及其弊也，猖狂者參之以情識，而一是皆良；超潔者蕩之以玄虛，而夷良於賊，亦用知者之過也。」**⑫**這段話相當著名，主要因為牟宗三從此段話中抽出「情識而肆」、「虛玄而蕩」二語，作為言良知者之二大流弊，後來常為研究者所引用。「情識而肆」指泰州之學將情感欲望混入良知；「虛玄而蕩」即是指王畿一系，使良知之學無異於佛老。又如劉宗周說：「猖狂者參之以情識，而一是皆良；超潔者蕩之以玄虛，而夷良於賊。」**⑫**前者指泰州一系將情感參入良知，並視為是良知的一部分；後者指王畿對良知的體認過於玄虛。又如，劉宗周以「認賊作子」**⑬**批評泰州一系，將欲望（即「賊」）視為良知（即「子」），該去除者未予去除；而以「認子作賊」**⑬**批評王畿一系，將良知中的至善、天理等皆予

---

⑫　《明儒學案·姚江學案》，卷 10，頁 179。
⑫　《證學雜解·解二十五》，見《劉宗周全集》第二冊，頁 325。
⑫　同上。
⑬　《重修紹興府儒學記》，見《劉宗周全集》第三冊下，頁 877。
⑬　同上。

掃除，該保留者未予保留。劉宗周還以「莽蕩」、「儱侗」[132]之語，亦分別針對泰州及王畿而發。

以上可見，劉宗周常以「玄虛」、「儱侗」等字眼批評王畿之學。然而，「玄虛」二字所要傳達的意義為何？關於這一點，可參見劉宗周在《證學雜解》的另一段話：「良心之放也，亦既知所以求之矣。初求之事物之交，而得營搆心，其為營與搆，日不知凡幾也。繼求之應感之際，而得緣著心，其為緣與著，日不知凡幾也。又求之念慮之隱，而得起滅心，其為起與滅，日不知凡幾也。又進求之靈覺之地，而得通塞心，其為通與塞，日不知凡幾也。又求之虛空，求之玄漠，而得欣厭心，欣與厭，又日不知凡幾也。以是五者徵心，了不可得。」[133]乍看之下，這段話不易明白，但據《年譜》所稱，劉宗周《證學雜解》之作，乃是有感於「晚近學術不明，用功悠謬」[134]。如此說來，《證學雜解》可視為是意有所指的一部文本，對王門後學多有針砭之處，而此處引文應當是對王畿一系的批評。王畿之說，講求頓悟良知本體，但良知本體到底是什麼呢？這也就是劉宗周所謂「五者徵心，了不可得」。大致上，這五者的次序從粗糙到細微，以下試為解說。

一者，「求之事物之交」，但所尋得的只是「營搆心」，即日常生活中面對外物，生起的各種猜想、計畫、評斷等心念，好比在

---

[132] 《證學雜解·解十二》，見《劉宗周全集》第二冊，頁 312：「心本不諱言覺，但一忌莽蕩，一忌儱侗。儱侗則無體，莽蕩則無用，斯二者皆求覺於覺，而未嘗好學以誠之，容有或失之似是者，仍歸之不覺而已。」

[133] 《證學雜解·解八》，見《劉宗周全集》第二冊，頁 310-311。

[134] 《劉宗周年譜》，見《劉宗周全集》第五冊，頁 480。

心中放映的短片一般。二者，「求之應感之際」而尋得「緣著心」，即認知主體在歷緣對境時，當下一刻所引發的攀著、附著之念。若將「緣著心」與「營構心」相比較，有同有異，相似之處是兩者皆為因外物而起，相異之處是「營構心」具有內容，「緣著心」則並不具有內容，而可說是一股幽微的能量。三者，「求之念慮之隱」而得「起滅心」，這是指認知主體在抽離於外境的情況下，依然是念頭難息，此處應是就靜坐而言。一般而言，人在生活中營營碌碌，認知主體幾乎都是向外進行認知活動，而少有向內進行自我觀照。在靜坐工夫中，認知主體所要做的是向內觀照自身，試圖將心止於一處，但受平日慣性影響，要將心念止息實非易事。事實上，靜坐工夫的第一步功效，便是對起滅不斷的心念有所察覺。換言之，沒有靜坐工夫的人，未必皆能對自己的起滅心有所察覺。

　　第四、第五也是就靜坐觀心而言，分別為「又進求之靈覺之地，而得通塞心」及「又求之虛空，求之玄漠，而得欣厭心」。王畿一系之失，即在此二者。當靜坐工夫較為深刻時，起滅心的生起次數逐漸減少，猶如逐漸靜止的水，水靜則清，心靜則明。此時心的觀照力已較具力量，當其返觀內照時，即可穿越紛飛不已的起滅心，而對心體略有所窺，所謂「靈覺之地」。對靜坐者而言，這類心空如洗、身心輕安的經驗感覺頗佳，但未必是悟得本體，且並非每次靜坐皆可得。因此，當禪修狀況良好時，對靈覺心體略有所「通」，便易起「欣」喜之感；當禪修狀況不佳時，對靈覺心體成「塞」閉之狀，便易起「厭」惡之心；且靜坐久後，容易留戀於心念凝滯的狀態中，而較為失去心的覺照力，處於空漠、虛空的心

境，對日常生活產生怠忽之感。

以上所論，既然「五者徵心，了不可得」，那麼良知本體當在何處？劉宗周接著說：「吾將縱求之天地萬物，而得心體焉，其惟天理乎？天理何理？歸之日用。」⑬其實，良知本體就是天理，而天理就在日用之中，處處可得，此即理事不二、事上用功之義。這就轉入下一段討論。

2.工夫：離事用功

承上所言，良知本體何在？就在日用之中。其實，雖然王畿之學講究頓悟本體，但他提出「從靜坐而入者」的「證悟」及「從人情事變鍊習而入者」的「徹悟」⑬，後者即事上用功之意。如此說來，若就理論層面批評王畿一系離事用功，或許有失公允，更何況王陽明本身即有事上磨練的教示。但是，此處所針對的，更多地是就王畿一系在實踐上所呈現出來的問題。修道過程中，有時理論與實踐之間會有落差，而此種落差或可歸因於理論自身的缺失。王畿一系對體悟本體的強調，「專取良知以為捷徑」⑬，容易使得王畿其他工夫主張受到忽視，傾向於離開現有處境而另尋本體，在日常生活軌道之外，另尋一虛擬情境而修，此乃修道常見的弊病。

劉宗周主張事上用功，這一觀點有其形上學依據。劉宗周主張理氣不二，並藉易學的太極、陰陽等概念作解釋。在理學的語彙中，「太極」指形上之理，「陰陽」指形下之氣，萬事萬物皆為理

⑬　《證學雜解·解八》，見《劉宗周全集》第二冊，頁 311。
⑬　王畿《悟說》，見《龍溪先生全集》卷 17，頁 612。
⑬　《答履思三》，見《劉宗周全集》第三冊上，頁 366。

氣所成，此即以朱熹為代表的理學形上觀。儘管朱熹主張理不離氣，但推到根源處，畢竟還是承認邏輯上的理在氣先，由此難以避免重理輕氣的傾向，落實到修養工夫上，則傾向於脫離現實生活而去追尋心性本體。這也就是王畿一系之失。劉宗周則是說：「陰陽之外別無太極」⑬，「強名之曰『太極』，而實非另有一物立於兩儀、四象之前也」⑭，「理即是氣之理，斷然不在氣先，不在氣外。」⑭類似之語，皆表示本體與現象乃不可分割的關係，本體就在現象之中，並非離現象而存在。換言之，要追求本體，便不可脫離現象而求，「揖讓進退之間，作止語默之際，無非道體之流行」⑭，本體並非懸空於事物之外，若「只去懸空想像，求吾道於虛無寂滅之鄉，寧不率天下而為禪乎？」⑭這一點，前面已多有討論。

劉宗周早年講學時，在解說《論語・子罕》「吾執御」⑭一章時，說：「聖人執御，正是下學上達，非姑自謙。蓋學以持循此心之天理而已，只萌一泛濫高遠之念，天理便陡然而忘。」⑭又在解說《論語・雍也》「中人以上，可以語上」⑭一章時，說：「形而上者謂之道，道不可言，其可言者，皆形下者也。雖形下者，而形上者即在其中。故聖人之教莫非下，亦莫非上也，顧學者所聞何如

---

⑬　《學言中》，見《劉宗周全集》第二冊，頁491。

⑭　《周易古文鈔》，見《劉宗周全集》第一冊，頁271。

⑭　《學言中》，見《劉宗周全集》第二冊，頁483。

⑭　《會錄》，見《劉宗周全集》第二冊，頁614。

⑭　同上，頁637。

⑭　《論語注疏・子罕第九》，見《十三經注疏》下冊，頁2479。

⑭　《論語學案》，見《劉宗周全集》第一冊，頁460。

⑭　《論語注疏・雍也第六》，見《十三經注疏》下冊，頁2481。

耳。上焉者，悟其上者之機，雖居處恭、執事敬，亦上也，故可以
語上。」⑭居處恭、執事敬，看似平易簡單，卻也是道之所在。若
是上根之人，便能在形下中體會形上之理，在下學中企求上達，如
顏淵說「夫子循循然善誘人，博我以文，約我以禮」，這在劉宗周
眼中，便是上達的工夫，以顏淵的好學，「纔發軔便詣極，只為從
文、禮處得力來，便當一日千里。」⑭

　　劉宗周後來與他人論學，對王門的離事用功這一弊端，討論得
更為細緻，涉及本體與工夫的辯難。如崇禎四年（1631），劉宗周
五十四歲，講學於家鄉的陶望齡祠堂，同主講席者為陶奭齡，參與
者達二百多人，稱為「證人社」。陶望齡⑭（號石簣，謚文簡，1562－
1609）是明代著名文人，出自劉宗周外祖父章穎門下，其弟陶奭齡
⑭（號石梁）也是頗具聲望的士紳，與周汝登同為王畿一系的傳人。
劉宗周曾說：「吾越自陽明先生倡良知之說……由是以傳龍溪，龍
溪傳海門……海門之設教郡中也，實惟二陶先生首奉壇坫，招徠同

⑭　《論語學案》，見《劉宗周全集》第一冊，頁 407。
⑭　同上，頁 466－467。
⑭　關於陶望齡，黃宗羲說：「陶望齡，字周望，號石簣，會稽人也。萬曆己丑
進士第三人。授翰林編修，轉太子中允右諭德，兼侍講。……先生之學，多
得之海門，而泛濫於方外。以為明道、陽明之於佛氏，陽抑而陰扶，蓋得其
彌近理者，而不究夫毫釐之辨也。其時湛然、澄密、雲悟皆先生引而進之，
張皇其教，遂使宗風盛於東浙。」《明儒學案・泰州學案五》，卷 36，頁
869。
⑭　關於陶奭齡，劉宗周說：「吾鄉陶石梁子，雅為吾黨推重，特其入門不免借
途於釋氏，一時從遊之士多以禪起家，卒難驟返於正，亦其弊也。僕與石梁
持論，每有異同，或至水窮山盡之日，將有廢然而返者，未可知也。」《答
王生士美》，見《劉宗周全集》第三冊上，頁 413。

志，共噓薪燄。」⑮這段話，顯示出王陽明之學在浙江的學脈傳
承：王陽明→王畿→周汝登→陶氏兄弟。事實上，周汝登並非僅承
王畿一系，他先後師從王畿、羅汝芳，可說兼具龍溪、泰州之傳
⑮，對「無善無惡」之說頗具推廣之功⑮。陶望齡、陶奭齡兄弟為
浙江會稽人，周汝登為浙江嵊縣人，而劉宗周為浙江山陰（紹興）
人，他們彼此相識，亦皆有地緣關係。可以說，劉宗周對王畿之學
的認識，即是通過周、陶等人。由於劉宗周與陶奭齡對「無善無
惡」之說的看法大相逕庭，陶奭齡並提倡因果，主張儒佛融合，雙
方多有歧見，爭論持續到隔年。後來，劉宗周及其弟子移講於古小
學及陽明祠，陶奭齡及其弟子則另會於白馬巖居。依據劉宗周文
獻，證人社會講至少十一次。試整理重點，如下。

　　陶奭齡承續王畿頓悟本體的主張，「每提識認二字」⑮，以

---

⑮　《祭陶石梁先生文》，見《劉宗周全集》第三冊下，頁 1068。

⑮　據黃宗羲所言：「先生（按，即周汝登）有從兄周夢秀，聞道於龍溪，先生
　　因之，遂知向學。已見近溪……便有悟入……先生供近溪像，節日必祭，事
　　之終身。」《明儒學案・泰州學案五》，卷 36，頁 854。羅汝芳為顏鈞（字
　　山農，或別號山農，生卒年不詳）主要弟子，而顏鈞乃承泰州之傳，因此周
　　汝登亦是承續泰州之傳，故周汝登兼具王畿與泰州王艮兩者之學。

⑮　對於周汝登，劉宗周說：「吾越陽明子以良知之說啟天下，及門之士於吾
　　越，最著者為龍溪先生。又百年，龍溪之門於吾越，最著者為先生。」《祭
　　周海門先生文》，見《劉宗周全集》第三冊下，頁 1060。又如陶望齡說：
　　「海門子少聞道龍溪之門，晚而有諧焉，自信力故，尊其師說也益堅，其契
　　也親……四方從之游者，皆曰先生今龍溪也。」按，海門子即周汝登。陶望
　　齡《海門文集序》，見《歇菴集》卷 3，《續修四庫全書》第 1365 冊（上
　　海：上海古籍出版社，1995 年），頁 223。

⑮　《會錄》，見《劉宗周全集》第二冊，頁 609。

「識認本體」為宗旨，所謂「識得本體，則工夫在其中」⑭。按照唐君毅說法，此即「悟本體即工夫」⑮，也就是我所稱的「工夫用於心之體」。陶奭齡標舉良知本體，就如同佛教以根本「無明」為煩惱之源；後者以破除根本無明為目標，前者以識得良知本體為目標。果真能行，則頗有擒賊先擒王之意，一了百了，可謂第一義的工夫。

首先，劉宗周並不反對第一義工夫。他不反對識認本體⑯，甚至認為如果工夫不得力，「恐是離卻本體的工夫」⑰。不過，劉宗周認為，頓悟本身不易斷定，且即便真有所悟，大多也只能持續一段時間，並非徹悟成聖，如他說：「識認終屬想像邊事，即偶有得，亦一時恍惚之見，不可據以為了徹也。」⑱因此，不可將對本體的識認當作功課已畢，「今謂既識後遂一無事事，可以從橫自如，六通無礙，勢必至猖狂縱恣，流為無忌憚之歸而後已。」⑲其實，這也就是頓悟與漸修的問題，劉宗周並不否定頓悟，但頓悟之

---

⑭　《劉宗周年譜》，見《劉宗周全集》第五冊，頁 311－312。此時為劉宗周 55 歲。

⑮　唐君毅《王學之論爭及王學之二流》，見《中國哲學原論·原教篇》第十三章，頁 364。

⑯　如劉宗周說：「既識本體，即須認定本體用工夫，工夫愈精密，則本體愈昭熒。」《劉宗周年譜》，見《劉宗周全集》第五冊，頁 311－312。此時為劉宗周 55 歲。

⑰　《答祁生文載》，見《劉宗周全集》第三冊上，頁 362。此時 54 歲。

⑱　《劉宗周年譜》，見《劉宗周全集》第五冊，頁 311－312。此時為劉宗周 55 歲。

⑲　同上。

後還要配合漸修，並沒有可以一了百了的事。

　　其次，劉宗周指出陶奭齡之失，認為他過於偏重「心之體」，易導致對「心之用」的忽略，即不重視生活中的省察。劉宗周認為，體、用不可割裂，他說：「本體只在日用常行之中，若舍日用常行，以為別有一物可以兩相湊泊，無乃索吾道於虛無影響之間乎？」❿「心之體」與「心之用」並非可以相湊合的兩個東西，它們原本就是合一的。工夫上也是如此，用在「心之體」的「第一義工夫」與用在「心之用」的「第二義工夫」，也不能截然二分，「說不得我且做上一截工夫，置卻第二義不問，須看作一個工夫始得。」⓰若用工夫於「心之用」，則有助於「心之體」的識得；同樣地，「心之體」的識得，能使生活中「心之用」的工夫更為得力。

　　再次，他們還討論工夫上孰先孰後的問題。在陶奭齡看來，應以識得「心之體」為優先，如此則「心之用」的工夫自然能達成。劉宗周則有不同看法，認為有時必須從「心之用」的工夫入手。有次討論遷善改過，陶奭齡說：「遷改如掃地，掃地是作家日用事，遷改是學者日用事。但得良知，自能遷改。如作家人既成了一分人家，則去塵滌垢，自罷手不得。」⓲這是以掃地為喻，若是家中的一份子，自然會將屋舍打掃乾淨，意思是如果識得良知，則遷善改過的日用工夫自然就能做到。這意思，也就是要先使良知成為自家

---

❿　　同上。

⓰　　同上。

⓲　　《會錄》，見《劉宗周全集》第二冊，頁604。

人，先要悟得本體。不過，劉宗周認為，「遷改固是家嘗事」⑯，但並不見得容易，且對於習染深重的人來說，由於「沉蔽已久，如屋為糞土所封，初入門必須著力掃盪一番」⑯，未必能直接用工夫於「心之體」，而必須先在「心之用」上進行遷改工夫。

在劉宗周與陶奭齡的會面討論中，或許出於對彼此的尊重等考慮，劉宗周言論尚屬婉轉，並不反對識認本體。但劉宗周在與學生輩的秦弘祐（字履思）書信往來中，說得就更為徹底。證人社學生中，秦弘祐立場傾向陶奭齡，劉宗周答覆秦弘祐的多封書信，可視為是對陶奭齡的批評。這其中，劉宗周說道：「學者只有工夫可說，其本體處直是著不得一語。纔著一語，便是工夫邊事。然言工夫，而本體在其中矣。大抵學者肯用工夫處，即是本體流露處；其善用工夫處，即是本體正當處。」⑯此言極具劉宗周風格。

如前面幾章所提及的，劉宗周的思維邏輯是將二元打合為一元，無論是宇宙本體論、心性本體論或工夫論，皆明顯可見這一思維特點。當陶奭齡等王門後學高談本體之時，本體與工夫早已成為爭議不休的問題，學者或陷於概念糾結中，或落於語意的混沌中，或僅是耳食為飽的附和之眾。劉宗周有鑑於此，乾脆就在「本體／工夫」的二元概念中一舉取消「本體」的本質性、實體性，而主張「只有工夫可說」，「言工夫，而本體在其中矣」。但要知道，這是針對王畿一系之弊而講的，且是就「本體／工夫」這一對概念而

---

⑯　同上。

⑯　同上。

⑯　《答秦履思（弘祐）二》，見《劉宗周全集》第三冊上，頁 363－364。此時54 歲。

言。事實上，劉宗周絕非不談本體，第三章即有關本體的討論。

二、對泰州一系的批判

這部分，又分為對王艮等人及對泰州一系的批判。

㈠對王艮等人的批判

對王畿、王艮二人，劉宗周有一段代表性的評論，說：「王門有心齋、龍溪，學皆尊悟，世稱二王。心齋言悟雖超曠，不離師門宗旨。至龍溪，直把良知作佛性看，懸空期個悟，終成玩弄光景。雖謂之操戈入室可也。」⑯按，王艮號心齋，王畿號龍溪。劉宗周以為，王畿已背離王陽明師說，而王艮則尚能不離師門宗旨。事實上，劉宗周對王艮等人之說並不全然否定。如前所述，劉宗周「意為心之所存」的觀點，與王棟之說相近。此外，劉宗周對王艮「淮南格物」亦頗為肯定⑰，並在《尋樂說》一文中引述王艮《學樂歌》⑱，似乎對王艮樂學之說有所認同⑲。

---

⑯　《明儒學案·師說》，頁 9。按，《師說》即黃宗羲所記其師劉宗周之語，可視為是劉宗周的觀點。

⑰　如黃宗羲說：「子劉子曰：『後儒格物之說，當以淮南為正。』」《明儒學案·泰州學案一》，卷 32，頁 710。

⑱　《尋樂說》一文見《劉宗周全集》第二冊，頁 339－341。又，「樂學歌」三字，在劉宗周《尋樂說》一文中，作「學樂歌」，且文詞與《明儒學案》所記《樂學歌》略有出入。

㈡對泰州一系的批判

劉宗周對泰州一系的批評，主要集中於兩點：其一，批評泰州一系在良知本體上參以情識；其二，批評泰州一系在行事作風上入於猖狂。這兩點也是相互關聯的，前者屬於對本體的見解，後者則是表現於外的行動，而後者乃以前者為依據。

1.本體：參之以情識

在前面討論劉宗周對王畿一系「蕩之以玄虛」的批評中，亦提及劉宗周對泰州一系的批評，引述過的原文不再重覆。

劉宗周又說：「後之學者，一訛以情識，則認賊作子，既不諱言人欲；再訛以性空，則認子作賊，尤不喜言天理。」⑰此言與前段話類似，指泰州一系將情識參入良知本體，此乃「認賊作子」，因泰州一系主張良知現成，如此則一切心識的自然流露，皆易被視為是良知的自然展現，而使人欲與天理之間的界限變得模糊。此處劉宗周對泰州的批評，頗與張元忭相似，認為現成良知之說導致「以嗜慾為天機，以情識為智慧」，因而「不復知有戒慎恐懼之

---

⑯ 不過，劉宗周在與弟子的書信中，曾表示不敢輕易用「樂」字來言學，他說：「發憤忘食，樂以忘憂，此孔門真血脈也。後之學聖人者，亦從可知矣。苟不學其所謂憤者機，而惟學其樂以忘憂之進地，雖偶有所見，終非實際。況其滋流而為猖狂，為無忌憚乎！僕故不敢以樂字拈學則，而惟凜凜乎憂勤惕厲之法，以鞭辟為己。」《答胡生鳴鷟一》，見《劉宗周全集》第三冊上，頁392。

⑰ 《重修紹興府儒學記》，見《劉宗周全集》第三冊下，頁877。

功」⑰。確實，王艮將致良知之學視作樂學，簡單直捷，對大眾頗具吸引力，但在修養工夫的過程中，不可避免將面對各種煩惱習性，而必須以恆心、毅力不斷地下功夫，又豈是「樂」字可涵蓋的。我們固然可以將艱苦的修養歷程視為樂事，且隨著愈趨進步，愈可體會其中之樂，但王艮僅強調樂的一面，而少有談論其艱苦的另一面，易導致學習者對工夫的輕怠。

2.行事作風：有失中行

泰州一系以現成良知為理論基礎，在實踐上標舉「自然」、「樂學」，容易形成劉宗周所說的「小人之無忌憚」⑫。

劉宗周早年講述《論語》，後整理為《論語學案》一書，以有失中行批評王門後學，可視為對泰州一系的評論。孔子說：「不得中行而與之，必也狂狷乎。狂者進取，狷者有所不為也。」⑬此意指，若中道之人不可得，則寧願與狂狷之人往來。狂狷之士在孔門中評價不低，但最上等者當為中行之士。此處，依照為道潛能的高低，將人分為三個等級，即：中行之士、狂者、狷者。

中行之士最能承擔道業，劉宗周闡述說：「道者，中而已矣。君子之學，中行而已矣。以中為行者，本修道之教而要其至，從容中道，聖人也，亦儒學之極則也。」這指出「以中為行」是儒學之極則，是君子之學，也是聖人之道，因此中行之士屬最上等級。劉

---

⑰　以上張元忭《與許敬菴》，見《明儒學案·浙中王門學案二》，卷 12，頁 326－327。

⑫　《明儒學案·師說》，頁 12。

⑬　《論語注疏·子路第十三》，見《十三經注疏》下冊，頁 2508。

宗周並以為，孔門中如顏淵、曾子等，可算是中行之士。

其次為狂者，劉宗周解釋說：「狂者所見極高，合下便欲為聖人」，「遊神於規矩形迹之外，而獨證聖域，進而取古人之學於且暮者也，其見真矣，而體驗似已忽矣。」狂者自視甚高，眼界器度皆極恢宏，一旦立志，便要作天下第一等人，有鳳凰翔於千仞之上的氣魄。由於道心甚切，或能在修道過程中迅速得到某些體驗，但也容易因此而起高傲之心，在言行上不拘小節，不喜為禮俗規範所拘束，而予人狂傲的觀感。劉宗周以為，孔門中如曾點、子路等，宋儒邵雍、陸九淵等，可稱得上是狂者。

再次為狷者，劉宗周說：「狷者所守極峻，只是識不弘，寧學聖人而未至，不屑以流俗溷」，「特立於道之中，而介然有所不為，其踐實矣，而覺悟似不足矣。」狷者嚴於是非之辨，不願與世俗同流合汙，但器度見識不夠恢宏，在修道上的進度較為緩慢，但也較為穩健。劉宗周以為，孔門中如子游、子夏，宋儒中的程頤、朱熹，可算是狷者。

劉宗周並認為，如果將狂者與狷者兩者相較，若「得聖人為依歸，則狂之進道捷於狷。當聖遠言湮之日，則狷之守道篤於狂。」如果能得明師引導，則狂者在修道上的進步會比狷者要快，但也較易出偏差，因此才說，如果缺乏良師指引，則狷者在持守道業上要比狂者來得篤實。此外，若「二者就其所學而進之，進取者反於平實，有所不為者擴而大之，則皆可進於中行，而斯道之傳厥有攸賴矣。」這是說，狂者若能捨棄狂傲之心，反歸平實，而狷者若能將眼界器度更為放寬，則兩者皆能向上翻轉，成為中行之士。劉宗周以為，孟子及宋儒周敦頤、程顥可算是「狂而中行」，子思可算是

「狷而中行」⑭。劉宗周並認為，狂者「過中失正」之病，「此箇病痛亦非小可，始於毫釐，終於千里。使一任其狂簡之質，而不納於中正之規，則將來異端曲學之害，有不可勝言者。」⑮換言之，狂者雖能進取於道，也最能害道，值得警惕。

以上為劉宗對狂狷之士的觀點，頗具見地，而以狂者最能代表泰州一系風貌與精神。事實上，王陽明本人即頗具狂者氣質，年少時豪邁不羈，去世前五、六年前曾說：「我在南都以前，尚有些子鄉愿的意思在。我今信得這良知真是真非，信手行去，更不著些覆藏。我今纔做得個狂者的胸次，使天下之人都說我行不揜言也罷。」⑯此話意謂王陽明在修養工夫上的更進一層，無論外界眼光或毀譽之辭，更加能不動於心，直來直往，表現出一種昂揚的氣概。在這一點上，泰州一系走得更遠，而有「狂禪」之稱，如黃宗羲說：「泰州、龍溪時時不滿其師說，益啟瞿曇之秘而歸之師，蓋躋陽明而為禪矣。……泰州之後，其人多能以赤手搏龍蛇，傳至顏山農、何心隱一派，遂復非名教之所能羈絡矣。」⑰這亦可視為是

---

⑭　以上引文，見《論語學案》，《劉宗周全集》第一冊，頁 529－530。

⑮　《論語學案》，見《劉宗周全集》第一冊，頁 385，此處為解釋「子在陳，曰：歸與！歸與！吾黨之小子狂簡，斐然成章，不知所以裁之。」《論語注疏·公冶長第五》，見《十三經注疏》下冊，頁 2475。

⑯　見《王陽明傳習錄詳註集評》，頁 355。按，「揜」通「掩」，「行不掩言」有言行不符之意。

⑰　《明儒學案·泰州學案一》，卷 32，頁 703。

劉宗周對泰州一系的評論⑩，隱含近禪、狂禪四字。

綜觀宋明理學史，「近禪」之爭乃貫穿其間，儒者常藉以相互批評，著名者如宋代朱熹批評陸九淵近禪，明代陳白沙及王陽明等皆常被視為近禪。其實，宋明理學原本即深受佛教影響，宋代以後佛教各宗派中，以禪宗、淨土宗影響最廣，又以禪宗最能吸引士大夫。在受禪宗影響的程度上，各儒者或深或淺，這就形成是否近禪的爭論。禪宗本是針對上等根器者，直接以明心見性為目標。若指導的禪師具有修證經驗，且受教的弟子具有慧根，或從禪定入手，或以參公案、參話頭為工夫，確能快速獲得某種程度的心性體驗。然而，這類體驗極易引起執著，使得看似正面的經驗，反倒成為障礙禪修之歧路，此即禪病。禪病有多種類型：上焉者，執取其悟道或相似於開悟的經驗，欲長時間沉醉於美妙境界中，如此，不但禪修難再進步，等到境界退失時，便以為退步甚多，而生起深刻的迷惑、自責之感，王畿一系的弊病多在此處；中焉者，略為體會身心脫落的自在之感，而誤以為已達究竟之空性境界，於是將現實生活中的道德規範一併「空」之，或對世俗社會中的眼光、評價等予以藐視，並自以為是效法禪宗祖師的呵佛罵祖、見佛殺佛，此即狂禪，泰州一系的弊病多在此處；下焉者，對禪宗的高妙之論略有理解，但能說而不能行，僅停留於知解層面，並無真修實證，此即口頭禪。此處雖分上、中、下三等，似為高下之分，但這是就禪修的

---

⑩ 《答王金如三》，見《劉宗周全集》第三冊上，頁 406：「學陽明之學者，意不止於陽明也。讀龍溪、近溪之書，時時不滿其師說，而益啟瞿曇之秘，舉而歸之師，漸躋陽明而禪矣。」黃宗羲之語即本於此。

用功程度而言。實際上，若以對禪修所產生的障礙程度而論，如劉宗周也說「流俗之障易破，而知解之惑難除」⓱，口頭禪尚屬流俗之障，另兩者則為知解之惑，較難破除。前所謂泰州「非名教之所能羈絡」，即是就其不拘禮法、不守名教這一面向來說，相當於所謂「狂禪」。

三、小結：劉宗周批判王門後學的特殊之處

以上為劉宗周對王門後學的批判。相較於諸儒對王門後學的批評，劉宗周的批評有何特殊之處？我認為，主要在於劉宗周能以形上學為理論背景，加強他的理論說服力，這也是劉宗周稟承宋儒之學而有別於王門諸子之處。此外，對王門後學進行批評的儒者中，雖亦不乏修養之士，但劉宗周身在王門之外，旁觀者清，在修養工夫上也經過踏實踐履，往往能以過來人的身份，指點出王門後學的缺失。這也就是說，以上討論絕非僅止於哲學性的概念分析，而是有其實踐上的意義，每個概念背後都有經驗相對應。

第四節　劉宗周對王陽明之學的批判

在劉宗周眼中，王門後學與王陽明本身，二者應當分開看待。對於前者，劉宗周始終持批判立場。相形之下，劉宗周對王陽明之學的態度頗有轉折。以下，先敘述劉宗周對王陽明之說的轉折，其次討論劉宗周對王陽明學說的批判。

⓱　《答履思十三》，見《劉宗周全集》第三冊上，頁400。

一、劉宗周對王陽明之學的轉折

根據《年譜》，劉宗周於王陽明之學有「三變」，「始而疑，中信之，終而辨難不遺餘力。始疑之，疑其近禪也。中信之，信其為聖學也。終而辨難不遺餘力，謂其言良知，以《孟子》合《大學》，專在念起念滅用工夫，而於知止一關全未勘入，失之粗且淺也。」⑱黃敏浩則指出，劉宗周第一階段反對王陽明學說，第二階段肯定王陽明學說但不滿其教法，第三階段雖有迴護但對其學說辨難不遺餘力。⑱因此，無論是哪個時期，劉宗周並未完全肯定或否定陽明的學說。

在第一階段方面。劉宗周三十六歲時，在與友人書信中說：「象山、陽明之學皆直信本心以證聖，不喜談克己功夫，則更不用學、問、思、辨之事矣。……象山、陽明授受終是有上截無下截，其旨險痛絕人，與龍溪四無之說相似。苟即其說而一再傳，終必弊矣。」⑱這是第一階段，此時他對王陽明之學弊端的認識，尚未清楚，而有混同於王畿之說的傾向。劉宗周四十歲時，在與友人書信中提到：「陽明先生主腦良知，而以格物為第二義，似終與《大學》之旨有異，儒釋之分，實介於此。」⑱此時劉宗周對王陽明仍持懷疑立場，且已注意到王陽明對《大學》的解釋似有問題。

在第二階段方面。劉宗周五十歲時，輯成《道統錄》七卷，這

---

⑱　《劉宗周年譜》，見《劉宗周全集》第五冊，頁 480。
⑱　黃敏浩《劉宗周及其慎獨哲學》，頁 122。
⑱　《與陸以建二》，見《劉宗周全集》第三冊上，頁 354。
⑱　《與王弘臺年友》，見《劉宗周全集》第三冊上，頁 357。

是仿朱熹《名臣言行錄》一書，首先記載明代儒者的生平，其次為語錄，後附評論。⑱其實，劉宗周在《道統錄》中對諸儒的評價，多為黃宗羲《明儒學案》之《師說》所採錄。此時，劉宗周對王陽明的評價大體上是正面的，《年譜》也說他「讀《陽明文集》，始信之不疑」⑱。不過，劉宗周仍認為王陽明之說有一弊端，即「往往將向上一幾，輕於指點，啟後學躐等之弊有之」⑱。值得注意的，此時劉宗周認為王陽明之說並不是禪學。此外，劉宗周五十七歲時所輯《聖學宗要》一書，收錄宋明五子著作，王陽明即為其中之一，可見此時劉宗周將王陽明視作「聖學」。

　　在第三階段方面。劉宗周五十九歲時，提出「誠意」說以完善

---

⑱　《劉宗周年譜》，見《劉宗周全集》第五冊，頁 225－226。

⑱　同上，頁 226。

⑱　《明儒學案・師說》，頁 7。又，劉宗周對王陽明的其他評語是：「先生……反求諸心，而得其所性之覺，曰良知。因示人以求端用力之要，曰致良知。良知為知，見知不囿於聞見；致良知為行，見行不滯於方隅。即知即行，即心即物，即動即靜，即體即用，即工夫即本體，即上即下，無之不一，以救學者支離眩騖，務華而絕根之病，可謂震霆啟寐，烈耀破迷，自孔孟以來，未有若此之深切著明者也。……特其與朱子之說，不無牴牾，而所極力表章者，乃在陸象山，遂疑其或出於禪。禪則先生固嘗逃之，後乃覺其非而去之矣。……即象山本心之說，疑其為良知之所自來，而求本心於良知，指點更為親切。合致知於格物，工夫確有循持。較之象山，混人道一心，即本心而求悟者，不猶有毫釐之辨乎？……至其與朱子牴悟處，總在《大學》一書。朱子之解《大學》也，先格致而後授之以誠意；先生之解《大學》也，即格致為誠意。其於工夫，似有分合之不同，然詳二先生所最喫緊處，皆不越慎獨一關。……先生命世人豪，龍場一悟，得之天啟，亦自謂從五經印證過來，其為廓然聖路無疑。特其急於明道，往往將向上一機，輕於指點，啟後學躐等之弊有之。」《明儒學案・師說》，頁 6－7。

「慎獨」之說,此即第二章所討論的「慎獨之說有三變」之第二階段。在本體上,劉宗周以「意為心之所存」作為更具根源性的本體,相應於工夫上,即以「誠意」作為工夫之本,並以這一說法來解釋《大學》,這也是劉宗周思想的成熟期。此時,劉宗周以其「誠意」說來返觀王陽明之說,便覺得頗多滯礙之處,於是對王陽明進行批評,尤其針對王陽明《大學》之說,此即對王陽明之學的第三階段。值得注意的,劉宗周六十一歲時所輯《陽明傳信錄》一書,表面上是對王陽明的肯定,但細讀劉宗周所作案語,其實仍對王陽明「意」的解釋頗感質疑。劉宗周去世前曾說:「若良知之說,鮮有不流於禪者。」[187]雖然王陽明之說並非禪學,但易流於禪,這代表了劉宗周對王陽明之學的最終看法。

二、以「意爲心之所存」批判王陽明之學

劉宗周對王陽明的批評,看似繁雜且不易理解,但若一言以蔽之,不外乎以「意為心之所存」批判王陽明「意為心之所發」。此亦關涉對《大學》的解釋。

(一)王陽明對《大學》的解釋

首先,略述《大學》[188]之學。《大學》受到重視,首見於唐代

---

[187] 黃宗羲《子劉子行狀》,見《劉宗周全集》第五冊,頁43。

[188] 《大學》為《禮記》中之一篇。有關《大學》撰者問題,最早由二程所論及,認為《大學》乃孔子所撰,朱熹則將《大學》分為經傳兩部分,並以經為孔子之言,傳為曾子之意,皆由弟子所記。朱熹此說,清代漢學家辨之尤力,如陳確、朱彝尊、姚際恒、戴震、崔述等。朱熹以後,明清學者多以曾子弟子子思為《大學》作者,劉宗周亦持此說。近世學者錢穆、馮友蘭等,

韓愈《原道》⑱一文，引《大學》「古之欲明明德於天下者，先治其國；欲治其國者，先齊其家；欲齊其家者，先修其身；欲修其身者，先正其心；欲正其心者，先誠其意」⑲之言，以申明儒家道統，拒斥佛老，由此開啟儒學之新局。宋代理學興起，《大學》為儒者所重，開始單篇別行⑲，成為初學入德之門，地位及重要性大為提高，自此研治《大學》者眾多。明代王陽明以《大學》概念立說，王學風行於世，連帶促進《大學》之學的發展，相關著作蔚為大觀。⑲

則以為《大學》在思想上，似與荀學有關。又有論點認為，《大學》出於孟學，或《大學》出於孔子之前的周文王等，說法各異。持平而論，《大學》去古久遠，文獻不足徵，如余嘉錫《古書通例》所謂古書多成於眾手，非如後世有所謂作者可尋。因此，以「孔門後學」概況其撰者，或可無大過。

⑱　韓愈《昌黎先生集》卷 11，四部備要本（上海：中華書局，1936 年）。

⑲　《禮記正義·大學第四十二》，見《十三經注疏》下冊，頁 1673。

⑲　《經義考》卷 156：「取《大學》於《戴記》講說而專行之，實自溫公始。」按，溫公即司馬光，撰有《大學廣義》。（清）朱彝尊編纂，許維萍、馮曉庭、江永川點校《經義考》第五冊（臺北：中央研究院中國文哲研究所籌備處，1999 年），頁 225。

⑲　據考察，明代《大學》著作約有近一百八十部，現存者三十八部。又，《大學》為《四書》之一，理當將《四書》著作一併考察，如此則數量更多，除去與前述《大學》著作重覆者，則近二百四十部，現存者近六十部。二者合計，現存《大學》及《四書》著作有九十六部。此外，《大學》本為《禮記》之一篇，雖自南宋時《大學》成為《四書》之一後，研究《禮記》者傾向於不注《大學》，據書目所記約有九十餘部，現存者為二十三部，但其中僅有兩部注解《大學》，一是郝敬《禮記通解》，二為李經綸《禮經類編》。換言之，以傳統經注方式呈現的明代《大學》著作，數量約為一百部。此乃依據《經義考》、《中國歷代藝文總志》及臺北的國家圖書館、北京的中國國家圖書館、上海圖書館及新加坡國立大學圖書館等線上目錄的考察。

其次，略述王陽明對《大學》的解釋。某個角度講，王陽明之學是對朱熹「格物」說的反叛。《大學》中的「八條目」❶，即：格物、致知、誠意、正心、修身、齊家、治國、平天下。這八條目相互聯繫，前一條目為後一條目的基礎。相較於後四者，前四者的意義並不明確，儒者各有解釋，形成不同說法。朱熹將「格物」解作「窮至事物之理」❷，即物窮理，在事事物物上求其定理，以此作為修養工夫的方法之一。王陽明年少時讀到朱熹此說，理解不夠準確，以為朱熹所指示的聖賢工夫是要向外求理，於是有亭前格竹之事，格竹七日，勞思致疾，由此對朱熹之學產生懷疑。後來在三十七歲時，謫居貴州龍場，處困頓之際，動心忍性，忽悟格物致知之旨，聖人之道不在心外，而有心即理之說。此後，王陽明在《大學》的解釋上，便與朱熹分道揚鑣。

王陽明年輕時重視「格物」，龍場悟道後重心轉為「誠意」，四十七歲平朱宸濠之變後提出「致良知」。所謂「致良知」，致吾心之良知，此即「致知」；致吾心良知之天理於事事物物，則事事物物皆得其理，此即「格物」。如此，格物與致知連接一氣，合心與理為一，不必求理於心之外。可以見得，這三者皆出自《大學》條目。事實上，王陽明學說中的格物、致知、誠意三者，即是同一

---

❶　《大學》：「古之欲明明德於天下者，先治其國；欲治其國者，先齊其家；欲齊其家者，先脩其身；欲脩其身者，先正其心；欲正其心者，先誠其意；欲誠其意者，先致其知。致知在格物。」《禮記正義·大學第四十二》，見《十三經注疏》下冊，頁1673。

❷　朱熹《大學章句》，頁1，見《四書五經》上冊。

工夫的不同說法而已，皆為依此良知隨事隨物去為善去惡。⑮

有關王陽明對《大學》八條目的觀點，當以《大學問》一文最為重要，此文為王陽明口授、弟子錢德洪記錄，成於王陽明去世前一年，可代表王陽明成熟期的思想。摘錄王陽明《大學問》對八條目中「格物、致知、誠意、正心」的解釋，如下。⑯

1. 格物：物者，事也，凡<u>意之所發</u>必有其事，意所在之事謂之物。格者，正也，正其不正，以歸於正之謂也。正其不正者，去惡之謂也。歸於正者，為善之謂也。（按，此意相近於「四句教」之「為善去惡是格物」一句。）

2. 致知：致知云者，非若後儒所謂充廣其知識之謂也，致吾心之良知焉耳。……凡<u>意念之發</u>，吾心之良知無有不自知者。其善歟，惟吾心之良知自知之；其不善歟，亦惟吾心之良知自知之。……今於良知之善惡者，無不誠好而誠惡之，則不自欺其良知而意可誠也已。（按，此意相近於「四句教」之「知善知惡是良知」一句。）

3. 誠意：<u>意之所發</u>，有善有惡，不有以明其善惡之分，亦將真妄錯雜，雖欲誠之，不可得而誠矣。（按，此意相近於「四句教」之「有善有惡意之動」一句。）

4. 正心：心之本體則性也，性無不善，則心之本體本無不正

⑮　對此，陳來解釋道：「從良知方面看，即致知；就隨事隨物而言，即格物；意念之實落好善惡惡即誠意。籠統地說，這個過程既是致知，也是誠意，也是格物。分別地說，知善知惡是良知，好善惡惡是誠意，為善去惡是格物。」陳來《有無之境：王陽明哲學的精神》，頁158－159。
⑯　以下引文出自《大學問》，見《王陽明全集》，頁971－972。

·305·

也，何從而用其正之之功乎？蓋心之本體本無不正，自其意念發動，而後有不正。故欲正其心者，必就其<u>意念之所發</u>而正之，凡其發一念而善也，好之真如好好色；發一念而惡也，惡之真如惡惡臭。則意無不誠，而心可正矣。（按，此言心之體，但並無「四句教」之「無善無惡心之體」一句的「無善無惡」意涵。⑲⑦）

從以上劃線處可見，王陽明對這四條目的解釋，皆為念頭上用工夫，這使得這四條目不像另外四條目（即修身、齊家、治國、平天下）那般具有先後次序的意涵，此即劉宗周批評王陽明之處。此外，王陽明在工夫論上，盡皆於念之已發上用工夫，而對念頭未發之前未能安立工夫，這也是劉宗周不滿王陽明之處。

㈡劉宗周對王陽明《大學》之學的批評

承上所言，王陽明盡皆於念頭上用工夫，而沒能對念頭未發前該做何種工夫進行討論，似乎缺乏更為根本性的工夫。這一點，亦可見於劉宗周《陽明傳信錄》中對王陽明的批評。大體上，《陽明傳信錄》對王陽明持正面評價，全書案語中僅有三處批評王陽明，且皆指向「意」這一概念。如劉宗周說：「以心之所發言意，意之所在言物，則心有未發時，卻如何格物耶？」⑲⑧這即是批評王陽明將「意」視同「念」，「每以念字與意字合說」⑲⑨，而未能對念頭

---

⑲⑦ 此即劉宗周質疑王畿「無善無惡心之體」似非本於王陽明之說，見本章第三節。

⑲⑧ 《陽明傳信錄》，見《劉宗周全集》第四冊，頁64。

⑲⑨ 同上，頁85。

生起前該作何工夫有所安排。劉宗周立說，則是嚴分意念，將「意」視作「心之所存」而非「心之所發」，並且將《大學》八條目的工夫「結在主意中，方為真功夫，如離卻意根一步，亦更無格致可言」⑳，亦即以「誠意」作為最根本性的工夫。這一點，第三章第四節已有所討論。

劉宗周《陽明傳信錄》又提到，王陽明常說「意在於事親，即事親為一物」等語，那麼，若是意不在事親時怎樣？劉宗周批評說：「此因將意字看作已發了，故工夫不盡，又要正心，又要修身，意是已發，心是未發，身又是已發。先生每譏宋學支離，而躬自蹈之，千載之下，每欲起先生於九原質之而無從也。」㉑劉宗周對王陽明的質疑是：一方面，王陽明將《大學》工夫皆用於「意」，即心之已發，亦即意念所察覺的事物之上；但另方面，王陽明將《大學》「正心」之「心」理解作未發之「心之本體」（亦即「性」）㉒，並期望在「已發」之「意」上的工夫能使得「未發」之「心之本體」得到受用；如此，前者為「已發」，而後者為「未發」，以「已發」上的工夫想達成在「未發」上的結果，豈不是工夫用錯地方，犯了王陽明自己批評宋儒的「支離」之病。

王陽明在討論《大學》的另一文《大學古本序》中說：「《大學》之要，誠意而已矣。誠意之功，格物而已矣。誠意之極，止至

---

⑳　《學言上》，見《劉宗周全集》第二冊，頁 458。時為 59 歲。

㉑　《陽明傳信錄》，見《劉宗周全集》第四冊，頁 73。

㉒　劉宗周另一段話可與此處相參，他說：「至未起念以前，一段工夫，坐之『正心』位下。」《學言中》，見《劉宗周全集》第二冊，頁 498－499。時為 60 歲。

善而已矣。止至善之則,致知而已矣。……是故不務於誠意而徒以
格物者,謂之支。不事於格物而徒以誠意者,謂之虛。不本於致知
而徒以格物誠意者,謂之妄。支與虛與妄,其於至善也遠矣。」❷⓪❸
此文也常為劉宗周所批評。劉宗周認為,王陽明既然說「《大學》
之道,誠意而已矣」,應當是以「誠意」作為《大學》八條目之
本,但王陽明將「意」視作意念,「解誠意仍作第二義,以遷就其
致良知之旨,無乃自相矛盾。」❷⓪❹這是說,王陽明以誠意為根本工
夫,但又以意為已發之念,二者似有矛盾,因未發之時應有更為根
本的工夫。劉宗周並引用王陽明解《中庸》所言「致中無工夫,工
夫專在致和上」作為印證。所謂「中」,指的是未發;「和」,指
已發。劉宗周因此認為,王陽明之學「以致良知為宗,而不言致
中,專以念頭起滅處求知善惡之實地,無乃麤視良知乎?」❷⓪❺關於
王陽明所謂良知是未發還是已發,這一問題在王門中頗有爭議,但
以王陽明曾說「良知即是未發之中」來看,認為良知僅為已發並不
合於陽明本旨,雖則致良知確實是從已發入手。❷⓪❻如此說來,劉宗
周對王陽明的批評多具有某種程度的誤解,並未完全適當地理解王
陽明。

　　應當這麼分疏:劉宗周批評王陽明「粗視良知」,認為良知僅
作用於念頭起滅處,這一點是對王陽明的誤解,因王陽明所謂良知
並不只是已發,也是未發;而劉宗周批評王陽明致良知「不言致

❷⓪❸　王陽明《大學古本序》,見《王陽明全集》,頁 242-243。
❷⓪❹　《大學古文參疑》,見《劉宗周全集》第一冊,頁 719。時為 68 歲。
❷⓪❺　《學言中》,見《劉宗周全集》第二冊,頁 498-499。時為 60 歲。
❷⓪❻　參見陳來《有無之境:王陽明哲學的精神》,頁 178。

中」，亦即在未發時缺乏具體下手工夫，這一點確為王陽明不足之處。換言之，前者討論有關「良知」本體，後者討論有關「致良知」工夫。雖如此，這依然是站在劉宗周立場上而言。若站在王陽明立場言，良知既是本體也是發用⑳，即體即用；同樣地，致良知的工夫何嘗不也如此，也是即體即用，致良知於已發，也就等於致良知於未發。由於劉宗周對王陽明這一觀點未能確實瞭解，因而有所批評，前面討論劉宗周批評王陽明「支離」，問題亦出在此處。相較於宋儒甚或劉宗周在思辯上的細緻，王陽明之學則更是以實踐為導向，用語較為渾淪，常予人把柄，這或許是劉宗周誤解王陽明的原因之一。

　　劉宗周六十六歲所著《良知說》㉘一文，可視為是對王陽明之學的總結性批評。劉宗周說：「陽明子言良知，最有功於後學，然只是傳孟子教法，於《大學》之說，終有分合。」可見劉宗周乃是對王陽明《大學》之學有所不滿。此文中，他以「將意字認壞」及「將知字認粗」兩個重點作批評。

　　關於第一個重點，王陽明《大學古本序》開頭說：「《大學》之道，誠意而已矣。」但王陽明仍只是將「意」解作意念之意，僅在已發之念上作工夫，缺乏根本性工夫，這是「將意字認壞」。關於第二個重點，《大學古本序》接著說：「誠意之功，格物而已矣。格物之極，止至善而已矣。止至善之則，致良知而已矣。」對此，劉宗周以「宛轉說來，頗傷氣脈」來形容，由於將意字認壞，

---

⑳　同上，頁169。

㉘　《良知說》，見《劉宗周全集》第二冊，頁372-373。

失去根本性的意義，於是誠意之功在格物，格物之功又在致良知。儘管如此，「仍將知字認粗」，所謂知善知惡是良知，如此，「知在善惡外，第取分別見，謂之良知所發則可，而已落第二義矣。且所謂知善知惡，蓋從有善有惡而言者也。因有善有惡而後知善知惡，是知為意奴也，良在何處？」劉宗周認為，良知所認知的對象為已發之念，也就是先有善惡之念的發生，而後良知再進行認知，如此說來，良知「已落第二義」，「是知為意奴也」，即良知成為意念的僕從，跟在意念之後，也不是根本性工夫。

以上可見，劉宗周多以缺乏根本性工夫為理由，指責王陽明之學。但如同前面所討論的，劉宗周以其立場批評王陽明，確有不公平之處。持平而論，劉宗周以根本性工夫來要求王陽明，這本身即頗成問題。正如黃宗羲在《明儒學案》中指出，「各家自有宗旨」，「學問之道，以各人自用得著者為真。」㉙劉宗周講究根本性工夫，「工夫一步推一步」㉚，適合自己，卻未必適合他人。王陽明致良知即體即用，這是王陽明的宗旨，自己用得著，但同樣也未必適合他人。

但另方面說來，王陽明將其說建立在對《大學》的解釋上，因此若以經學的立場來批評，並非不可成立。如前所言，王陽明對《大學》格物、致知、誠意三者的理解幾乎相同，有失《大學》八條目在工夫上的先後意義，這一點確實是有缺陷的。對於明代經

㉙　《明儒學案·發凡》，頁 17。
㉚　《劉宗周年譜》，見《劉宗周全集》第五冊，頁 215-216。

學，《四庫全書總目·經部總敘》以「空談臆斷，考證必疏」⑳作評語。皮錫瑞則以經學史上的「積衰時代」㉑來稱呼宋元明三朝，且「元不及宋，明又不及元」㉒。此二評語皆出自清代，在經學上偏重章句名物訓詁之學，自然不喜講求微言大義的義理之學。這一情況持續到二十世紀。㉓不過，近十餘年來，情況有所轉變，如饒宗頤提出對明代經學的正面評價。㉔在研究方法上，學者也提倡多

---

⑳　〔清〕紀昀等纂，《四庫全書總目》卷 1（北京：中華書局，1995 年），頁1。

㉑　《經學歷史》，頁 281，收入《民國叢書》第五編，第一冊（上海：上海書店，1996 年）。

㉒　《經學歷史》，頁 292。

㉓　臺灣的經學研究，早年主要由臺灣大學中文系與臺灣師範大學國文系擔任。前者有屈萬里，以史學方法研究經學；後者有高明、林尹。高、林二人乃黃侃門生，黃氏又為清末古文經學大家章太炎的高徒。因此，臺灣的經學研究乃承續古文經學派。至於大陸學界，九十年代以前僅有零星學者從事經學研究，亦多以歷史考據研究方法為主。因此，可以說漢語學界的經學研究，其主流乃是古文經學。

　　林慶彰亦有類似觀點，他說：「當時來臺的經學家有陳槃、屈萬里、戴君仁、高明、陳大齊、王夢鷗等，如以對後來臺灣研究經學的影響來說，以屈萬里、高明兩位最為重要。當時屈萬里先生在臺灣大學任教，後來他的弟子除在臺灣大學外，分布在中央研究院、東吳大學等。高明先生本在省立師範學院（今臺灣師範大學）任教，後來創立政治大學中研所，他的弟子除在臺灣師範大學、政治大學外，分布全臺灣各大專院校。」見林慶彰主編《（1950－2000）五十年來的經學研究》（臺北：臺灣學生書局，2003），序文。

㉔　饒宗頤說：「明代經學一向被人目為空疏，從清人考證學的立場來看，自容易作出這樣的評價。須知考證學的目的在求真，著力於文字訓詁上的詮釋，明人則反是，他們治經儘量避開名句文身的糾纏，而以大義為先，從義理上

元化，希望有別於過去的今、古文經學之分及宋代以後的漢、宋學之別，而開創出更為豐富多樣的成果。❷⑥對明儒《大學》之學，或許亦應作如是觀。

　　經由以上討論，並結合其他章節的論述，歸納五個要點，如下。

　　一，在本體方面，劉宗周《人譜》之《人極圖說》提出心之體（即性）至善的觀點。這是針對王畿一系「無善無惡心之體」。相關討論，見第六章及本章。

　　二，在本體方面，劉宗周「獨體」兼具心體與性體。這是針對王門後學的流弊，因在劉宗周看來，王畿一系有離心求性之失，而泰州一系有離性求心之失。相關討論，見第三章及本章。

　　三，在本體方面，劉宗周「獨體」貫通已發與未發。這是針對

　　力求心得，爭取切身受用之處，表面看似踏虛，往往收到行動上預期不到的實效。……明代經學家亦不無豪傑特出之士，不能像皮錫瑞在《經學歷史》中一概加以抹殺。」饒宗頤《明代經學的發展路向及其淵源》，收入林慶彰、蔣秋華主編《明代經學國際研討會論文集》（臺北：中央研究院中國文哲研究所籌備處，1996年），頁15－22。

❷⑥ 如林慶彰說：「經學研究上的『漢學』和『宋學』，可以說是兩種不同類型的研究方法……各有其侷限，學者困於其中而無法突破，自無新穎可喜的著作。各種經學著作既陳陳相因，略無新意，初學者以為經學之氣數已盡，自無人願意投入。近十多年來，研究文學批評，或詩歌、詞曲、小說的學者，漸多於經學工作者，除了上述各學科是一片未開發的領域外，有新方法的引導，也是重要的誘因。研究經學的學者，是否也應開拓出新的研究方法？這是讓經學振衰起弊最迫切的事情，值得關心經學發展的學者深思。」見林慶彰《清初的群經辨偽學》（臺北：文津出版社，1990年），頁14－15。

王門後學的流弊，因在劉宗周看來，王畿一系有偏於未發之失，而泰州一系有偏於已發之失。相關討論，見第三章及本章。

四，在本體方面，劉宗周以「意為心之所存」來詮解「獨體」。這是針對王陽明以「意為心之所發」詮解《大學》時所產生的問題。相關討論，見第三章及本章。

五，在工夫方面，劉宗周《易衍》以改過遷善為核心要義，《人譜》之《證人要旨》、《紀過格》則具體列出六個階段的遷改工夫。這是針對王門後學離事用功、缺乏工夫次第、有失中行等弊病。相關討論，見第四章及本章。

可見，劉宗周慎獨之學確實是針對王學流弊而起。

第八章　結　論

　　本書探討劉宗周慎獨之學，對劉宗周文本進行詮釋，對其概念結構進行探討，試圖使其看似複雜晦澀的思想面貌得以澄清。經過前面各章的討論，總結劉宗周慎獨之學，如下。

　　其一，「慎獨」一詞，蘊涵「獨」及「慎獨」二義。前者為本體，後者為工夫。

　　其二，在本體義方面。「獨」或「獨體」是劉宗周論本體之總匯，其意涵有多端：不僅融合能所雙向視域，展示出其結合理學一系及心學一系的特點；並且是兼具心體與性體，貫通已發與未發，如此以對治王陽明後學的流弊；更且，以意為心之所存，彰顯出獨體之最內在主體性，以此批判王陽明之學。

　　其三，在工夫義方面。「慎獨」為劉宗周論工夫之總匯，以靜坐及改過為主要方法。《人譜》一書，蘊藏其完整的工夫論。

　　其四，在劉宗周看來，「獨體」即周敦頤的「太極」，亦即程顥的「仁」，亦即王陽明的「良知」，等等；「慎獨」即周敦頤的「主靜」，亦即張載的「不愧屋漏」，亦即程顥的「誠敬」，亦即王陽明的「致良知」，亦即孔孟的「求仁」，等等。這是對先儒本體論及工夫論的詮解，有道統傳承之意。

　　其五，劉宗周《人極圖說》、《易衍》乃仿自周敦頤《太極圖

說》、《通書》，以建構其本體及工夫方面的核心要義。本體方面的核心要義為：心之體（即性）至善；心性不二；心乃兼具主體與客體，綜合能知與所知。工夫方面的核心要義為：改過。

其六，劉宗周慎獨之學，乃針對王陽明及其後學的流弊。

其七，劉宗周的思維邏輯是將二元打合為一元，無論是宇宙本體論、心性本體論或工夫論，皆具有這一思維特點，而其用意乃是出於工夫實踐的考量。

整體觀之，劉宗周既有以易學為基礎的天道論，且有細緻的工夫論，具朱、王兩系特點，此即關涉劉宗周思想的定位問題。學者多認為，劉宗周具有融合朱、王兩系特點，亦即調合理學一系與心學一系。不過，嚴格的說，劉宗周並未師承王門諸子，不能算是王門後學，但這無礙於以心學這一泛稱來檢視劉宗周之學。若就劉宗周之學兼具理學與心學兩系特點而言，牟宗三三系說確有見地，將劉宗周定位為在朱、王之外而上承周敦頤這一系，雖說此乃出於牟宗三對宋明理學義理間架的觀點，但確實點出劉宗周兼具這兩系特點而又非這兩系所涵蓋的立場。不過，有一點要指出，儘管在天道論方面，劉宗周頗多承續周敦頤之處，但在心性論與工夫論上，則是較周敦頤來得更為細緻。至於如過去頗具影響力的侯外廬《宋明理學史》等，以氣學來詮釋劉宗周思想，僅是探討劉宗周之學的理學（狹義者）特點，而對劉宗周之學的心學面向，缺乏深入探析，其局限性不言可知。其實，劉宗周氣魄甚大，其眼光不僅局限於王陽明及其後學，而是觀照整個宋明儒學，並上推至先秦儒學傳統。在學術創發上，劉宗周的易學值得注意，既涉及理學（狹義者）概念的討論，亦聯結心學一系的問題。在修養工夫上，劉宗周涵養與

省察兼顧，工夫堪稱細密、內斂、篤實，不在王門高徒之下，且對王門後學及王陽明之學能有深入批判。以此說來，劉宗周被譽為宋明理學殿軍❶，確實可當之無愧。

在論述上，本書有三個特點。

第一，重視文本的結構，並探討其結構之意義。針對劉宗周《聖學宗要》、《孔孟合璧》、《五子連珠》、《人極圖說》、《易衍》、《人譜》等重要文本，皆從文本結構的角度進行分析，進而探究其思想。

第二，重視概念之間的聯接。劉宗周在心性論及工夫論上的主張，多以天道論為依據，亦即西方哲學所稱宇宙論及本體論等形上學思想。這一點，已多次有所討論。此處，以簡圖表示劉宗周思想結構。

天道

(a) **宇宙論**：《周易古文鈔》、《人極圖說》、《讀易圖說》

(b) **本體論**：《周易古文鈔》、《易衍》

人道

(c) **本體**：《人極圖說》、《易衍》等

(d) **工夫**：《人譜》等

(e) **本體/工夫之關係**：本體不離工夫，工夫不離本體

天道

---

❶ 牟宗三《心體與性體》，第三冊，頁 511－512 及錢穆《宋明理學概述》，收入《錢賓四先生全集》，第九冊，頁 385。

在天道論方面，劉宗周以無極、太極、陰陽等易學概念來討論，這部分又分為宇宙論及本體論。在宇宙論方面(a)，探討宇宙演化及結構等問題，如劉宗周《周易古文鈔》、《人極圖說》、《讀易圖說》等著作；在本體論方面(b)，探討現象及其本質之間的關係，如道氣不離、太極在陰陽中等概念，這類著作如《周易古文鈔》、《易衍》等。

天道論既已建構，即返饋於心性本體論及工夫論。在心性本體論方面，從其圖示可見，心性本體論(c)乃以宇宙論(a)、本體論(b)為理論基礎，這方面的著作如《人極圖說》、《易衍》等以易言心。在工夫論方面，從其圖示可見，工夫論(d)乃與心性論(c)相關聯，而可再上接宇宙論(a)、本體論(b)，這方面的著作如《人譜》等。另外，尚有心性本體與修養工夫之關係(e)，其理論基礎則為本體論(b)。

劉宗周對王門後學的批評，亦可以此圖作說明。如劉宗周對王門後學良知本體的批評，表面上是有關心性本體(c)的討論，實際上可追溯至宇宙論(a)及本體論(b)。劉宗周對王門後學工夫論的批評，多涉及本體與工夫之關係(e)，而又與形上本體論(b)有所關聯。

第三，求取理論與實踐之間的對應。在研究方法上，我雖以哲學分析並兼顧文獻考據為主要方法，但更著力於對思想概念求取實踐上的對應。畢竟，理學本色在於工夫實踐。宋明儒者的用心，無不在於致聖之道，其餘的理論建構都是為論證此致聖工夫而施設的。因此，無論是心性論或宇宙論，皆為宋明儒者的理論背景，並不是為追求純粹客觀的理智思辨而建立的，若將宋明理學僅視為純

粹抽象概念的探討，那就離宋明理學精神相距甚遠。儘管工夫論與其形上理論之間，很難說明何者為因、何者為果，或者是互為因果，但有一點當認識，即宋明理學絕非如西方哲學般愛智的理性思辨❷，更有其精神性（spirituality）在其中。

過去的宋明理學研究，主要有兩大支流，一為馮友蘭的哲學史方式，二為當代新儒學如唐君毅、牟宗三等。這二者皆偏重於哲學分析，其長處是能深入解析思想概念，而弊端則是使宋明儒者的論說流於空洞化，成為概念的遊戲而已。這一偏失，近十餘年來漸有轉變，特別是受到西方學術在宗教學這一新興領域的啟發，儒學研究也受其影響，而嘗試從宗教學或精神性（spirituality）的角度來探討。❸

誠然，以宗教學視角來探討宋明理學，此乃涉及跨領域研究，難度甚高。可想而知，研究者必須兼具宗教學與儒學兩方背景，而宗教學又是一橫跨人文學科、社會科學乃至自然科學等領域的綜合學科。但畢竟這是值得努力的方向，將使過去哲學研究方法下所隱而未現的理學諸多風貌，更多層次地予以揭發出來。正是在這一思路下，我期望能對這一方向的開拓，略作貢獻。

---

❷ 按，此處言及西方哲學為愛智的理性思辨，將其實踐性排除於外。這一點，其實並不能概括所有的西方哲學，而是就其大體偏向而言，特別是近代以來的西方哲學。事實上，如在古希臘時期及中世紀時期，哲學在理智上的思辨與倫理上的實踐這兩方面，多是相輔相成的，並非僅是思辨而已。

❸ 這一風氣乃從西方學界開始，著名者如秦家懿、杜維明等，後者並編輯 *Confucian Spirituality*（New York: Crossroad Pub. Company, 2003）一書，作為 *World Spirituality* 系列叢書之一冊。

附錄一　劉宗周著述年表

1. 萬曆四十五年（1617，40 歲），《論語學案》。
2. 萬曆四十七年（1619，42 歲），《曾子章句》。
3. 天啟四年（1624，47 歲），《正學錄》。
4. 天啟六年（1626，49 歲），《孔孟合璧》、《聖學喫緊三關》。
5. 天啟七年（1627，50 歲），《明道統錄》。
6. 崇禎四年（1631，54 歲），講學於證人書院，《證人社約》、《中庸首章說》。
7. 崇禎五年（1632，55 歲），重建古小學，《第一義》等說。
8. 崇禎七年（1634，57 歲），《人譜》、《聖學宗要》、《證人小譜》。
9. 崇禎八年（1635，58 歲），《孔孟合璧》、《五子連珠》。
10. 崇禎九年（1636，59 歲），始以《大學》誠意已未發之說示學者。
11. 崇禎十年（1637，60 歲），辯解太極之誤。
12. 崇禎十一年（1638，61 歲），《陽明傳信錄》。
13. 崇禎十五年（1642，65 歲），《原旨》七篇、《治念說》、《答董生心意十問》。
14. 崇禎十六年（1643，66 歲），《讀易圖說》、《易衍》、《古易鈔義》（即《周易古文鈔》）、《大學誠意章章句》、《證學雜解》、《良知說》、《存疑雜著》、《商疑十則答史子復》。
15. 宏光一年（即清順治二年，1645，68 歲），《中興金鑑錄》、《大學古文參疑》、《答史子復》，改訂《人譜》。

附錄二　劉宗周著述概略

劉宗周著述豐富❶，約有專著三十多種，文集、詩集、語錄及編著等多種，總計數百萬字，今存者約近二百萬字。主要保存於《劉子全書》四十卷、《劉子全書遺編》二十四卷及《水澄劉氏家譜》七卷。

在《劉子全書》的編輯出版方面。最早進行劉宗周著作整理的，是劉宗周兒子劉汋。由於劉宗周對著述的態度極為謹慎❷，不輕易示人，因此僅《人譜》一部為劉宗周生前所刊行。劉宗周去世後，各類著作多僅存手稿❸，是為底本；後有劉汋編訂《文錄》、《廣錄》，是為錄本。後由門人黃宗羲、董瑒、姜希轍三人，依劉汋所編的錄本，「取其家藏底草，逐一校勘，有數本不同者，必以

---

❶　此處有關劉宗周文獻資料，參自吳光、鍾彩鈞《劉宗周全集編校說明》，見《劉宗周全集》第一冊，書首。

❷　劉宗周絕食中，嘗對兒子劉汋說：「《易抄》一書有心得之解，再錄楊止菴精者，《彖傳》、《小象》俱降一字書之。《人譜雜記》屬垂絕之筆，尚多殘闕，宜輯補完之。《小學集記》亦有未盡處，若《通記》、《大學參疑》，削之可也，慎勿以示人。凡人作書輒以示人者，此即浮誇，浮誇即欺周也。」《劉譜錄遺》，見《劉宗周全集》第五冊，頁 566。

❸　據董瑒《劉子全書抄述》一文，見《劉宗周全集》第五冊，頁 760，稱「《劉子全書》稿，初止一本，多用故紙背寫成冊。昔溫公日記八九紙，草稿，閒用故牘，又十數行別書牘背，往往剪開黏綴。橫浦筆用禿，紙用故紙。《全書》稿頗似之。中閒多子親稿，有改抹重複，字幾不可認。此底本也。」此亦可見劉宗周之勤儉。

手蹟為據」❹，並由王掞捐俸，刊刻於浙江山陰，時為清康熙二十
四（1685）、二十五年間（1686）❺。這就是《劉子全書》的最早版
本，今已失傳。現今常見的，有道光十五年（1835）吳傑序刊本，
日本京都中文出版社影印，1981 年出版。《劉子全書》分為《語
類》十三卷、《文編》十四卷、《經術》十一卷，並附以《行
狀》、《年譜》各一卷，共四十卷。

　　在《劉子全書遺編》方面。由沈復粲等編刻，初刻於清道光二
十九年（1849），有《語類》二卷、《文編》八卷、《裒纂》十二
卷，附錄《明史列傳》、《行實》各一卷，共二十四卷。今有日本
京都中文出版社影印的光緒十八年（1892）重修本，與《劉子全
書》相併，作《劉子全書及遺編》，1981 年出版。

　　在《水澄劉氏家譜》方面。此書為劉宗周根據祖傳譜牒資料所
編纂，原書已佚。但有清乾隆間的相關刻本。

　　由中央研究院中國文哲研究所整理的《劉宗周全集》，以《劉
子全書》道光四年重刻本、《劉子全書遺編》光緒十八年補刻本和
《水澄劉氏家譜》民國二十二年排印本，作為底本，再加入新近發
現若干劉宗周著作，並附以相關傳記資料及著述資料，重加編輯、

---

❹　黃宗羲《劉子全書序》，見《劉宗周全集》第五冊，頁 757。又，董瑒《劉
　　子全書抄述》（見《劉宗周全集》第五冊，頁 760），亦稱「底本與錄本之
　　間，互有闕佚，錄本有小異底本者，底本亦有間入錄本者。」如此說來，劉
　　宗周的文獻並非十分可靠，在研究使用上，應有所留意，不可僅持某特殊語
　　句即大作發揮，還須合而觀之。

❺　按，日本學者岡田武彥以《劉子全書》乃始刊於康熙二、三年間，此乃有
　　誤。岡田武彥《劉子全書及遺編的成書》，見《劉宗周全集》第五冊，頁
　　815。

整理、點校而成，為目前最完備的新式標點本。本書即以此一版本為依據。

在內容方面。《劉子全書》分為「語類」、「文編」、「經術」、「附錄」四大類，並列有「討次群書」、「裒纂」兩類的目次。文哲所整理的《劉宗周全集》，略作調整，將《劉子全書》、《劉子全書遺編》及新增資料依性質重編，分為「經術」、「語類」、「文編」（上、下冊）、「裒纂」、「附」，共六冊。

以下，依文哲所標點本的次序，並參照董瑒《劉子全書抄述》❻及杜春生《劉子全書遺編鈔述》❼二文，對劉宗周各類著述，作一簡述。

㈠經術

此為《劉宗周全集》第一冊內容，屬經學方面。包括：《周易古文鈔》、《論語學案》、《曾子章句》、《大學古文參疑》、《大學古記》、《大學古記約義》及《大學雜言》，共七種。其中，《周易古文鈔》原作《古易鈔義》，此乃劉宗周所親自題名❽，但在《四庫全書》中稱名作《周易古文鈔》。按此情況，則應以《古易鈔義》一名為準，而不應依《四庫全書》進行改動。

㈡語類❾

---

❻ 董瑒《劉子全書抄述》，見《劉宗周全集》第五冊，頁 760－803。

❼ 杜春生《劉子全書遺編鈔述》，見《劉宗周全集》第五冊，頁 806－811。

❽ 劉宗周《易經古文鈔義小引》，見《劉宗周全集》第一冊，頁 2。

❾ 「語類」之意，據董瑒《劉子全書抄述》（見《劉宗周全集》第五冊，頁 760－761），「朱子論學，有『語類』一編。劉子《五子連珠》註，有『語

此為《劉宗周全集》第二冊內容，屬儒學方面。包括：《人譜》❿、《人譜雜記》⓫、《讀易圖說》、《易衍》、《孔孟合璧》⓬、《五子連珠》⓭、《聖學喫緊三關》⓮、《聖學宗要》⓯、《證學雜解》⓰、《原旨》⓱、《說》⓲、《問答》、《遺編問答》、《學言》、《遺編學言》、《四庫本劉子遺書學言拾遺》、《證人會約》、《會講申言》、《會錄》、《證人社語錄》

類』字，亦主論學。李勿齋東明曰：『語錄非先儒之意，且其字義半用佛經，皆門人之誤也。』故以『語類』稱。」

❿　《人譜》包含《人譜正編》及《人譜續編》。《正編》內容為《人極圖》與《人極圖說》。《續編》包括《證人要旨》、《紀過格》、《訟過法》、《改過說》三篇等。

⓫　《人譜雜記》包括《體獨篇》、《知幾篇》、《定命篇》、《凝道篇》、《考旋篇》、《作聖篇》，共六篇。

⓬　《孔孟合璧》分為《論語大旨》與《孟子大旨》。

⓭　《五子連珠》分《周子》、《程伯子》、《程叔子》、《張子》、《朱子》五部分。

⓮　《聖學喫緊三關》，即《人己關》、《敬肆關》、《迷悟關》。

⓯　《聖學宗要》，包含《濂溪周子》、《橫渠張子》、《明道程子》、《紫陽朱子》、《陽明王子》。

⓰　《證學雜解》共二十五則。

⓱　《原旨》，共七篇，分別為《原心》、《原性》、《原道上》、《原道下》、《原學上》、《原學中》、《原學下》等。

⓲　《說》共二十四篇，包括《尋樂說》、《做人說》、《說人說二》、《說人說三》、《讀書說》、《中庸首章說》、《第一義說》、《求放心說》、《靜坐說》、《讀書說》、《應事說》、《處人說》、《向外馳求說》、《氣質說》、《習說》、《讀書要義說》、《養氣說》、《苦次說》、《治念說》、《良知說》、《三省說》、《立志說》、《艮止說》、《生死說》等。

等。

(三)文編

此為《劉宗周全集》第三、第四冊內容，彙集各類文章。包括：「奏疏」九十八則、「揭」八則、「書」二四二則、及「啟」十六則、「檄」一則。以上為第三冊。第四冊內容較雜，包括：「書序」三十九篇、「壽序」十四篇、「引」五篇、「題」九篇、「跋」六篇、「記」十四篇、「墓誌銘」十五篇、「墓表」五篇、「行狀」四篇、「傳」十三篇、「贊」四篇、「祭文」二十八篇。又有「論」、「議」、「銘」、「箴」、「考」、「會墨」、「表」、「判」、「策」等，各若干篇，及其餘雜文約三、四十餘篇。文學創作則有「賦」五篇、「詩」近三百首。這其中，書序三十九篇及論學書信約八十八篇，當為研究劉宗周思想的重要資料。

(四)裒纂

此為《劉宗周全集》第四冊內容，為劉宗周所編纂著作。包括：《陽明傳信錄》、《中興金鑑錄》、《孔子家語考次》、《水澄劉氏家譜》、《明儒學案師說》，並加附弟子黃宗羲所撰《孟子師說》，蓋取其師劉宗周之意以成。

(五)附錄

此為《劉宗周全集》第五冊，內容並非劉宗周所作，而是匯集劉宗周傳記及著述等相關資料，為研究者提供便利。如《行狀》、《年譜》、各史料傳記等，以及劉宗周著作的各種序跋、提要等。

　　以上為劉宗周現存著述的概況。除此之外，有若干劉宗周佚著，雖內容已不可尋，但目錄❶尚存，從中可略窺劉宗周為學概況，有助於對劉宗周學術思想的了解，因而一併附於此處。

㈠裒纂方面，共七種

　1.《明道統錄》七卷

　2.《方遜志先生正學文輯》三卷

　3.《古小學集記》九卷。包括《學的》、《躬行》、《禮學》、《樂學》、《射學》、《御學》、《書學》、《數學》及《聖統》。

　4.《古小學通記》四編。包括《政本》、《問官》、《入官》及《王道》。

　5.《廣鄉書》。

　6.《鄉約小相編》。

　7.《憲綱規條》二卷。

㈡討次群書方面，共七種

　1.《尚書佚經》。出《大戴禮》，有《夏小正》（附《月令》）、《丹書》。

　2.《儀禮佚經》。出《大》、《小戴記》，凡六篇，為《奔喪》、《投壺》、《公冠》、《明堂》、《諸侯釁廟》及《諸侯遷廟》。

---

❶　參《劉宗周佚著目錄》，見《劉宗周全集》第五冊，頁 847－850。這部分，乃是根據《劉子全書》目錄之「劉子討次群書」及「裒纂」部分而編。

·327·

3. 《儀禮佚傳》。除《檀弓》、《禮運》、《經解》、《哀公問》、《燕居》、《閒居》、《表記》、《儒行》、《曾子問》，凡係夫子之言還《家語》及《曲禮》等篇另見外，分二十三篇。分別為《冠義》（附《深衣》）、《昏義》、《士相見義》、《飲義》、《射義》、《燕義》、《饗義》（《郊特牲》錯簡）、《朝事》（《聘義》附見）、《喪記》三篇、《喪義》四篇、《祭法》、《祭義》三篇、《禮本》（即《禮三本》）、《禮器》、《禮坊》、《樂記》，並附《鐘呂考》。

5. 《家語正集》，凡三十三篇。分別為《相魯》、《王言》、《大昏》、《問禮》、《五儀》、《三恕》、《好生》、《觀周》、《賢君》、《辨政》、《六本》、《辨物》、《顏回》、《子路初見》、《入官》、《困誓》、《五帝》、《執轡》、《本命》、《論禮》、《觀射》、《郊問》、《五刑》、《刑政》、《禮運》、《冠頌》、《廟制》、《問玉》、《正論》、《子夏問》、《子貢問》、《公西赤問》及《曾子問》。

6. 《古學記》四篇。分別為《小學》（包括《曲禮》第一、《少儀》第二、《內則》第三、《玉藻》第四、《王制》第五）、《大學》（《戴記》古本，分七章）、《學記上》（《文王世子》合《大戴》保傳）及《學記下》（原《學記》）。

7. 《四書》，為《論語》、《曾子》（節取《大戴》，為章句十篇）、《子思子》（即《中庸》）及《孟子》。此處值得注意，劉宗周的《四書》與一般所謂「四書」，略有不同。

8. 《十三子》，分別為《董子》、《文中子》、《周子》、《程

子》、《程叔子》、《張子》、《朱子》、《陸子》、《曹
子》、《薛子》、《吳子》、《胡子》及《王子》。按，以上
十三子，即漢代董仲舒、隋代王通、宋代周敦頤、程顥、程
頤、張載、朱熹、陸九淵、明代曹端、薛瑄、吳與弼、胡居
仁、王守仁。

以上為劉宗周佚著情況。

主要參考文獻

一、古籍（依四部分類為序）

《周易正義》，《十三經注疏》上冊（杭州：浙江古籍出版社，1998 年）

《尚書正義》，《十三經注疏》上冊（杭州：浙江古籍出版社，1998 年）

《禮記正義》，《十三經注疏》下冊（杭州：浙江古籍出版社，1998 年）

《禮記集說》，〔宋〕衛湜，通志堂本（揚州：江蘇廣陵古籍刻印社，1993 年）

《春秋左傳正義》，《十三經注疏》下冊（杭州：浙江古籍出版社，1998 年）

《論語注疏》，《十三經注疏》下冊（杭州：浙江古籍出版社，1998 年）

《孟子注疏》，《十三經注疏》下冊（杭州：浙江古籍出版社，1998 年）

《中庸章句集注》，〔宋〕朱熹注，《四書五經》上冊（北京：中國書店，1998 年）

《經義考》，〔清〕朱彝尊編纂，許維萍、馮曉庭、江永川點校（臺北：中央研究院中國文哲研究所籌備處，1999 年）

《四庫全書總目》，〔清〕紀昀等纂（北京：中華書局，1995 年）

《周子全書》上冊、下冊，〔宋〕周敦頤著（臺北：臺灣商務印書館，1978 年）

《王陽明全集》，〔明〕王陽明著，吳光等編校（上海：古籍出版社，2006 年）

《龍溪先生全集》，〔明〕王畿著，《四庫全書存目叢書》集部，第 98 冊（濟南：齊魯書社；臺南：莊嚴文化事業有限公司，1995 年）

《見羅先生書》，〔明〕李材著，《續修四庫全書》第 941 冊（上海：上海古籍出版社，1995 年）

《小心齋劄記》，〔明〕顧憲成著（臺北：廣文書局，1975 年）

《歇菴集》，〔明〕陶望齡著，《續修四庫全書》第 1365 冊（上海：上海古籍出版社，1995 年）

《劉宗周全集》六冊，〔明〕劉宗周著，戴璉璋、吳光主編（臺北：中央研究院中國文哲研究所籌備處，1997 年）

《陳確集》，〔明〕陳確著（北京：中華書局，1979 年）

《宋元學案》，〔明〕黃宗羲編纂、全祖望補（北京：中華書局，1989 年）

《明儒學案》三冊，〔明〕黃宗羲編撰，沈芝盈點校（臺北：華世出版社，1987 年）

《黃宗羲全集》第十冊，〔明〕黃宗羲著，沈善洪主編（杭州：浙江古籍出版社，1986 年）

《祝子遺書》，〔明〕祝淵著，《四庫全書存目叢書》集部，第 195 冊（濟南：齊魯書社；臺南：莊嚴文化事業有限公司，1997 年）

《無邪堂答問》，〔清〕朱一新著，《叢書集成續編》第 93 冊（上海：上海書店，1994 年）

《景德傳燈錄》，〔宋〕道原纂，《中國佛教叢書·禪宗編》第二冊（南京：江蘇古籍出版社，1993 年）

二、中文論著──單篇論文（依姓名拼音為序）

蔡仁厚《王門天泉「四無」宗旨之論辯──周海門「九諦九解之辨」的疏解》，見蔡仁厚《新儒家的精神方向》（臺北：臺灣學生書局，1982 年），頁 239－276

《宋明理學的殿軍──劉蕺山》，見《中國文化月刊》，第 192 期（1995 年），頁 18－24

陳來《儒家傳統中的神祕主義》，見陳來《中國近世思想史研究》（北京：
　　商務印書館，2003 年），頁 307－337

陳剩勇《補天之石——劉宗周〈中興金鑑錄〉研究》，見《劉蕺山學術思想
　　論集》（臺北：中央研究院中國文哲研究所籌備處，1998 年），頁
　　409－432

戴璉璋《儒家慎獨說的解讀》，見《中國文哲研究集刊》第二十三期，2003
　　年 9 月，頁 211-234

古清美《劉蕺山對周濂溪誠體思想的闡發及其慎獨之學》，見《幼獅學誌》
　　第 19 卷第 2 期，1986 年，頁 79－111
　　《劉宗周實踐工夫探微》，見鍾彩鈞主編《劉蕺山學術思想論集》
　　（臺北：中央研究院中國文哲研究所籌備處，1998 年），頁 67－91
　　《臺灣學者對劉蕺山學術思想的研究——工夫論及學術史》，見鍾彩
　　鈞主編《劉蕺山學術思想論集》（臺北：中央研究院中國文哲研究所
　　籌備處，1998 年），頁 589－594

何俊《劉宗周的改過思想》，見鍾彩鈞主編《劉蕺山學術思想論集》（臺
　　北：中央研究院中國文哲研究所籌備處，1998 年），頁 127－153

胡元玲《早期禪宗思想中如來藏與般若的融合及頓漸問題之試探——對胡適
　　〈楞伽宗考〉、〈荷澤大師神會傳〉二文觀點的批評》，見《北京大
　　學中國古文獻研究中心集刊》，第 4 輯，2004 年 10 月，頁 509－516

黃沛榮《〈易經〉形式結構中所蘊涵之義理》，見《漢學研究》第 19 卷第 1
　　期，頁 1－22

黃宣民《蕺山心學與晚明思潮》，見鍾彩鈞主編《劉蕺山學術思想論集》
　　（臺北：中央研究院中國文哲研究所籌備處，1998 年），頁 211－261

姜廣輝《郭店楚簡與原典儒學》，見《中國哲學》第二十一輯《郭店楚簡與
　　儒學研究》（瀋陽：遼寧教育出版社，2000 年），頁 263－273

蔣秋華《劉宗周〈論語學案〉研探》，見鍾彩鈞主編《劉蕺山學術思想論
　　集》（臺北：中央研究院中國文哲研究所籌備處，1998 年），頁 337

－366

林慶彰《詩經學史研究的回顧與前瞻》,見鍾彩鈞主編《中國文哲研究的回
　　顧與展望論文集》(臺北:中央研究院中國文哲研究所籌備處,1992
　　年),頁 349

　　《劉宗周與〈大學〉》,見鍾彩鈞主編《劉蕺山學術思想論集》(臺
　　北:中央研究院中國文哲研究所籌備處,1998 年),頁 317－336

李明輝《劉蕺山論惡之根源》,見鍾彩鈞主編《劉蕺山學術思想論集》(臺
　　北:中央研究院中國文哲研究所籌備處,1998 年),頁 93－126

林月惠《劉蕺山「慎獨」之學的建構——以〈中庸〉首章的詮釋為中心》,
　　見《臺灣哲學研究》,第 4 期,2004 年,頁 86－147

柳存仁《王陽明與佛道二教》,見《清華學報》,13 卷 1/2 期,1981 年 12
　　月,頁 27－52

彭林《郭店楚簡與禮記的年代》,見《中國哲學》第二十一輯《郭店楚簡與
　　儒學研究》(瀋陽:遼寧教育出版社,2000 年),頁 41－59

錢穆《讀劉蕺山集》,見《中國學術思想史論叢》第七冊(合肥:安徽教育
　　出版社,2004 年),頁 261－271

饒宗頤《明代經學的發展路向及其淵源》,見林慶彰、蔣秋華主編《明代經
　　學國際研討會論文集》(臺北:中央研究院中國文哲研究所籌備處,
　　1996 年),頁 15－22

孫中曾《證人會、白馬別會及劉宗周思想之發展》,見鍾彩鈞主編《劉蕺山
　　學術思想論集》(臺北:中央研究院中國文哲研究所籌備處,1998
　　年),頁 457－522

王汎森《明末清初的人譜與省過會》,見《中央研究院歷史語言研究所集
　　刊》第六十三本,第三分,1993 年 7 月,頁 679－712

　　《清初的講經會》,見《中央研究院歷史語言研究所集刊》第六十八
　　本,第三分,1997 年 9 月,頁 503－587

王瑞昌《論劉蕺山的無善無惡思想》，《鵝湖月刊》第 25 卷，第 9 期，頁 18
　　－32

徐喜辰《禮記的成書年代及其史料價值》，見《史學史研究》，1984 年 4
　　期，1984 年 12 月，頁 11－19

嚴壽澂《宋明儒學發展的內在理路──劉咸炘「三進」說述評》，見嚴壽澂
　　《近世中國學術通變論叢》（臺北：國立編譯館，2003 年），頁 291
　　－300

楊儒賓《宋儒的靜坐說》，《理論與實踐》研討會，東吳大學中文系，1999
　　年
　　《理學家與悟──從冥契主義的觀點探討》，見劉述先主編《中國思
　　潮與外來文化》，第三屆國際漢學會議論文集思想組（臺北：中央研
　　究院中國文哲研究所，2002 年），頁 167－222

楊祖漢《唐君毅、牟宗三先生對劉蕺山哲學的研究》，見鍾彩鈞主編《劉蕺
　　山學術思想論集》（臺北：中央研究院中國文哲研究所籌備處，1998
　　年），頁 573－579

詹海雲《劉宗周的實學》，見鍾彩鈞主編《劉蕺山學術思想論集》（臺北：
　　中央研究院中國文哲研究所籌備處，1998 年），頁 433－456
　　《大陸學者對劉蕺山學術思想的研究》，見鍾彩鈞主編《劉蕺山學術
　　思想論集》（臺北：中央研究院中國文哲研究所籌備處，1998 年），
　　頁 595－604

張灝《超越意識與幽暗意識》，見張灝《幽暗意識與民主傳統》（臺北：聯
　　經出版社，1989 年），頁 33－78

張永儁《論劉蕺山的心學與易學思想》，《中華易學》第 17 卷第 3 期，1996
　　年 5 月，頁 16－22

鄭吉雄《周敦頤〈太極圖〉及其相關詮釋問題》，見鄭吉雄《易圖象與易詮
　　釋》（臺北：喜馬拉雅基金會，2002 年），頁 229－303
　　《論儒道易圖的類型與變異》，見鄭吉雄《易圖象與易詮釋》（臺

北：喜馬拉雅基金會，2002 年），頁 127－227

《從經典詮釋傳統論二十世紀易詮釋的分期與類型》，見鄭吉雄《易圖象與易詮釋》（臺北：喜馬拉雅基金會，2002 年），頁 13－81

鍾彩鈞《臺灣學者對劉蕺山學術思想的研究——哲學理論及其他》，見鍾彩鈞主編《劉蕺山學術思想論集》（臺北：中央研究院中國文哲研究所籌備處，1998 年），頁 581－588

三、中文論著——專著（依姓名拼音為序）

蔡仁厚《宋明理學》（北宋篇）（臺北：臺灣學生書局，1979 年）

《宋明理學》（南宋篇）（臺北：臺灣學生書局，1980 年）

陳福濱《晚明理學思想通論》（臺北：環球書局，1983 年）

陳來《有無之境：王陽明哲學的精神》（北京：人民出版社，1991 年）

《宋明理學》（瀋陽：遼寧人民出版社，1992 年）

陳立驤《宋明儒學新論》（高雄：復文圖書，2005 年）

陳榮捷《王陽明與禪》（臺北：臺灣學生書局，1984 年）

《王陽明傳習錄詳註集評》（臺北：臺灣學生書局，1998 年）

陳郁夫《周敦頤》（臺北：東大圖書公司，1990 年）

程千帆、徐有富《校讎廣義·校勘編》，《程千帆全集》第二卷（石家莊：河北教育出版社，2000 年）

島田虔次著、蔣國保譯《朱子學與陽明學》（西安：陝西師范大學出版社，1986 年）

東方朔《劉蕺山哲學研究》（上海：人民出版社，1997 年）

《劉宗周評傳》（南京：南京大學出版社，1998 年）

杜維明、東方朔《杜維明學術專題訪談錄——宗周哲學之精神與儒家文化之未來》（上海：復旦大學出版社，2001 年）

方東美《原始儒家道家哲學》（臺北：黎明出版社，1983 年）

馮友蘭《中國哲學史》（上海：神州國光社，1931 年）
　　《中國哲學史新編》第五冊（北京：人民出版社，1988 年）

岡田武彥著、吳光等譯《王陽明與明末儒學》（上海：古籍出版社，2000
　　年）

古清美《明代理學論文集》（臺北：大安出版社，1990 年）

國家文物局古文獻研究室編《馬王堆漢墓帛書（壹）》（北京：文物出版
　　社，1980 年）

侯外廬、邱漢生、張豈之主編《宋明理學史》（下卷）（北京：人民出版
　　社，1987 年）

黃敏浩《劉宗周及其慎獨哲學》（臺北：臺灣學生書局，2001 年）

嵇文甫《晚明思想史論》，《民國叢書》第二編，第七冊
　　《左派王學》，《民國叢書》第二編，第七冊

勞思光《中國哲學史》第三卷下冊（香港：友聯出版公司，1980 年）

李申《太極圖·通書全譯》（成都：巴蜀書社，1999 年）
　　《易圖考》（北京：北京大學出版社，2001 年）

李申、郭彧編纂《周易圖說總匯》（上海：華東師範大學出版社，2004 年）

李振綱《證人之境——劉宗周哲學的宗旨》（北京：人民出版社，2000 年）

梁啟超《中國近三百年學術史》（北京：東方出版社，1996 年）

林慶彰《清初的群經辨偽學》（臺北：文津出版社，1990 年）
　　《（1950－2000）五十年來的經學研究》（臺北：臺灣學生書局，
　　2003 年）

林月惠《良知學的轉折：聶雙江與羅念菴思想之研究》（臺北：臺灣大學出
　　版中心，2005 年 9 月）

羅光《儒家形上學》（臺北：臺灣學生書局，1991 年）

牟宗三《心體與性體》第三冊（臺北：正中書局，1968－1969 年）

《從陸象山到劉蕺山》（臺北：臺灣學生書局，1979 年）

《宋明儒學的問題與發展》（上海：華東師範大學出版社，2004 年）

彭國翔《良知學的展開：王龍溪與中晚明的陽明學》（臺北：臺灣學生書局，2003 年）

駢宇騫、段書安《本世紀以來出土簡帛概述》（臺北：萬卷樓圖書有限公司，1999 年）

錢明《陽明學的形成與發展》（南京：江蘇古籍出版社，2002 年）

錢穆《陽明學述要》（臺北：正中書局，1984 年）

《宋明理學概述》，《錢賓四先生全集》第九冊（臺北：聯經出版社，1994 年）

《經學大綱》（臺北：素書樓文教基金會，2000 年）

《中國史學名著》（北京：三聯書店，2005 年）

屈萬里《先秦漢魏易例述評》（臺北：臺灣學生書局，1969 年）

容肇祖《明代思想史》（臺北：臺灣開明書店，1962 年）

唐君毅《中國哲學原論》上冊（臺北：人生出版社，1966 年）

《中國哲學原論‧原教篇》（臺北：臺灣學生書局，1975 年）

王葆玹《今古文經學新論》（增訂版）（北京：中國社會科學出版社，2004 年）

韋政通《中國思想史》下冊（臺北：大林出版社，1983 年）

吳震《陽明後學研究》（上海：人民出版社，2003 年）

熊十力《讀經示要》（臺北：明文書局，1987 年）

徐梵澄《陸王學述》（上海：上海遠東出版社，1994 年）

徐洪興導讀《周子通書》（上海：古籍出版社，2000 年）

楊國榮《王學通論——從王陽明到熊十力》（臺北：五南書局，1997 年）

《心學之思——王陽明哲學的闡釋》（北京：三聯書店，1997 年）

楊儒賓、祝平次編《儒學的氣論與工夫論》論文集（臺北：臺灣大學出版中心，2005年）

楊柱才《道學宗主——周敦頤哲學思想研究》（北京：人民出版社，2004年）

于化民《明中晚期理學的對峙與合流》（臺北：文津出版社，1993年）

余嘉錫《古書通例》，《中國現代學術經典・余嘉錫、楊樹達卷》（石家庄：河北教育出版社，1996年）

張學智《明代哲學史》（北京：北京大學出版社，2000年）

鄭宗義《明清儒學轉型探析——從劉蕺山到戴東原》（香港：中文大學出版社，2000年）

衷爾鉅《蕺山學派哲學思想》（濟南：山東教育出版社，1993年）

鍾泰《中國哲學史》（上海：商務印書館，1929年）

朱伯崑《易學哲學史》（第一卷、第二卷）（北京：華夏出版社，1995年）

四、翻譯著作

達賴喇嘛著、丁乃竺譯《達賴生死書》（*Advice on Dying and Living a Better Life*）（臺北：天下雜誌，2006年）

薩雍米龐仁波切（Sakyong Mipham）著、周和君譯《心的導引》（*Turning the Mind into an Ally*）（臺北：橡樹林文化，2004年）

Tara Bennett-Goleman 著、陳正芬譯《煉心術》（*Emotional Alchemy, How the Mind can Heal the Heart*）（臺北：大塊文化，2002年）

五、英語論著——單篇論文

Tang, Chun-I (唐君毅). "Liu Tsung-chou's Doctrine of Moral Mind and Practice and His Critique of Wang Yang-ming," In Wm. Theodore de Bary ed., *The Unfolding of Neo-Confucianism*. New York and London: Columbia

University Press, 1975.

Tu, Wei-ming（杜維明）. "Subjectivity in Liu Tsung-chou's Philosophical Anthropology," in Donald J. Munro ed., *Individualism and Holism: Studies in Confucian and Taoist Values*. Ann Arbor: The University of Michigan, 1995.

六、英語論著——專著

Kohn, Livia. *Early Chinese Mysticism: Philosophy and Soteriology in the Taoist Tradition*, Princeton: Princeton University Press, 1992.

國家圖書館出版品預行編目資料

劉宗周慎獨之學闡微

胡元玲著. – 初版. – 臺北市：臺灣學生，2009
面；公分
參考書目：面

ISBN 978-957-15-1459-8(平裝)

1. （明）劉宗周 2. 學術思想 3. 中國哲學

126.94   98007265

劉宗周慎獨之學闡微 (全一冊)

著　作　者：胡　　　元　　　玲
出　版　者：臺 灣 學 生 書 局 有 限 公 司
發　行　人：盧　　　保　　　宏
發　行　所：臺 灣 學 生 書 局 有 限 公 司
　　　　　　臺 北 市 和 平 東 路 一 段 一 九 八 號
　　　　　　郵 政 劃 撥 帳 號 ： 0 0 0 2 4 6 6 8
　　　　　　電 話 ： (0 2) 2 3 6 3 4 1 5 6
　　　　　　傳 眞 ： (0 2) 2 3 6 3 6 3 3 4
　　　　　　E-mail：student.book@msa.hinet.net
　　　　　　http：//www.studentbooks.com.tw

本書局登
記證字號：行政院新聞局局版北市業字第玖捌壹號

印　刷　所：長 欣 印 刷 企 業 社
　　　　　　中 和 市 永 和 路 三 六 三 巷 四 二 號
　　　　　　電 話 ： (0 2) 2 2 2 6 8 8 5 3

定價：平裝新臺幣三八○元

西 元 二 ○ ○ 九 年 十 一 月 初 版